절대 지지 않는 사람들의 14가지 성공 법칙

출판은 사람과 나무 사이에서 이루어지는 가치 있는 일입니다.
도서출판 사람과나무사이는 의미 있고 울림 있는 책으로 독자의 삶을
좀 더 풍요롭게 만들기 위해 최선을 다하겠습니다.

절망을 부수고
역경을 돌파하라!

절대 지지 않는 사람들의 14가지 성공 법칙

웨이 슈잉 · 쑤거 지음
최정숙 옮김

사람과
나무사이

실패를 성공으로 바꾸는 힘, 역경 지수

세상은 당신의 노력에 감동하지 않지만 당신의 인생은 노력하지 않으면 무너진다.

나는 성숙한 사람이라면 사연을 눈 밑에 감추고 침착한 낯빛을 잃지 않아야 한다고 생각한다. 노력하며 전진하는 사람들 중 그 누가 감동적인 순간과 절망적인 순간이 없었겠는가? 그 누가 자신의 무력함에 비참함을 느껴보지 않았겠는가?

나 역시 그런 이들과 별반 다르지 않았다. 내가 가야 할 방향을 도무지 모르겠고 내가 죽을힘을 다해 노력한 일이 남들이 대충 한 일보다 못하다고 느낄 때가 더러 있었다. 이따금 '아버지의 능력'이 중요한 이 시대에 '나의 능력'만 가지고 남들과 겨루는 데 힘이 부치기도 했다. 그러나 나는 단 한 번도 노력하기를 멈추지 않았다. 전액 장학금을 받았을 때, 처음으로 미국 과학탐사대에 들어가 남극 땅을 밟았을 때, 내 사진과 이야기가 학교 잡지에 실렸을 때, 난생처음으로 다른 사람들이 나라는 평범한 사람을 '성공'이라는 말로 설명했고 그 순간 내 마음은 복잡미묘했다.

나는 지금까지 나 자신을 성공한 사람이라 여겨본 적이 없다. 굳이 말하자면 나는 그저 자아실현을 위해 노력한 사람이다. 실망과 불공평함, 나만 재능을 펼칠 기회를 못 만났다는 생각, 남들은 성공에 가까워지는 데 나만 성공을 놓친 것 같은 아쉬움 등 대다수 사람이 느낀 것을 나 역시 느낀다. 늘 삶의 정답과 노력의 의미를 찾으려고 애썼다. 그 과정에서 당신은 길을 잃은 적은 없는가? 포기하고 싶지는 않았는가? 곁에 있는 사람들이 당신을 이해하지 못한다고 느낀 적은 없는가? 전력을 다했음에도 응당 받아야 할 성공을 받지 못한 적은 없는가?

마음속에 이미 정답이 있을 테니 큰 소리로 답하지 않아도 된다. 그리고 내 대답은 '나도 그런 적이 있다'는 것이다.

"배우지 않으면 재능을 넓힐 수 없고 뜻이 없으면 학문을 이룰 수 없다(非學無以廣才非志無以成學)"는 말이 있다. 무릇 성공하려면 배움의 과정을 거쳐야 하고 뜻을 이루려면 의지를 연마하는 과정이 필요하다. 역경과 성공은 쌍둥이 같다. 역경을 피해서 성공하는 사람은 없으며 단숨에 최고의 경지에 올라 영원한 행복을 누리는 사람도 없다.

한 사람의 지능 지수(IQ)와 감성 지수(EQ)가 그 사람 인생의 위치를 결정한다는 말을 종종 듣는다. 이것은 정확하면서도 모호한 말이다. 실제로 한 사람의 행복과 성공 여부를 결정하는 중요한 요소는 역경을 마주했을 때의 마음 상태와 능력이기 때문이다. 그리고 이것이 바로 심리학에서 말하는 역경 지수(Adversity Quotient)다.

심리학에서는 성공하려면 반드시 높은 지능 지수와 감성 지수 그리고 역경 지수를 갖춰야 한다고 말한다. 역경 지수는 역경에 처했을 때 고난에 대처하는 능력과 마음 상태를 결정한다. 낙관적인 사람은 비관적인 사람보다 더 쉽게 그늘에서 빠져나오고 인내심이 강한 사람은 경솔한 사람보다 충분히 준비하고 기다려야 함을 더욱 잘 이해한다.

곳곳이 변수로 충만한 시대에 역경은 어디에나 존재하기 때문에 전진하려면 반드시 반복해서 기복과 실패를 겪을 수밖에 없다. 어릴 때의 시험 성적과 어른이 되고 나서의 업무 성과는 한 개인의 성공을 가늠하는 지표다. 물론 사람마다 성공을 제각각 정의하지만 부인할 수 없는 사실은 우리가 추구하는 것은 성공이라기보다 자아실현에서 얻는 만족감과 그 이후에 느끼는 행복이다.

역경 지수는 지능 지수와 감성 지수를 통합해서 역경을 맞닥뜨렸을 때 우리의 행동과 반응을 반영한다. 빠르게 발전하는 시대에 얼마나 멀리 갈 수 있는지는 역경 지수가 결정한다.

그렇다면 역경 지수는 과연 인생에서 어떠한 역할을 할까? 생활 속 무작위성에 대처하는 데 어떤 도움을 주는 걸까? 이것이 바로 이 책에서 함께 생각해볼 내용이다. 이 책은 14개 장에 걸쳐 법칙의 인위성과 무질서한 세계의 본질, 각종 법칙의 배후에 숨어 있는 불확실성의 다양한 모습, 역경의 위기를 맞이했을 때 내면의 연약함을 극복하고 부정적인 정서가 쌓이는 것을 막을 수 있는 방법 등을 소개한다.

사람은 제각각 다르지만 도리의 본질은 변하지 않는다. 그 어떤 책도 어떻게 해야 성공할 수 있는지 말해주지 않지만, 최소한 이 책에서 얻은 깨달음은 역경을 딛고 벌떡 일어나 실패를 성공으로 바꾸는 힘을 찾도록 도와줄 것이다.

노력이 최종적으로 무엇을 가져다줄지는 모른다. 다만 이처럼 아름답고 멋진 세상을 대충 살기에는 너무 아깝지 않은가!

차례

서문

PART 1

그 무엇도 예측하기 어려운 세상

미래를 예측하는 일보다 중요한 것은 현재를 잘 살기 위해 노력하는 일

Chapter 8 위기의식 자체가 가장 날카로운 예측이다

Chapter 9 믿음이 성공의 씨앗이다. 다 놓쳐도 믿음만은 놓치지 말라

Chapter 10 당신을 쓰러뜨린 사람에게 한 수 배워라

Chapter 11 당신 앞에 놓인 '시한폭탄'을 무력화시켜라

Chapter 12 지렛목만 정확히 꽂으면 지구도 비틀 수 있다

PART 3

창조의 씨앗을 잉태한 파괴

깨뜨리지 않으면 바로 설 수 없다. 재건을 통해 인생을 업그레이드하라

PART 1

그 무엇도 예측하기 어려운 세상

미래를 예측하는 일보다 중요한 것은
현재를 잘 살기 위해 노력하는 일

Chapter 1

열정의 배후에 냉정을 배치하라

심리학자들은 유리 깨지는 소리가
대부분의 사람을 불쾌하게 만든다는 사실을 밝혀냈다.
특히 어떠한 전조도 없었다면 더욱 심한 불쾌감을 불러온다.
그러나 현실에서 100퍼센트 예측할 수 있는 일은
거의 존재하지 않으며 돌발 상황은 언제든지 발생할 수 있다.
익숙한 세상이 불현듯 무너졌을 때 남는 것은
끝없는 절망과 공포다.

가장 견고해 보이는 법칙이 때로 가장 연약하다

인류가 처음 불을 얻고, 농사를 짓고, 관개 시설을 갖추고, 새처럼 날아오른 일 등은 인류 문명의 비약적인 발전을 대표하는 사례들이다. 이러한 발전과 진보의 배후에는 이 세상에서 가장 신비로운 존재인 '법칙'이 있다. 하늘의 법칙을 파악한 중국인은 농사력을 만들어 경작을 발전시켰고, 증기의 법칙을 파악한 영국인은 증기 기관을 발명해 산업 혁명을 일으켰다. 기류의 법칙을 파악한 미국인은 비행기를 발명해 인류의 오랜 염원인 비행의 꿈을 실현했다. 이처럼 법칙을 이해하고 실생활에 이용함으로써 막대한 이익을 얻게 되자 인류는 법칙을 그대로 삶으로 가져왔고, 그 법칙은 우리 사회에 다양한 법률과 규칙으로 자리 잡았다.

기원전 1750년 무렵 『함무라비 법전』이 검은색 현무암에 새겨지면서 인류에게 법률이 생겼다. 법률은 사회라는 거대한 기계를 돌아가게 하는 기본 법칙이다. '빨간불에서는 멈추고 파란불에서는 움직인다' 같은 간단한 규칙으로 교통을 원활하게 만들었으며 물건을 살 때 돈을 지불한다는 가장 단순한 방식으로 등가 교환의 원칙을 실현했다. 현실 속 모든 일에는 그에 따른 타당한 근거가 필요하므로 대부분의 경우 규칙은 속박이 아닌 보호로써 심적 안전감을 가져다준다. 그러나 다양한 규칙과 법칙을 고정불변한 것으로 받아들인다면 현실에 존재하는 더 높은 차원의 법칙인 '무작위성'을 간과하게 된다. 일기 예보에서는 맑은 날이라고 했지만 갑자기 비가 쏟아지고, 충분히 준비하고 기쁜 마음으로 계약서에 서명하러 나갔지만 상대가 나타나지 않고, 밤새도록 공부했지만 공부한 내용이 시험에 나오지 않는 등 우리의 생활은 무작위성으로 가득하다. 익숙한 법칙이 느닷없이 사라지거나 파괴되면 사람들은 일순간 당황하게 되고 이러한 착각이 그대로 내면에 영향을 미치면 지금껏 경험하지 못했던 공황감이 발생한다. 이것이 바로 '절망'이다.

아인슈타인의 상대성 이론이 발표된 이후 10여 년 동안 수많은 저명한 물리학자들이 연이어 스스로 삶을 마감했다. 평생 신봉한 뉴턴의 역학 이론이 틀린 것으로 판명 난 데다 평생 연구한 과학의 정의가 부정확한 것이 되어버렸기 때문이었다. 한편 아주 작은 금융 위기만으로도 승승장구하는 기업 제국을 한순간에 무너뜨릴 수 있다. 그 이유는 간단하다. 견고해 보이는 법칙은 본래 매우 연약하기 때문이다. 우리가 평소에 떠받드는 사회 규범과 인간관계의 원칙 같은 법칙은 종종 일격에 허물어진다.

원시 금융 사회에서 사람들은 물물교환에 익숙했다. 이러한 가치 교환이 가장 직접적이고 공평했기 때문이다. 당시에는 물품의 유통이 경제의 기본 법칙이었다. 그러나 생산력이 높아지고 상품의 종류가 기하급수적으로 늘어나자 물물교환만으로는 가치 유통의 수요를 만족시킬 수 없게 되었다. 케케묵은 경제 법칙이 약해지고 전통적인 구매 방식의 취약점이 드러나면서 화폐가 탄생했다. 인류 경제학 역사에서 화폐의 출현은 질적인 도약으로, 사물의 가치가 통일된 가치 부호로 전환된 것을 의미한다. 이로써 가치는 더욱 효율적으로 유통되었다.

따라서 법칙의 연약함은 본질적으로 변화와 발전에서 비롯된다고 말할 수 있다. 우리 사회의 구조와 구성은 매일 변화한다. 변화는 단기적 변화와 장기적 변화로 나눌 수 있다. 단기적 변화는 일반적으로 변화량이 적고 예측 가능성이 높아서 익숙한 법칙을 이용하면 단기적 변화에서 발생하는 문제는 대개 해결할 수 있다. 그러나 단기적 변화가 점차 쌓여 장기적 변화가 되면 그 발전 과정에서 무작위성이 급속도로 증가해 예측 가능성도 대폭 낮아진다. 이때 기존의 법칙은 손만 대면 바스러지고 아무짝에도 쓸모없는 '폐물'로 변모한다.

익숙한 생활에서 대량의 변수가 발생하면 예측할 수 없는 위기가 뒤따라오기 마련이다. 이때 정확히 대처하고 변화하지 못하면 역경에 처하게 된다. 역류하는 물결 속에서 누군가는 마음을 가다듬고 재기를 도모하지만 누군가는 현실을 회피하며 그대로 쓰러져서 다시 일어서지 못한다. 역경에서 벗어나려면 제일 먼저 생활 속의 무작위성을 직시하고 불확실성을 동력으로 전환하는 법을 배워야 한다. 이렇게 전환하는 힘은 사람들의 내면과 역경에 맞서는 태도에서 나온다.

1994년 제프 베조스는 미국 북서부 시애틀에서 전자 상거래를 기반으로 도서, 음반 등을 판매하는 회사 아마존을 설립했다. 이후 아마존의 주도로 미국 전자책 매출액은 2017년에 1,960억 달러에 이를 정도로 지속적으로 성장했다. 그런데 2000년에 인터넷 거품이 빠지면서 수많은 인터넷 회사가 파산하고 투자가 큰 폭으로 줄었을 때 아마존 역시 대부분의 자금 지원이 끊겼다는 사실을 아는 사람은 많지 않다. 갑작스러운 시장 붕괴와 협력사의 우려를 마주해 당시 아마존의 최고재무책임자(CFO)이던 워런 젠슨과 러스 그란디네티는 좌절하지 않고 직접 미국과 유럽 대륙을 오가며 공급 업체를 만나 회사의 재무 상태가 양호하다는 점을 피력했다. 어려움에 처했을 때 아마존의 경영자는 굳은 신념으로 시장의 변화에 맞춰 회사의 전략을 조정했다. 인터넷이 침체된 상황을 부족한 점을 점검하며 관리를 강화하고 협력사와의 협동 전략을 더욱 모색하는 기회로 삼았다. 뿐만 아니라 끊임없이 새로운 서비스를 출시하고 새로운 길을 찾아나가면서 온라인 고객을 끌어들여 난관을 극복하고자 했다. 이것이 바로 역경을 맞닥뜨렸을 때 취할 수 있는 가장 적극적인 태도다.

불확실성은 발전의 매 순간에 존재한다. 안정적인 주식은 언제든지 폭락 가능성을 품고 있다. 그렇다면 예상치 못한 난관과 좌절을 맞닥뜨렸을 때 도대체 어떤 전략을 짜고 어떤 태도를 취해야 빠르게 어려움에서 벗어나 다음 발전 단계에 진입할 수 있을까? 이것이 바로 이 책에서 이야기하려는 핵심적인 내용이다.

실패가 아닌 마음속 공포가 당신을 무너뜨린다

영화 <아메리칸 드림 인 차이나>(2013)(아메리칸 드림을 꿈꾸던 세 젊은이가 미국에서 실패와 좌절을 맛본 후 중국으로 돌아와 창업에 성공한다는 이야기를 다룬 영화로, 중국 교육 기업 신둥팡(新東方)의 창업 실화를 바탕으로 제작되었다. — 옮긴이)에서 주인공 청둥칭은 "중국 학생들이 제일 실패하기 쉽다. 이것이 현실이다. 실패는 어디에나 존재하고 인생은 이렇게나 절망적이다"라고 말했다. 절망을 맞닥뜨렸다면 도망치지 말고 실패 속에서 성공을 찾고 절망 속에서 희망을 찾아야 한다. 사실 절망은 공평해서 중국 학생뿐 아니라 누구에게나 찾아간다. 우리가 성공한 사람을 숭배하는 이유는 우리에게 없는 능력과 자질을 갖춘 소수의 사람만이 성공하기 때문이다. 우리의 성장과 삶은 늘 실패와 절망이 함께한다. 그러므로 삶 곳곳에 도사리고 있는 절망을 어떻게 마주할 것인지, 맹렬한 기세로 전진을 가로막는 공격을 어떻게 감당할 것인지가 한 사람이 최후에 얼마나 큰 성공을 거둘 수 있는지를 결정하는 중요한 요소가 된다.

제2차 세계대전 당시 미국은 대공황이 덮쳐 실업률이 폭등하고 온 국민이 생존 위기에 처해 있었다. 나라 전체가 심한 타격을 입어 거리 곳곳에 돌아갈 곳 없는 부랑자가 가득했으며 집집마다 배를 곯는 아이와 노인이 있었다. 그러나 역사가 100년도 안 된 이민자들의 나라 미국은 제2차 세계대전이 끝나고 반세기만에 세계 제일의 강국으로 도약했다. 이러한 성공 뒤에는 루스벨트 대통령이 있었다. 미국 역사상 유일하게 네 차례나 대통령직을 연임한 휠체어에 앉은 거인 루스벨트 대통령을 모르는 사람은 아마 없을 것이다. 평범한 노인에 불과했던 그는 어떤 마음으로 나라 전체를 짊어졌을까? 사실 정답은 간단하다. 루스벨트 대통령은 끈기와 희망, 절대로 포기하지 않는 굳은 의지를 지니고 있었다. 이러한 자질은 그가 위기에 빠진 미국이라는 거대한 선박의 키를 움켜쥐고 혼란 속에서 앞으로 나아갈 방향을 확인하고 눈앞을 가득 메운 화약 연기 속에서 최후의 승리를 거둘 수 있게 해주었다.

작게는 갈림길을 선택하는 일부터 크게는 한 나라를 다스리고 경영하는 일에 이르기까지 거의 모든 사람은 반드시 절망과 역경을 맞닥뜨리게 된다. 실낱같은 희망조차 없을 때 도피와 걱정은 아무 도움이 되지 않을뿐더러 오히려 문제와 비관적인 생각을 더욱 키우기 마련이다. 마지막 순간에 당신을 철저히 무너뜨리는 것은 실패와 좌절이 아닌 당신의 마음속에서 비롯된 공포다. 하는 일이 바닥으로 곤두박질쳤을 때, 인생이 실패로 가득할 때, 모두에게 조롱당하고 배척 받을 때, 미래에 아무런 희망이 없다고 느낄 때 정말로 포기할 것인가? 고개를 꼿꼿이 세우고 마지막으로 도전해볼 생각은 없는가? 실패 속에서 경험을 쌓고 재정비한 다음에 이를 악물고 다시 한번 필사적으로 도전해볼 생각은 없는가? 끝까지 포기하지 않고 담담하게 모든 절망을 마주하며 인내하고 도전한다면 당신은 구름 한 점 없이 맑은 하늘처럼 멋진 미래를 맞이하게 될 것이다.

철학자 아우구스티누스는 "신의 눈에 절망은 죄의 일종이자 감사할 줄 모르는 과오"라고 했다. 그는 『자유의지론』에서 "절망 속에서 희망을 찾는 법을 배워야만 신의 은총을 얻을 수 있다"라고 했다. 이는 고대 그리스인도 우리 삶에 각양각색의 절망이 가득하다는 사실을 인식하고 있었음을 알려준다. 일 년 치 식량을 심었으나 병충해로 수확하지 못하기도 하고 봄이 왔으나 날씨가 여전히 추울 때도 있다. 지혜로운 사람들이 알려주는 절망에 맞서는 방법은 바로 희망을 찾는 것이다. 그게 말처럼 쉬운 일이냐고 따져 묻고 싶을지 모르겠다. 확실히 철학 이론은 기본이 되는 개념일 뿐 실생활에 적용하기 위해서는 노력이 필요하다. 희망을 찾기 위한 전제 조건이 있다. 희망의 존재를 믿고 희망을 지키는 것이 바로 그것이다. 희망을 믿어야만 희망을 찾을 수 있으며 포기하지 않겠다는 결심만이 당신을 역경과 절망에서 멀리 떨어뜨려 놓는다. 인생은 길고 절망은 끊이지 않는다. 기어코 절망의 눈으로 세상의 모든 것을 암울하게 바라보겠다면 당신의 삶에 다시는 희망이 없을 것이다. 무수한 실패와 냉대가 도사리고 있는 발전의 길에서 기어코 모든 부정적인 감정을 마음속에 담아두고 그것이 싹을 틔울 때까지 방치해둔다면 결국 절망이 당신을 집어삼키고 말 것이다.

영화 <러스트 앤 본>(2012)의 줄거리는 다음과 같다.

싱글 대디 알리는 아들을 데리고 가난한 삶을 꾸려가다 결국 누나에게 의탁한다. 제대로 된 직업이 없던 그는 모종의 일에 가족마저 위험에 빠뜨리는 지경까지 간다. 어린 아들의 머릿속에 아버지는 무뚝뚝하고 툭하면 화를 내는 사람이다. 알리의 가족에게 삶은 절망의 연속일 뿐이다. 그러나 사고로 두 다리를 잃은 돌고래 조련사 스테파니가 등장하면서 알리의 삶에 새로운 희망이 솟아나고 그는 포기하지 않고 끝까지 자신의 의무를 다한다. 그리고 생사의 기로에 놓여 있던 아들이 구사일생으로 살아나면서 알리는 절망의 구렁텅이에서 벗어나 삶의 본질과 동력을 찾는다.

설령 모든 것을 잃을지라도 삶의 희망과 기대를 저버려서는 안 된다. 마틴 셀리그만(Martin Seligman. 긍정심리학의 창시자로 '무기력 학습'과 '낙관성 학습' 분야의 최고 권위자다. — 옮긴이)의 법칙은 절망스러운 마음 상태가 있을 뿐 절망스러운 환경은 없다는 사실을 알려준다. 희망을 향한 믿음을 포기하면 당신의 세상은 완전히 붕괴해 폐허로 변한다. 그리고 폐허 속에 남아 있는 것은 평생의 후회와 아무도 듣지 못하는 비관적인 외침뿐이다. 역경은 미지의 바다와 같아서 희망을 간직한 사람만이 해안에 도착할 수 있다. 출렁이는 바다에서 희망을 버리면 쓸쓸히 침몰하지만 비바람을 뚫고 꿋꿋하게 희망의 등대를 향해 나아가면 승리자의 해안에 도착한다. 역경 속에서 포기와 도피는 더 큰 절망을 불러온다. 그러나 굳건하게 어려움을 마주한 사람은 인생의 강자가 되어 자기만의 멋진 인생을 살아가게 된다.

천 리 길 긴 둑도 '개미굴'에 무너진다

"내가 멀리 내다볼 수 있는 것은 거인의 어깨 위에 서 있기 때문이다." 원대한 식견은 무작위성을 무찌를 수 있다. 삶에서 두려움이 사라지고 시야가 넓어지면 역경은 위축되기 시작한다. 무작위성은 본래 양면성을 지니고 있어서 재앙을 불러오는 동시에 그 속에 기회가 숨어 있기도 하다. 우리에게 가까운 것은 다른 사람에게도 가깝고, 눈부시게 빛나는 기회는 다른 사람의 이목도 잡아끈다. 그래서 성공하려면 순탄치 않은 생활 속에서 자신만의 기회를 발견하는 법을 배워야 한다. 위험과 도전이 뒤따르는 기회는 두려움이 없는 원대한 식견으로 충분한 경험을 쌓은 사람만이 볼 수 있다. 이러한 능력은 역경 속에서 절망에 발목 잡히는 대신 남들이 보지 못하는 부를 발굴할 수 있도록 도와준다.

원대한 식견은 일반적으로 시간과 경험이 쌓여야만 비로소 생기는 것이기에 이제 막 사회로 나온 청년들이 갖추기는 말처럼 쉽지 않은 능력이다. 처음 홀로 무작위성 또는 역경과 맞설 때 최대한 빨리 원대한 식견을 갖추려면 제일 먼저 무질서한 무작위성을 통제하는 법을 배워야 한다. 무작위성을 통제한다는 말은 일의 발전 법칙을 통제한다는 의미가 아니다. 삶에서 예측하지 못한 일이 발생했을 때 두 손 놓고 절망할 것이 아니라 무질서함이 확대되지 않도록 최대한 막아야 한다는 의미다. 많은 상황에서 무작위성이 우리를 곤경에 빠뜨리는 이유는 뭘까? 그것은 바로 무작위성의 발전을 최우선으로 통제하지 않았기 때문이다.

심리학자들은 창문이 깨진 자동차가 흠집 하나 없는 자동차보다 도난당할 가능성이 훨씬 크다는 사실을 실험을 통해 밝혀냈다. 사람들은 이미 드러난 무질서함에서 '망가질 만큼 망가진 깡통'과 같은 기시감을 느끼고 그 무질서함이 더욱 확대되도록 방치하기 때문이다. 하지만 이러한 상황은 얼마든지 사전에 통제할 수 있다. 차에 생긴 흠집을 발견했다면 즉시 수리하면 된다. 만일 수리하지 않고 내버려둘 경우 차가 이미 망가졌다는 생각에 나중에 차가 충돌하거나 긁히더라도 그 무질서함이 한계에 도달할 때까지 신경 쓰지 않는다. 그리고 갈수록 차를 소중히 다루지 않고 조심하지도 않아서 상황은 결국 수습할 수 없는 지경으로 치닫는다. 하지만 위기가 발생한 순간에도 이 모든 일이 처음 차에 생긴 흠집을 수리하지 않아서 벌어졌다는 사실을 꿈에도 알아채지 못한다.

이러한 상황은 "천 리나 되는 긴 둑도 개미굴에 무너진다(千里之堤毁於蟻穴)"는 중국의 옛 속담과 일맥상통한다. 난데없이 나타난 것처럼 보이는 역경과 위기는 사실 대부분 일찌감치 간파할 수 있는 것이다. 처음부터 깨진 창문을 주의 깊게 살펴서 수리하면 위기를 예방할 수 있다.

한 공장의 노련한 직원은 줄곧 근면 성실하게 근무했다. 어느 날 부품 하나에 문제가 생겼지만 그는 별일 아니라고 여기며 그냥 넘겼고 나중에 이를 발견한 사장은 그 직원을 해고했다. 그렇다. 그는 확실히 회사의 운영과 수익에 거의 영향을 주지 않는 사소한 실수를 저질렀을 뿐이다. 그러나 회사는 그의 행동이 회사의 가장 본질적인 정신을 건드렸으며 훗날 큰 화근이 될 거라고 판단했다. 그래서 그를 해고함으로써 앞으로 유사한 일이 발생하지 않도록 예방할 필요가 있었던 것이다. 이것이 바로 원대한 식견이다. 회사를 운영하거나 프로젝트를 진행할 때 무작위성이 불러오는 더 큰 곤란을 피하기 위해 반드시 눈에 보이지 않는 가능성이 나타나기 전에 그것을 통제하는 법을 배워야 한다. 이것이 바로 역경 지수의 표현 형식인 사소한 실수를 바라볼 때의 정확하고 원대한 식견과 사고 능력이다. 그렇다면 어떻게 원대한 식견을 키울 수 있을까?

먼저, 첫 번째 구멍이 발생했을 때 그 구멍이 커지지 않도록 즉시 복원해야 한다. 그래야 최소한 일의 방향을 부분적으로나마 통제할 수 있다. 이는 지나치게 조심하는 것이 아니라 가장 기본적이고 안전한 원대한 식견이다.

다음으로, 그 구멍이 어떠한 결과를 불러올지 알 수 없으므로 첫 번째 창문이 깨졌을 때 그 창문이 깨진 이유가 사람이 일으킨 과실 때문인지 운영 시스템의 문제 때문인지 생각해봐야 한다. 근본적으로 깨진 창문의 중요성을 인식하는 것 역시 가장 효과적으로 앞일을 예측하는 행동이다.

마지막으로, 어떠한 상황에서도 작은 실수를 놓치거나 요행을 바라는 태도를 가져서는 안 된다. 나비 한 마리가 남아메리카에 태풍을 일으키듯이 우리를 쓰러뜨리는 것은 천재와 인재만이 아니다. 얕은 도랑에서 배가 뒤집히듯 사소한 부주의가 때론 가장 치명적이며 요행을 바라는 마음 때문에 많은 사람이 쉽게 역경의 심연으로 미끄러진다.

역경 지수란 역경 속에서의 마음 상태와 의지만을 가리키는 것이 아니라 우선적으로는 역경을 피하는 능력을 의미한다. 깨진 첫 번째 창문을 발견했다면 방치하지 말고 곰곰이 생각해서 신중하게 그 이유를 찾아야 한다. 원대한 식견은 보이지 않는 사고를 예방하는 것이다. 창문이 연거푸 깨져서 역경에 빠질지라도 절망하지 말고 마음속에 희망을 가져라. 두려워하거나 당황하지 말고 가장 담대한 가설로 가장 주도면밀한 모험을 시작하라. 비바람이 지나고 나면 더욱 아름다운 무지개가 기다리고 있을지 모르니!

역경 속에서 기회 찾는 법을 배운다면 두려움은 사라진다

매일 아침 정해진 시간에 일어나 씻고 옷을 갈아입고 집을 나선 다음 지하철역에서 젠빙궈즈(얇게 부친 전병에 소스와 각종 채소와 고기 등을 넣고 돌돌 말아서 먹는 음식. 중국에서 보통 아침 식사로 많이 먹는다. — 옮긴이)를 사 먹고 15분 정도 어슬렁거린다. 그러고 나서 회사에 들어가 업무를 시작하고 오후 6시 정각이 되면 퇴근한다. 똑같은 일상을 반복하며 규칙적으로 생활하던 어느 날 지하철역의 젠빙궈즈를 파는 가게가 돌연 문을 닫은 것을 발견하곤 아침 식사를 어떻게 해야 할지 막막함을 느낀다. 이러한 작은 변화가 하루 또는 더 긴 시간 동안 우울하게 하거나 불안하게 할 수 있다. 그리고 이 불안으로 인해 업무와 생활에서 벌어지는 다른 일에 짜증을 내거나 심지어 주위에 있는 이미 익숙한 것에 의구심을 갖게 될 수도 있다. 이와 같은 감정이 생활 리듬에 영향을 주기 시작하는 것을 '변화가 일으킨 공황'이라고 한다.

공황은 부정적인 심리 상태로 안전감이 결핍된 마음속 불안에서 생겨난다. 오랫동안 사용한 노트북이 망가지거나 지갑을 분실하면 망가진 컴퓨터는 새로 사면 그만이며 지갑 안에는 현금이 얼마 없고 중요한 물건도 없다는 사실을 분명히 알고 있더라도 공황에 빠진다. 새 노트북을 구입하면 다시 새 시스템과 마우스, 키보드에 적응해야 하고 기존 컴퓨터의 하드디스크에 있는 파일도 새 컴퓨터로 옮겨야 하는 등 귀찮은 일이 한두 가지가 아니기 때문이다. 같은 이치로 삶에 변화가 발생하면 마음속에 안전감이 결핍된 사람들은 공황을 느끼기 시작한다. 그들은 자신이 변화에 적응할 수 있을지 없을지 알지 못하며, 이처럼 알 수 없는 일로 인한 불안은 그들을 더욱 깊은 공황으로 몰아넣는다.

심리적인 측면 이외에 장시간 머무는 환경 역시 변화를 맞닥뜨릴 때의 공황 지수에 영향을 준다. 예를 들어 특정 직업군의 사람은 다른 사람보다 뜻밖의 상황에 더 큰 공황감을 느낀다. 고요한 정신 노동자인 편집자와 작가 등은 집이나 사무실에서 근무하는데, 이처럼 변함없는 근무 환경은 그들의 내면을 약하게 만든다. 그들은 정전이나 에어컨 고장 같은 일을 다른 사람들보다 더 끔찍하게 여긴다. 반면 일 년 내내 밖에서 영업을 하며 고객을 유치하는 사람들은 회사의 정전에 별로 심리적 공황을 느끼지 않는다. 이로써 장기간 변수에 노출된 사람은 보다 쉽게 변화를 받아들이고 변화에 적응한다는 결론을 내릴 수 있다. 그들의 내면에서 변화는 일상적인 것이기 때문이다. 그러나 장기간 변함없는 환경, 특히 안정적이고 우월한 환경에 노출된 사람들에게 변화는 거의 치명적이다. 그들은 현재 상태에 만족하고 있기 때문에 이러한 만족감을 깨뜨리는 모든 것이 공황을 일으킨다.

현대인의 삶에서 변화는 수시로 일어난다. 만일 한 지점에서 더 높은 지점으로 올라가고 싶다면 변화에 대한 내면의 공황을 극복해야 한다. 충분한 자신감과 경험이 있어야만 변화에 맞설 때 빠르게 냉정함을 되찾아 기회와 도전을 분석하고 변화 속에서 발전할 공간을 확보해 원하는 바를 이루거나 더욱 완전해질 수 있다. 그러나 만일 변화가 나타났을 때 다른 사람이 다가와서 "그거 알아? 예전에 네가 알던 이론이 다 틀렸대!"라고 말할 때까지 제자리에 서서 멍하니 기다린다면 당신이 맞이하는 것은 관념의 집단 붕괴와 재기불능의 삶뿐이다.

위대한 물리학자 스티븐 호킹은 언제나 휠체어에 앉아 하늘을 올려다보았다. 과학자이자 이론 물리학자인 그에게 이론은 가장 중요한 성취이자 발견이었다. 많은 이들이 그렇듯 그도 자신의 월등한 가치를 증명하기 위해서는 자기 이론을 끝까지 고수하며 그 어떤 의문도 용납해서는 안 되었다. 그러나 그가 다른 이들과 달리 위대한 이유는 평생 동안 끊임없이 자신의 여러 가지 이론을 검증하고 번복하고 다시 구축했다는 점에 있다. 우주 대폭발에서부터 블랙홀 증발에 이르기까지 그의 모든 이론은 기존에 발표한 자신의 일부 이론을 무너뜨리고 구축되었다. 그는 자신의 이론이 잘못된 것으로 검증되었다고 해서 우울해하거나 공황감을 느끼지 않았다. 오히려 기뻐하며 호기심을 잃지 않았다. 이처럼 그는 늘 선두에 서서 인류 전체를 이끌고 앞으로 나아갔다.

"자신의 두 다리가 아닌 하늘에 시선을 두라." 호킹은 이렇게 말했다. 한 걸음 한 걸음은 고개를 숙이고 내딛는 걸음이 아니라 멀리 있는 빛을 보고 내딛는 걸음이어야 한다. 자신의 이론을 부수고 재건하는 것은 부활이자 발전이다. 붕괴로 인한 공황에 맞서려면 용감하고 굳센 내면과 지혜와 호기심으로 충만한 정신이 필요하다. 호킹의 하늘을 향한 열정이 우주 전체를 탐구하는 원동력이 되었듯이 우리에게 필요한 것 역시 역경에 저항하고 위기를 극복할 원동력이다.

붕괴 속에서 기회를 찾는 법을 안다면 공황은 바로 사라진다. 그러나 마음이 불안하고 안전감을 전혀 느낄 수 없으며 입이 바짝바짝 마르고 뭘 보든 다 눈에 거슬린다면 이는 의심할 여지 없이 공황이 마음속에 침입한 것이다. 이제부터 '식물 vs. 좀비' 게임(자신의 집으로 다가오는 좀비를 식물로 방어하는 게임. 전 세계적으로 큰 인기를 누렸다. — 옮긴이)을 예로 대책을 소개하려고 한다. '공황'이라는 큰 파도가 밀려올 때 어떻게 해야 우리 두뇌와 영혼이 공황에 잠식되지 않을 수 있는지 살펴보자.

1. 해바라기: 해바라기는 햇빛을 생산해 새로 발생한 각종 변화에 대응할 충분한 에너지를 준다. 여기서 해바라기는 평상시에 비축한 지식을 가리킨다. 일의 진행이 순조로울 때 위기의식과 전략적 안목을 갖고 책을 많이 보고 자신보다 연장자로서 경험이 많은 선배들과 교류하며 새로운 사물을 많이 받아들여 내면을 풍부하고 강하게 만들어야 한다. 충분한 군량과 탄약은 자신을 지켜줄 갑옷과 같다. 공황이 습격해 올 때 할 일은 자신의 에너지를 합리적으로 분배하여 싹을 틔우려는 공황을 전멸시키는 것이다.
2. 냉동 완두콩: 냉동 완두콩은 적을 죽일 수 있을 뿐만 아니라 적의 공격 속도를 늦춰서 충분한 준비 시간과 더 긴 공격 시간을 준다. 삶에서 돌발 상황을 대면할 때 가장 먼저 할 일은 마음을 가라앉히고 상황을 냉각시키는 것이다. 물이 펄펄 끓으면 손을 데기 쉬우며 그 바닥이 보이지 않아서 어디서부터 시작해야 할지 알 수 없다. 이러한 순간에 공황은 잘못된 결정을 하도록 이끈다. 따라서 일단 상황이 냉각되기를 기다려야 한다. 음악을 듣거나 책을 보거나 운동을 하면서 주의력을 분산시킨 뒤 마음이 편안해지면 다시 사건의 전후 관계를 파악해 해결 방법을 찾아야 한다. 이것이 공황을 대하는 효과적인 방법이다.

3. 감자 방어선: 사람은 각양각색이라 천성적으로 내면이 강한 사람이 있는 반면 남들보다 유난히 약한 사람도 있다. 내면이 강하지 않은 사람은 더 많은 감자를 심어서 강한 정신 방어선을 구축할 필요가 있다. 만일 쉽게 긴장하는 사람이라면 평소에 예방주사를 많이 맞아두는 것이 좋다. 일이 순조로울 때 상황은 언제든지 변할 수 있으니 방심하면 안 된다고 자기 자신에게 일깨우고, 일이 잘 풀리지 않을 때 이미 예상했던 일이라고 스스로 다독이는 것이다. 반복되는 심리적 암시는 마음을 차분하게 해 공황에 빠져 후회할 행동을 하지 않도록 도와준다.
4. 수박 폭탄: '공격이 최고의 방어'라는 말이 있다. 공황이 습격해 올 때 수동적인 방어는 가장 나쁜 대책이다. 방어는 우리가 처음에 상황을 냉각시키는 단계에 불과할 뿐이다. 공황을 제거하는 진정한 방법은 반격이다. 무너진 세상을 냉정하게 분석하고 변수 안에 들어 있는 가능성을 정확히 파악했다면 망설이지 말고 목표를 향해 힘껏 내리쳐라. 한 번으로 안 되면 두 번, 두 번으로 안 되면 세 번 내리치면 된다. 공황과 결투하다 보면 싸움이 격렬해질수록 마음속의 불안이 사라지는 것을 점차 발견하게 될 것이다.

당신의 '이론'이 한순간에 무너졌다고 해서 당신을 기다리는 미래가 칠흑같이 어둡지만은 않다. 오히려 훨씬 더 멋진 미래가 당신을 기다리고 있을 수 있다. 당신의 '세상'이 갑자기 무의미한 것으로 변해버렸다는 것은 곧 당신을 더 높은 레벨의 게임으로 진입시키기 위해 하늘이 준 기회일지도 모른다. '안정'이 당신의 발전을 구속하는 족쇄로

퇴화했다면 다시 몸을 일으켜 새로운 목표를 찾아 나서라. 이 세상에 고정불변한 이론이나 영원히 옳은 진리란 없다. 맞서 싸워야 할 때 공황은 아무런 도움도 되지 않는다. 안전감이 느껴지지 않는다면 더욱 견고한 성벽을 쌓으면 되고 하늘이 무너질까 두렵다면 노력해서 비상하는 법을 배우면 된다. 공황을 멀리하라. 공황에 빠진 심리 상태를 전진을 채찍질하는 동력으로 삼아라. 변화를 두려워 말고 붕괴를 두려워 말라. 신세계의 구축은 반드시 구세계의 멸망을 동반한다. 새로운 자아가 성공하려면 과거의 자아가 붕괴되는 과정이 필요하다.

그때 그 교도관이 히틀러가 화가가 되도록 격려했더라면

사람은 참으로 이상한 생물이다. 기회나 도전이라고 말할 수 있는 변화에 맞설 때 누군가는 공황과 불안을 느끼지만 누군가는 정반대로 열광에 휩싸인다. 공황을 마음속의 블랙홀이라고 한다면 열광은 마음속의 휴화산이다. 열광은 열정보다 더 심화된 내면의 단계다. 내면이 열정으로 충만한 사람은 호기심 가득한 눈으로 삶을 바라보고 일할 때는 성취욕이 강해서 지기 싫어한다. 이처럼 상당히 긍정적인 심리 상태인 열정과 비교할 때 열광에는 흐리멍덩한 정신과 맹목성, 독단이 더해진다. 붕괴된 이론과 산산이 부서진 가치관을 마주할 때 언제나 공황에 빠진 소극적인 태도를 가져서는 안 되지만 그렇다고 무조건 열광적으로 해결하려고 들어서도 안 된다. 무엇을 하든지 극단으로 치닫는 것은 절대로 현명한 행동이 아니다.

우리는 어떤 사람들을 가리켜 '광신자'라고 부르는데, 이 단어에는 여지없이 부정적인 의미가 들어 있다. '광신자'란 '쉽게 선동되고 자신이 믿는 것에 대단히 맹목적이며 독단적이어서 다른 사람의 의견을 듣지 않고 때때로 한쪽으로 크게 치우친 행동을 하는 사람'을 가리킨다. 이러한 사람의 내면은 극단적으로 공허한 부류와 극단적 자부심에 사로잡힌 부류 이렇게 양극단으로 나눌 수 있다. 광신자들은 평소에는 눈에 잘 띄지 않다가 사회나 환경에 변화가 생기면 어디선가 별안간 튀어나온다. 역사적으로 '광신자'는 시대의 변천 또는 정국의 혼란을 가져왔다. 극단적인 공허에서 비롯된 열광을 가진 사람은 '종이호랑이'다. 평소에는 기본적으로 할 수 있는 일이 없기 때문에 때때로 자기 비하에 빠져 평온한 세상을 탓하다가 변화가 발생하면 격정적으로 목소리를 높이며 자신이 추구하고 수호하는 새로움을 찬양한다. 반면, 극단적인 자부심에서 비롯된 열광은 이보다 훨씬 위험하다. 이런 부류의 사람들은 항상 마음속에 활활 타오르는 불덩이를 품고 있으며 자신은 남 밑에서 조용히 일할 사람이 아니라고 생각한다. 그래서 일단 기회를 잡으면 반기를 들고 일어나 맹목적으로 목표를 향해 돌진하며 강한 공격을 쏟아붓는다. 물론 이러한 사람들은 대부분 허무한 결말을 맞이한다.

사람들이 악마라고 부르는 히틀러는 원래 화가가 되고 싶었으나 감옥에서 교도관에게 모욕을 당한 이후 분노의 광신자로 변해 전 세계에 전쟁을 일으켰다. 만일 히틀러가 훗날 이런 사람이 될 줄 알았다면 그 교도관은 히틀러가 화가가 되도록 격려했을 것이다. 열광에 휩싸인 화가는 자신의 격정을 그림에 투영하지만 열광에 휩싸인 정치가는 인류에 재앙을 가져오기 때문이다. 모두의 마음속에는 악마가 살고 있다. 악마는 다양한 모습으로 삶에 등장하는데, 악마를 내보내는 열쇠가 바로 열광이다.

일상생활에는 우리가 맞서야 할 '혁명'이 사실 그렇게 많지 않다. 그러나 변수로 충만한 이 사회에서 열광적인 심리 상태는 수시로 선택과 결정에 영향을 미친다. 인사이동이나 회사 구조 조정 같은 변화에 직면했을 때 쉽게 흥분하는 사람은 상황을 제대로 보지 못한다. 독단적인 사람은 남의 의견을 듣지 않고 자기 고집대로 밀고 나가며 소심한 사람은 줏대 없이 남의 의견에 따라 이리저리 흔들린다. 어느 회사든 꿍꿍이를 지닌 음모꾼이 존재하기 마련이다. 이러한 사람은 자신의 목표를 위해 타인의 마음속 열광을 이용하고 행동을 조종하는 데 능하다. 모든 사람의 마음속에는 미미할지라도 열광이 내재되어 있다. 따라서 자신의 열정을 언제, 어떻게 방출할 것인가가 성공을 결정짓는 중요한 요소다.

열정보다 심화된 표현 형식인 열광을 내면의 잠재력으로 이해할 수도 있다. 잘 활용하면 열광은 성공을 위한 조력자가 되지만 제대로 통제하지 못하면 자기 자신을 파괴하는 거센 불길로 변한다. 마음속의 불꽃이 뜨거워질 때 가장 좋은 방법은 일단 찬물로 냉각하는 것이다.

감정을 이야기할 때는 '냉정'이라는 표현보다 '냉각'이라는 표현이 좋다. 냉정은 마음의 평형을 의미하지만 냉각은 행동이나 동작의 이완을 의미하기 때문이다. 그렇다면 사람은 과연 어떤 상황에서 자기도 모르게 열광적으로 변할까? 그 유형을 분석하면 다음과 같다.

첫째는 기질적 열광이다. 이러한 유형은 쉽게 분노하고 조급해지는 그 사람 자체의 성격에서 비롯되기 때문에 생활에서 변화를 마주하면 쉽게 열이 오르고 변화를 좋아하며 파괴성이 강하다. 이 유형에 속한다면 평소에 가벼운 음악을 듣고 차분한 에세이를 읽으면서 생활 리듬을 늦추거나 좌선을 배워서 인내심을 기르고 감정을 잘 다스려야 한다. 그래야 돌발 상황을 맞닥뜨렸을 때 효과적으로 자신의 '열광'을 통제할 수 있다.

둘째는 돌발성 열광이다. 이러한 열광을 지닌 사람은 습관적으로 자기 감정을 억누르며 타인의 공격에도 가만히 있으면서 모든 부정적인 감정을 마음속에 쌓아둔다. 그러다가 내면의 감정이 한계점까지 쌓인 상태에서 외부 요인의 변화와 맞닥뜨렸을 때 짧은 시간 동안 열광을 폭발시킨다. 이럴 때는 거의 맹목적인 광분 상태가 되기 때문에 종종 후회할 일을 저지르거나 가까이에 있는 소중한 사람에게 상처를 준다. 이 유형에 속한다면 평소에 사람들과 교류하는 법을 배워서 마치 매일 독을 배출하듯이 부정적인 감정을 즉시 밖으로 배출해야 한다. 먼저 동료에게 다가가 인사하고 타인을 향해 미소를 지어 보이며 타인에게 오해를 받으면 한바탕 울고 훌훌 털어버리는 행동이 돌발성 열광을 예방하는 데 도움이 된다.

세 번째 유형은 획득성 열광이다. 이는 타인의 유도로 발생하는 열광적인 심리 상태를 가리킨다. 획득성 열광을 지닌 사람은 내면이 무척 선하지만 자신감이 없어서 내면이 강한 사람에게 쉽게 휘둘려 수동적인 상태가 되기도 하고 능동적인 상태가 되기도 한다. 또 다른 사람의 감정에 전염되었을 때 점점 더 흥분해서 타인의 감정을 그대로 자기 감정에 반영할 뿐 아니라 한발 더 나아가 열광으로 표출한다. 흔히 말하는 '어리석은 충신'이 바로 이 유형이다. 이러한 심리 상태가 나타난다면 일단 타인의 말을 그대로 따르지 말고 자신만의 관점을 구축해야 한다. 많이 생각하고 지속적으로 자신감을 키워서 남에게 의존하려는 나태함을 압도할 만큼 분석 능력을 향상시켜야 한다. 그래야 타인의 발판이 되거나 타인에게 이용당해서 비극적인 결과를 맞이하지 않을 수 있다.

그러나 어쨌든 삶을 열정적으로 대하는 것은 좋은 일이다. 열정적인 사람은 정취를 즐기며 더욱 즐겁게 살아가기 때문이다. 그러나 열광의 배후에 있는 인과 관계를 똑바로 보지 못한 채 열정만 가지고 무조건 돌진하면 결국에는 쓰러져서 피를 철철 흘리기 십상이다. '남쪽 벽에 부딪치기 전까지 단념하지 않는다(不撞南墻心不死)'는 말은 집념을 나타내는 태도지만, 냉정하게 분석해서 열광을 더욱 확실한 길에 쏟는다면 굳이 남쪽 벽에 부딪치지 않더라도 더 빨리 원하는 종착지 또는 목적지에 도달할 수 있다.

무질서한 세상에서 다시 일어서 새로 시작하기 위해 열정이 필요한 것은 맞다. 하지만 언제든지 발생할 수 있는 역경에 맞서려면 냉정하게 문제를 분석하고 문제를 해결할 열쇠를 찾아낼 수 있어야 한다. 따라서 피가 들끓는다면 차분히 앉아서 냉정하게 생각해보라. '내가 왜 이렇게 흥분했을까?' '내가 왜 이렇게 미친 듯이 날뛰었나?' '이 이면에는 과연 어떠한 인과 관계 또는 음모가 숨어 있는가?' 열광의 경계선에 있는 내면을 냉정한 현실로 끌고 오는 것이야말로 자신을 위험천만한 낭떠러지에서 멀어지게 하는 것이다.

Chapter 2

낙타를 쓰러뜨리는 '마지막 지푸라기'를 조심하라

평온이란 인위적으로 만들어진 심리 상태로,
변수가 없는 허상은 진정한 안정이 아니라
'퇴화의 온상'을 가져다준다.
우리의 연약함은 이러한 온상에서
조금씩 조금씩 자라난다.
그러다가 어느 순간 가벼운 건드림에도
세상은 산산이 부서진다.

자신의 연약함을 직시하고 자신을 신뢰하라

서점에 가보면 마음이 강해지는 방법을 말하는 책이 많다. 또한 행복해지는 법을 다룬 글을 수없이 많이 접할 수 있다. 우리는 그런 뻔한 글을 보지 않아도 이미 그 방법을 다 안다고 늘 말한다. 그런데 어째서 글에 담긴 위로의 말이 언제나 마음을 건드리는 걸까? 답은 간단하다. 바로 우리의 본질이 연약하기 때문이다. 모든 사람은 태어나는 순간부터 기나긴 탐색의 길을 떠난다. 어머니의 달달한 젖, 정다운 친구, 수준 높은 교육, 만족스런 일자리, 좋은 반려자와 가치 있는 삶 등을 찾아 나선다. 탐색 과정에서 놀라울 만큼 굳센 의지와 충만한 잠재력이 발휘되지만 자신이 무엇을 위해 이처럼 거대한 능력과 에너지를 분출했는지 영원히 알지 못한다. 바로 이 과정에서 사람들의 성장과 발견은 차츰 본능적으로 주어진 용기를 잃어버리고 연약한 자신의 모습을 만난다.

사실 한 사람을 쓰러뜨리는 일은 매우 쉽다. 누구나 마음속에 가장 부드럽고 약한 부분이 존재하기 때문이다. 힘이 장사와 같고 태산이 무너져도 눈 하나 깜짝 안 하는 사람일지라도 약점은 종종 아주 평범하다. 그리고 약점을 공격당하면 사람은 마치 컴퓨터의 전원이 뽑힌 것처럼 순식간에 무너지고 만다.

이런 상황에 대비하려면 우선 자신의 약점을 직시하고 자신을 믿어야 한다. 노력해서 무언가를 얻기 시작하면 누구라도 약점이 쌓이기 마련이니 부끄러워할 필요가 없다. 자신이 가는 곳마다 적을 무너뜨릴 수 있을 거라고 착각하지 말라. 천하무적이라고 자신한 제천대성 손오공도 여래불의 오지산에 500년 동안 갇혀 있다가 금고아를 머리에 쓰고 삼장법사를 보호하며 불경을 구하기 위해 서천으로 갔다. 이는 단순한 이야기가 아니라 이치다. 아무리 강한 사람일지라도 약점, 즉 연약한 부분은 반드시 존재한다. 그리고 그 연약한 부분은 가장 갈망하거나 가장 지키고 싶은 것이기 마련이다. 자신의 연약함을 똑바로 인식하고 자신의 한계가 무너지는 일을 피할 수 있다면 어떤 측면이 훨씬 강해져서 성공에 더 가까이 갈 수 있다.

내면의 연약함은 사람마다 다른 형태로 나타나므로 당연히 각기 다른 방법으로 보호해야 한다.

이를테면 상실형 연약함에 속하는 사람들이 있다. 이 유형은 이해득실에 민감해서 '상실'이라는 말을 듣는 것을 가장 두려워한다. 가진 것이 아무것도 없을 때는 곁에 있는 사람이나 투지를 잃을까봐 두려워하고 모든 일이 순조로울 때는 부나 성취가 사라질까봐 두려워한다. 역경에 빠졌을 때는 영원히 인생의 밑바닥에 머물러 있을까봐 두려워한다. 이런 유형은 꽃이 떨어지는 모습만 봐도 옛날과 같지 않은 자신의 나이든 모습을 근심하던 임대옥(林黛玉, 중국 고전 『홍루몽(紅樓夢)』의 여자 주인공. 유약하고 근심 걱정이 많은 인물이다. — 옮긴이)처럼 언제 어디서나 걱정을 일삼으며 우울한 얼굴을 하고 있다.

상실의 두려움은 자기 내면의 부정과 불신에서 비롯된다. 부와 성공이 영원히 함께할 거라고 믿지 않고 주변 친구와 가족을 매료시킬 만한 매력이 자신에게 있다고 믿지 않기 때문에 공황을 택한다. 이런 사람은 아무리 성공해도 어떠한 일이나 사람이 변하기만 하면 와르르 무너져서 우울해하며 결국에는 스스로 '기절초풍'의 삶 속으로 들어간다. 이러한 연약함과 맞서기 위해서 할 수 있는 일은 자기 자신을 믿는 것이다. 현재의 성취를 누릴 자격이 자신에게 있음을 믿고 가까운 사람들이 곁을 떠나지 않을 거라고, 실패하더라도 다시 성공할 수 있다고 믿어야 한다. 믿음은 용기의 근원이다. 좀 더 구체적인 방법은 시간이 날 때 래프팅, 암벽 타기 같은 도전적인 운동이나 정신력과 담력, 식견을 단련하고 끝까지 완성할 수 있는 일을 많이 함으로써 자신감을 갖는 것이다. 작은 노력이 쌓이면 자신감은 연약한 내면을 보호하는 갑옷이 되고 두려움은 자연스레 사라지게 된다.

사실 내면의 연약함은 처한 환경과 밀접한 관계가 있다. 심리학 관련 책이나 영화에서 어릴 적 환경이 한 사람의 성격을 형성하고 부정적인 과거의 경험이 내면의 왜곡과 치료하기 어려운 문제를 일으킨다는 사실을 익히 보았을 것이다. 사람의 심리는 매우 특별해서 똑같은 경우를 거의 만날 수 없다. 어릴 때 부모가 자주 다투는 환경에서 자란 사람은 유난히 다툼을 두려워하거나 겁이 많고 연약할 수 있으며, 반대로 폭력적이거나 지나친 자기방어 성향을 나타낼 수도 있다. 또한 화가 날 때마다 침묵하는 부모 밑에서 자란 사람은 조용한 환경을 두려워해서 모두가 침묵하는 상황에서 공황에 빠지기도 한다. 이것이 바로 환경으로 인한 심리적 암시 또는 심리적 그림자다.

선천적인 성향에 가까운 '연약함'에 맞서려면 타인의 성향을 학습하는 수밖에 없다. 만일 비관적인 사람이라면 낙관적인 사람과 어울리며 그 사람의 열정과 명랑함이 전염되도록 하라. 낙관적인 사람이 내면의 비관적인 성향을 근본적으로 바꿔놓지는 못할지라도 최소한 약화시킬 수는 있다. 물론 "나는 이대로도 잘 살고 있어"라고 말하는 사람도 있을 것이다. 그렇다. 많은 사람이 비관적인 성향을 가지고도 잘 살고 있으며 소수의 사람만이 비관적인 성향 때문에 죽는다. 그러나 이 책을 읽기로 선택했다는 것은 곧 변화를 바라며 더욱 가치 있는 인생을 갈망한다는 뜻이다. 만일 더욱 강해지고 싶다면 지금부터 마음을 가다듬고 주변 환경을 바꿔보라. 마음의 문을 활짝 열고 커튼을 걷어서 햇살이 들어와 긍정 에너지를 퍼뜨리도록 하라.

심리 전문가로 수많은 베스트셀러를 펴낸 휴스턴 대학 교수 브레네 브라운은 "연약함(Vulnerability)이란 치욕과 공포의 근원이자 우리가 자아 가치를 위해 발버둥 치는 근원이지만 동시에 기쁨, 창조성, 귀속감, 사랑의 원천이다"라고 말했다.

그렇다면 어떻게 해야 자신의 연약한 면을 발견할 수 있을까?

첫째 방법은 마음을 차분히 가라앉히고 자신이 대부분 어떤 상황에서 와르르 무너졌는지 또는 갑자기 불같이 화를 냈는지 생각해보는 것이다. 최근 3개월 동안 화가 나거나 살기 싫을 정도로 부정적으로 변했던 일을 적고 그렇게 만든 원인과 그 일이 해결된 이후의 결과를 기록하라. 그러면 도대체 어떤 일이 내면의 가장 연약한 부분을 건드리는지 발견할 수 있을 것이다.

둘째 방법은 주변 친구들에게서 시작하는 것이다. "한 사람의 습관을 알고 싶으면 그의 신발을 보면 되고 한 사람의 품행을 알고 싶으면 주변의 친구를 보면 된다"라는 말이 있듯이 가까이에 있는 친구는 대부분 생각이나 취향이 비슷한 사람들로, 그들은 반드시 당신의 특정한 잠재 의식적 성향을 반영한다. 동시에 사람들은 다른 사람에게서는 금방 알아채는 것을 자신에게서는 잘 발견하지 못하곤 한다. 따라서 주변의 친구를 관찰하면서 그들의 어느 부분이 연약한지 살펴보고 자신과 비교하면 자기 내면의 연약한 부분을 발견할 수 있다.

셋째 방법은 연장자와 대화하는 것이다. 이 방법은 상당히 효과적이지만 젊은이들은 이를 그다지 활용하고 싶어 하지 않는다. 경험이 풍부한 연장자는 상대적으로 예리한 안목을 지니고 있어서 부족한 부분을 바로잡을 수 있도록 도와준다. 하지만 젊은이들은 보통 나이 든 사람의 경험담을 시대착오적인 쓸모 없는 이야기로 여기기 때문에 진심으로 경청하려고 하지 않는다. 아무리 시대가 변해도 기본 이치는 변함없는 법이다. 매주 시간을 내어 존경하는 연장자와 대화하고 그들의 말에서 깨우침을 얻는다면 스스로 연약함의 지뢰밭에 발을 내딛는 일을 효과적으로 피할 수 있다.

자신의 연약함을 인정하는 것은 부끄러운 일이 아니다. 자신의 연약함을 아는 사람은 강해질 가능성이 훨씬 크다. 자기 약점을 알면 어떻게 나아가야 할지 알 수 있지만 자기가 강하나고 착각하면 내면에서 필요로 하는 것을 모를 뿐만 아니라 마음대로 무시하거나 숨긴다. 자신의 연약함을 깡그리 잊어버리고 살다가 연약함이 공격받으면 삶은 와르르 무너진다. 시간이 흐르면서 본연의 마음을 잃어버렸기 때문에 재기할 기회를 마련하기도 쉽지 않다.

의연하게 내면의 연약함과 맞서라. 우리가 연약한 이유는 감정과 기억, 동경을 지닌 사람이기 때문이다. 연약함은 불치병이 아니라 아름다운 것이다. 연약함을 직시하면 더할 나위 없이 거대한 용기를 얻게 된다. 연약함을 잘 보살피면 지금까지 볼 수 없던 힘을 갖게 된다.

낙타를 쓰러뜨린 '마지막 지푸라기'란?

우리는 훌륭한 사람이 되어야 한다고, 엘리트가 되어야 한다고, 성공해야 한다고 매일같이 말한다. 그러나 현실에서 성공한 사람은 언제나 소수다. 크고 작은 분투를 벌이다 포기하거나 절망하며 끝내 실패하는 사람이 훨씬 많다. 가끔 궁금하지 않은가? 우리처럼 평범한 사람이 성공한 사람과 얼마나 멀리 떨어져 있는지 혹은 우리가 실패와 얼마나 가까운지 말이다.

일이 잘 풀릴 때 사람들의 심리 상태는 비슷하다. 다만 더 강한 위기의식을 느끼는 사람과 성공의 해변에 누워 햇볕을 즐기는 사람으로 나뉠 뿐이다. 이 두 가지 심리 상태는 성공의 지속 시간 또는 더 큰 성공을 얻을 수 있는 가능성을 결정한다. 그리고 결정적으로 우리의 성패를 결정 짓는 요소는 역경 속에서의 심리 상태다.

역경은 한 사람을 더욱 완전하게 만들 수도 있지만 대개는 한 사람을 완전히 무너뜨린다. 역경에 빠지면 내면의 압박, 미지를 향한 불안, 주변에서 쏟아지는 각종 기대에 억눌려 숨을 쉴 수 없게 된다. 역경 속의 고난은 두려워할 것이 못 되지만 역경 밖의 미지는 끔찍한 고통을 가져다준다. 예를 들어 건설 현장에서 일하는 노동자에게 매일 힘든 육체노동을 시켜도 그는 특별히 고통스럽다고 느끼지 않을 것이다. 하지만 연말에 그에게 임금을 주지 않으면 그는 영원히 헤어날 수 없는 나락으로 떨어진다. 역경은 결코 잔혹하고 열악한 생활 조건으로 당신을 무너뜨리지 않는다. 역경 속에서 당신을 무너뜨리는 것은 불안과 절망이다. 짙은 안개 속에 있는 당신에게 들리는 다른 사람들의 승전의 노랫소리가 당신의 마음을 무참히 짓밟는다. 이러한 압박감과 절망에 반복적으로 시달리면 누구라도 무너지고 만다.

역경에 맞닥뜨려서는 무엇보다도 먼저 마음속에 간직한 불씨를 잘 살려야 한다. 불씨를 잘 살리고 나서 역경에서 탈출할 길을 찾아야 한다. 마음을 평온하게 하려면 먼저 직면한 역경을 정확히 인식해야 한다.

역경에 처하는 것을 무척 불행한 일로 여기곤 한다. 그러나 사실 역경은 인생에서 흔한 일이자 언제든 기회로 탈바꿈할 일이다. 높은 산을 등반하는 것처럼 산 정상에 머무는 시간은 찰나일 뿐 대부분의 시간은 산 아래에서 힘겹게 등반하거나 잰걸음으로 비탈길을 내려가야 한다. 따라서 성공하고 싶다면 역경 속 생활에 익숙해져야 한다.

역경을 기회이자 정상에 오르는 과정이라고 여기면 아무리 고통스럽더라도 전진할 수 있다는 희망을 버리지 않을 수 있다. 그러나 원망을 일삼으며 모든 책임을 '불공평'한 운명에 떠넘기기 시작했다면 조심해야 한다. 이는 내면이 무너지기 시작했음을 의미하기 때문이다. 서둘러 그러한 행동을 멈추지 않으면 영원히 암흑 속에 갇히게 된다.

역경 속에서도 계속 전진하기 위해서는 끝까지 지속할 줄 알아야 한다. 불굴의 정신을 가리키는 말로 "남쪽 벽에 부딪치기 전까지 뒤돌아보지 않는다(不撞南墻不回頭)"는 말이 있다. 끝까지 지속하는 것만으로도 최소한 생존할 수 있다. 사는 동안 많은 사람이 성공의 기회를 맞이하지만 마지막까지 버티지 않는다. 성공의 문턱 바로 앞에서 물러나고 포기하기도 한다. 수많은 실패와 고통, 좌절을 겪어오면서 역경이 내면의 희망과 믿음을 서서히 집어삼켰기 때문이다. 그래서 최후의 순간에 포기하고 눈앞에서 성공의 기회를 놓치는 이들이 많다.

마윈(馬雲)의 알리바바와 마화텅(馬化騰)의 텐센트(중국의 대표적인 온라인 및 모바일 메신저 프로그램 QQ를 비롯해 포털, 게임, 엔터테인먼트 서비스를 제공하는 IT 기업. ― 옮긴이)도 초반에 각종 어려움에 처해 있었다. IT가 중국을 강타하자 수많은 IT 회사가 우후죽순 생겨났다. 그러나 그중 일부만 큰 성공을 거두었고 나머지는 일찌감치 시대의 조류에 휩쓸려 침몰하고 사라졌다. 모두가 시작점은 똑같았다. 다만 대부분 중도에 탈락한 것뿐이다.

"그때 조금만 더 지속했다면……." 이런 말을 종종 듣는다. '조금만 더 지속했다면'이라는 말은 세상에서 가장 서글픈 말이다. 인생에는 연습이 없다. 지나간 것은 그대로 지나가버릴 뿐 한번 놓친 기회는 다시 돌아오지 않는다. 마지막 순간에 포기한 사람은 끝까지 지속해서 성공한 사람을 부러운 눈으로 쳐다보며 속으로 이렇게 생각한다.

'저 성공은 원래 내 건데! 하지만 시간을 되돌리기엔 너무 늦었어.'

피할 수 없는 역경을 맞닥뜨렸을 때 우리가 할 수 있는 일은 전진하는 것뿐이다. 길이 보이지 않아도, 미래가 보이지 않아도 괜찮다. 어차피 밑바닥에 있다면 어떻게 걸어도 전진할 것이고 어떻게 걸어도 비탈길을 올라갈 것이다. 그러니 두려워하지 말라. 실패하면 다시 하면 되고 넘어지면 일어서서 계속 걸으면 된다. 넘어져 아프면 잠시 주저앉아 울어도 좋다. 하지만 다 울고 나서는 눈물을 깨끗이 닦고 자신 있게 계속해서 걸어라. 탈출하지 못할 미궁은 없고 오르지 못할 정상은 없다. 끝까지 걸어가기만 하면 된다.

현실이 아무리 실망스럽고 절망스럽더라도 마지막 지푸라기에 쓰러져서는 안 된다. 거꾸로 마지막 지푸라기가 당신 위로 떨어지게 해서도 안 된다.

실패와 실망이 반복될 때 '결코 모든 책임을 자신의 무능으로 돌려서는 안 된다'는 사실을 기억하라. 스스로 할 수 있다고 믿어야 한다. 현재의 실패는 성공으로 가는 과정에서 조금 긴 삽입곡일 뿐이다. 에디슨이 수천 가지 재료로 실험한 끝에 전구를 만들었다는 일화를 모르는 사람은 없지만 실제로 에디슨처럼 지속할 수 있는 사람은 거의 없다. 에디슨은 자부심이 대단한 사람이었다. 그는 자신의 이론이 정확하다고 믿었다. 성공하지 못하는 것은 자신이 틀렸기 때문이 아니라 재료를 못 찾았기 때문이라고, 단지 그뿐이라고 생각했다. 그래서 그는 성공은 시간문제라고 믿었다. 근본적으로 정신노동의 문제가 아니었기에 그가 할 일은 꾸준히 다시 하는 것뿐이었다.

삶에 존재하는 수많은 불공평함은 원망한다고 해결되지 않는다. 오히려 때로는 그 반대의 결과를 가져오기도 한다. 어떤 일자리에 지원하려다가 그 자리에 이미 내정자가 있음을 알게 되면 어떤 사람은 들러리가 되느니 포기하는 것이 낫다고 생각한다. 그러나 사실 당신은 그 자리를 두고 경쟁에 참여할 수 있다. 만일 스스로 충분히 유능하다고 믿는다면 그 자리에 이미 내정자가 있더라도 당신에게 적합한 다른 자리가 있을 수 있다. 설령 그 회사에서 당신을 채용하지 않더라도 그들에게 당신의 유능함을 증명함으로써 그들이 이미 다른 내정자를 정해놓은 것을 후회하게 만든 다음 다른 일자리를 추천해달라고 요청할 수도 있다. 삶이 불공평하다고 여기지 말라. 사람마다 키와 체형이 다른 것처럼 능력도 천차만별이다. 그래도 공평하길 원한다면 유능한 사람이 되면 된다. 충분한 능력을 갖춘다면 공평함은 더는 결정적인 문제가 되지 않을 것이다.

끝도 없이 이어지는 역경 때문에 포기하고 싶다면 생각해보라.

'지금 포기하면 앞서 한 모든 노력이 물거품이 되지는 않을까?' '끝까지 지속할 수는 없을까?' '정말로 여기서 포기하고 말 것인가?'

힘들고 지쳤다면 잠시 짐을 내려놓고 쉬자. 한숨 푹 자고 긴장을 풀어라. 그러나 충분히 쉬고 나서는 다시 짐을 짊어지고 전진해야 한다. 얼마의 시간이 걸리든 성공은 저 앞에서 최후의 순간까지 지속할 우리를 기다리고 있다. 마침내 성공을 쟁취한 우리와 함께 기쁨의 눈물을 흘릴 날을 기다리고 있다.

제2차 세계대전 중 '코카콜라'가 미군에게 긍정 에너지를 불러일으킨 이유

코카콜라사는 제2차 세계대전 중 미국 군대에 코카콜라를 보급했다. 아무리 힘들고 원가가 치솟아도 그들이 기꺼이 그렇게 한 이유는 '애국'이라는 마케팅 수단으로 미국 내에서 판매량 선두를 차지했기 때문만은 아니다. 그보다 더욱 중요한 이유는 이러한 노력이 전쟁의 최전방에 있는 전사들에게 '아무리 잔혹한 전쟁 속에서도 오늘 내가 즐거울 순간은 있다'는 강렬한 자극을 주었기 때문이다. 당시 유럽 연합군 최고 사령관이던 드와이트 아이젠하워는 코카콜라 마니아로 이 일화에서 큰 역할을 했다. 생각해보면 이는 무척 흥미로운 이야기다. 상상해보라. 병사들이 생명의 위험을 무릅쓰고 전선에서 살아 돌아와 탄산으로 가득한 음료 한 병을 땄을 때의 그 희열감을. 그것은 마치 자기 자신에게 "이야, 축하해. 또 하루를 살아남았구나!"라고 말하는 것과 같지 않은가. 부정 에너지는 순식간에 눈덩이처럼 불어나기 때문에 무서운 것이지만 음료 한 병에 자취를 감춰 잠시나마 좋은 기분을 느낄 수 있을 만큼 약한 것이기도 하다. 사람의 마음을 속이는 일이 참으로 쉽지 않은가?

이 세상에 영원히 무너뜨릴 수 없는 힘은 어디에도 없다. 아무리 단단한 바위도 물방울에 뚫리고, 끝없이 넓은 하늘도 구름 몇 덩어리에 눈물을 쏟는다. 광활한 바다도 사람들의 배를 막지 못하고, 그 어떤 일이나 권리도 영원히 존재할 수는 없는 법이다. 시대가 변하고, 사람이 변하고, 환경이 변하고, 모든 것이 변한다. 그러므로 만일 변화에 순응하지 못하고 자기 생각만 고집한다면 당신을 기다리는 것은 아마도 버림받는 일뿐일 것이다.

사람들은 흔히 "실패는 성공의 어머니"라고 말한다. 맞는 말이다. 그러나 좀 더 정확히 말하자면 역경이야말로 성공의 어머니라고 할 수 있다. 수천만 년 전 지구는 하나의 대륙이었으나 판의 운동이 모든 생물에게 치명적인 재난을 가져왔고 수많은 종의 직접적인 멸종으로 이어졌다. 그러나 분할된 대륙에서 생존한 생물은 어떤 상황에서도 포기하지 않고 꾸준히 진화를 계속했다. 그들은 새로운 환경에 적응하고 새로운 먹이를 찾아 나서며 오늘날의 새로운 대륙과 생태계를 형성했다. 6,500만 년 전 지구의 주인이던 공룡은 왜 이유를 알 수 없는 재난 속에서 완전히 소멸했을까? 그 이유는 간단하다. 그들은 지나치게 강했고, 자신의 강함을 신봉하며 변화하지 않았기에 결국 새로운 생태계에서 완전히 도태된 것이다.

이러한 현상은 생물 범주에나 해당하는 문제로 사회와 관련이 없다고 생각하는 사람도 있겠지만 실은 그렇지 않다. 자연법칙은 모든 형태의 사회에 적용된다. '적자생존'을 예로 들 수 있다. 실제로 수많은 현대 마케팅 관련 서적은 거의 예외 없이 이 사상을 신뢰한다. 아니, 단지 신뢰한다기보다는 '신봉'한다. 힘든 현실에 얽매여 살며 원망만 늘어놓거나, 자신의 행동과 실패를 반성하지 않거나, 진지하게 고민하며 생각을 바꾸려고 노력하지 않는다면 당신을 기다리는 것은 실패와 좌절뿐이다. 따라서 역경에 처했을 때 해야 할 일은 묵묵히 전진하는 것이 아닌 반성하는 것이다. 역경의 원인을 이해하고 약점을 찾아내야 한다. 역경 속에서 자신이 변해야 할 부분과 부족한 부분을 깨닫고 다시 곤경에 처하지 않을 방법을 깨달아야 한다. 역경 속에서 깨달음을 얻고 먼저 '코카콜라 병'을 잡을 줄 아는 사람만이 가장 먼저 일어서서 가장 빠른 속도로 역경에서 벗어날 수 있다. 그가 가는 길이 곧 지름길이며 그가 공격하는 곳이 곧 역경의 가장 취약한 벽이기 때문이다.

역경 속에는 실망, 원망, 염세 같은 부정 에너지가 들어 있다. 이러한 감정은 내면을 비정상적으로 약하게 만들어 단 한 번의 충격도 견딜 수 없는 심리 상태가 된다. 그래서 본능적으로 부정 에너지를 배척하고 좋지 않은 것은 티끌만큼이라도 존재해서는 안 된다고 생각한다. 그러나 사실 부정 에너지도 하나의 에너지로 당신을 전진하도록 이끌어줄 수 있다. 무척 실망했다고 치자. 하지만 반성을 하며 왜 그토록 실망했는지를 생각해볼 수 있다. 부정 에너지는 냉정해질 좋은 기회를 제공한다. 오히려 더욱 걱정해야 할 일은 성공 가도만을 달렸을 경우다.

전쟁 중에 코카콜라는 부정 에너지의 배출구이자 긍정 에너지로 전환할 통로였다. 부정 에너지를 사용할 때 얼마나 강해질지 상상해보라. 일이 뜻대로 되지 않을 때 콜라 하나를 따서 탄산이 올라오는 소리를 들으며 쭉 들이켰을 때의 상쾌한 기분을 상상해보라. 부정 에너지를 전부 마셔서 당신에게 필요한 에너지와 잠재력으로 전환하는 모습을 상상해보라. 훗날 당신이 역경 속에서 무언가를 배우고 삶 속의 부정 에너지를 동력으로 전환할 수 있게 되었다면 최고의 성공을 거둔 당신에게 미리 축하의 인사를 건넨다. 당신은 이미 내면을 무너뜨릴 수 있는 부정 에너지를 극복했다.

당신을 성공으로 이끄는 '중도 포기'
vs.
당신을 실패로 이끄는 '중도 포기'

각양각색의 성공한 사람들로 넘쳐나는 신기한 시대다. 모두가 어떻게 해서든 돋보여서 다른 경쟁자와 달라지고 싶어 한다. 우리가 주목하는 세계적인 '위인'은 모두 유명해진 후 남모르는 일화가 쏟아져 나오는데, 특히 성공한 괴짜들의 일화는 젊은 사람들이 앞으로 나아가도록 끊임없이 격려한다.

흥미로운 점은 수많은 위인의 사례 중에서 언제나 좋은 본보기가 되는 것은 중도 포기에 관한 내용이라는 사실이다. 페이스북의 창시자 마크 저커버그와 퍼스널 컴퓨터의 아버지 빌 게이츠, 작가이자 카레이서이며 감독인 중국의 문예 청년 한한(韓寒)에게는 한 가지 공통점이 있다. 바로 공부를 썩 잘하지 못했다는 것이다. 특히 마크 저커버그와 빌 게이츠는 공부를 잘하고 못하고의 문제를 떠나서 중간에 학교를 그만두었고 한한은 "전체의 발전은 전체의 평범함이나 다름없다"라고 말해 중국 교육계에 큰 파란을 일으켰다. 그러나 이 '성공한 사람'들은 무슨 일이든 끝까지 지속하며 한 길만 걸었다.

그렇다면 잠깐 견지(堅持)와 포기를 이야기해보자. 견지란 어떤 일을 꿋꿋하게 끝까지 지속하는 것이다. 앞서 말한 대로 자신의 꿈이 옳다고 생각된다면 불굴의 정신으로 지속해야 한다. 그래야 원하는 성취를 이룰 수 있다. 그렇다면 포기는 어떨까? 포기란 이미 가치가 없다고 생각한 일이나 관점을 버리고 그만두는 것이다. 자기계발 강의에서 포기는 언제나 반면교사로 등장한다. 포기한 사람은 끈기가 없는 사람인 동시에 역경에서 탈출하지 못한 사람이고 성공과는 어울리지 않는 사람이기 때문이다. 그렇다면 어째서 누군가는 포기하고도 성공을 거두는 걸까? 그것도 엄청난 성공을 말이다. 앞에서 이야기한 것이 모두 탁상공론에 불과한 헛소리였단 말인가?

이 질문의 답은 당연히 '아니오'다.

먼저 빌 게이츠가 학업을 중간에 포기한 일을 살펴보자. 빌 게이츠의 어머니는 IBM의 전 회장인 존 오펠과 친분이 있는 거물급 여성이었다. 이처럼 빌 게이츠는 상당히 부유한 가정에서 태어났을 뿐 아니라 동시에 컴퓨터 산업의 든든한 기반도 가지고 있었다. 또한 그는 하버드에서 공부했는데, 미국 대학을 어느 정도 알고 있다면 하버드가 이른바 '돈 있는 사람'이 다니는 학교라는 사실을 이해할 것이다. 하버드에 다니는 사람들은 대부분 각 분야의 엘리트와 괴짜, 또는 세계 각국 정치인의 자녀다. 어릴 때부터 컴퓨터에 푹 빠져 지낸 빌 게이츠는 새로울 것 없는 대학 교수의 수업에 흥미를 잃었다. 그는 직접 소프트웨어를 설계하고 가정에 보급할 수 있는 컴퓨터를 만들고 싶었다. 그래서 하버드에서 얻은 충분한 지식과 자원 그리고 천부적인 이해력을 바탕으로 적절하다고 생각한 시기에 아버지의 반대를 무릅쓰고 단호하게 학교를 그만두고 회사를 창립했다. 이후 소소한 우여곡절을 겪었지만 그는 마침내 성공했다.

그렇다. 빌 게이츠는 확실히 '중도 포기' 유형에 속한다. 중국에 이런 아이가 있다면 아마도 그 부모는 혀를 차며 안타까워했겠지만, 여기서 주목할 것은 빌 게이츠가 학교를 그만두었다는 표면적인 현상이 아니다. 만일 빌 게이츠의 연설을 들어본 적이 있다면 그가 청소년 시기와 대학 시절에 얼마나 많은 노력과 준비를 했는시 알 수 있을 것이다. 그가 학업을 포기한 이유는 실제로 자기 마음속에 품은 일을 끝까지 견지하겠다는 표현이었다. 그는 더는 가치가 없는 '학업'을 의연하게 포기하고 이미 모든 준비가 끝났다고 생각한 일에 온몸을 바쳤다. 이러한 포기는 사유적 포기이자 전략적 시각으로 앞날을 내다본 생각의 전환이다. 기회와 도전이 동시에 빌 게이츠의 시대에 출현했을 때 마이크로소프트가 탄생했고 그는 퍼스널 컴퓨터 시대의 대명사가 되었다.

따라서 맹목적으로 포기해 실패하는 것이 아니라 합리적으로 포기해야 한다. 합리적인 포기란 더 지속할 만한 가치가 있는 목표와 꿈을 위해 포기하는 것이다. 마크 저커버그의 이야기는 합리적 포기의 좋은 사례다. 마크 저커버그는 대학 기숙사에서 뭔가 재미있는 일이 없을까 궁리하던 중 인기인 선발 대회를 생각해내고 투표하기 쉽게 전교생이 접속할 수 있는 웹사이트를 개설했다. 그 후 간단한 기능이 있는 소그룹 소셜네트워크를 개설했고 시간이 흘러 뜻이 맞는 몇몇 친구들이 합류하면서 페이스북의 초기 형태가 만들어졌다. 마크 저커버그는 자신의 최종 목표를 이루기 위해 학교를 그만두기로 했다. 실제로 당시 그는 뚜렷한 목표는 없었지만 예민한 감각으로 지금이 새로운 분야를 개척할 절호의 기회라는 사실을 알아차렸다. 그래서 그는 위험을 무릅쓰고 새로운 여정을 시작하기로 했다.

잘 알다시피 모든 포기가 항상 준비된 상황에서 이루어지는 것은 아니다. 가령 누군가는 단순히 현재의 일이 너무 힘든데다 월급도 쥐

꼬리만 하고 야근이 많아서 포기하며 포기한 후에도 새로운 인생 목표를 찾지 못한다. 또한 어떤 학생은 게임을 하려고 학업을 등한시하다 제 발로 역경 속으로 들어간다. 이처럼 '쓸모없는' 포기는 청춘과 재능을 낭비할 뿐이다. 자신의 목표를 포기하고도 다른 목표를 찾지 못하는 것은 포기를 위한 포기에 불과하며 이것이야말로 말 그대로 '중도 포기'다.

타성에서 비롯된 포기는 퇴보하게 하고 역경 속에서 빠르게 자아를 잃어버리게 한다. 이러한 중도 포기는 결코 성공으로 이끌지 않는다. 성공한 사람을 따라 중도에 학업을 그만두었을지라도 성공의 기회는 당신에게 특별한 호의를 베풀지 않는다. 왜냐하면 근본적으로 잘못 배웠기 때문이다. 성공한 이에게서 배워야 할 것은 현명함과 과감함, 노력과 분투 그리고 표면적인 포기가 실은 더 나은 목표를 향한 견지와 용기라는 사실이다.

때때로 우리는 더 큰 성공을 위해, 더 잘 견지하기 위해, 더 빨리 역경에서 탈출하기 위해 포기한다. 포기를 배우는 것 역시 역경 지수의 일부다. 이는 명확한 생각을 갖고 자신의 목표 가운데 중요하고 중요하지 않은 것을 구분할 수 있다는 것을 의미한다. 포기하는 법을 아는 사람은 자원을 최적화되게 배치해서 한정된 시간과 에너지를 지속할 가치가 있는 일에 쏟는다. 따라서 우리가 배워야 할 것은 포기 이면의 준비와 노력 그리고 위험을 감수하겠다는 용기, 이상을 향한 확고한 견지다.

중도 포기라는 말은 부정적인 의미로 사람들의 마음속에 존재해왔다. 그러나 만일 자신이 가는 길이 막힌 길이라는 것을 깨달았거나 더 나은 길을 발견했다면 그 길은 확실히 포기해야 한다. 중도 포기가 반드시 중도 포기로 끝나는 것은 아니다. 여정이 중도 포기로 끝날지 말지의 관건은 무엇을 포기했는지가 아니라 무엇을 견지했는지에 달렸다. 무언가를 포기하는 것은 더 가치 있는 무언가를 지키기 위한 선택이어야 한다. 이 이치를 이해했다면 포기의 진정한 의미를 이해한 것이나 다름없다.

절망을 부수고 역경을 돌파하라

인터넷이 활성화되면서 각종 뉴미디어가 속속 등장하고 있다. 정보화 시대에 사람들 사이의 거리는 점점 더 가까워지고 있고 언제든지 소셜네트워크에 접속하면 위치가 바로 노출되기 때문에 어떤 일도 숨길 수 없다. 이러한 시대가 가져다주는 절망은 훨씬 다양한 형태로 나타난다.

업무 중에 난관을 맞닥뜨려서 절망하고 교우 관계에서 진심을 나눌 친구가 없어서 절망하고 사교 모임에서 자신이 남들만큼 잘살지 못하는 것 같아서 절망한다. 심지어 어떤 사람은 소셜네트워크에서 다른 사람의 해외여행 사진을 보고 한동안 절망에 잠기기도 한다. 이 시대는 너무도 투명해서 다른 사람과 사각지대 없는 전방위적 비교가 가능하다. 그리고 비교에서 생긴 차이가 절망의 직접적인 원인이 된다.

삶을 단순하게 구분하면 역경과 순경으로 나눌 수 있다. 역경에 처했을 때 주위 사람들이 순경 속에서 즐겁게 살아가는 모습을 보면 비교하는 마음이 생긴다. 비교에서 생기는 차이는 불편한 감정을 불러일으키며 불안, 자기 혐오, 절망에 가까이 가게 한다. 이러한 차이로 인해 우리는 어쩔 수 없이 전력을 다해 분투한다. 누구도 남들보다 뒤처지거나 10년 후 동창회에서 꿀 먹은 벙어리가 되어 타인에게 동정의 눈길을 받고 싶지 않기 때문이다. 이처럼 위로 올라가려고 있는 힘껏 노력하는 심리는 우리를 더욱 심하게 압박하고 절망케 한다.

역경 속에서도 나 자신을 잃으면 안 된다. 나를 잃지 않아야 계속해서 전진할 수 있고 타인의 동정을 받지 않고 절망과 분노에 이성을 잃지 않을 수 있다. 역경을 돌파해야만 계속 전진할 수 있다면 역경을 돌파하는 열쇠는 절망을 없애는 것이다. 근심하거나 좌절하지 않고 원망하지 않으면 모든 용기와 힘을 역경에서 벗어나는 데 쓸 수 있다. 이는 긍정 에너지가 최적으로 발현된 상태로, 절망적인 심리 상태를 없애는 것은 역경 지수의 심리학적 표현이라고 말할 수 있다.

천하무적은 없다. 내가 이렇게 단언하는 것은 사람의 내면이 얼마나 약한지 이해시키기 위해서다. 하지만 이와 반대로 자신의 연약함을 이해할 때 비로소 사람의 마음이 또 얼마나 강해질 수 있는지 느낄 수 있다. 사람의 마음이 약하다고 말하는 이유는 약간의 처벌만으로도 거짓말한 아이를 엉엉 울게 만들 수 있기 때문이다. 그러나 신념을 가진 사람은 목숨을 잃을 정도로 잔혹한 상황에 직면해도 눈 하나 깜짝하지 않고 웃어넘길 수 있다. 연약함과 강함은 한 발짝 차이다. 그리고 그 차이는 마음속에서 견지하는 것이 무엇인지에 따라 결정된다.

강자가 되고 싶다면 먼저 신념을 가지고 견지해야 한다. 장기적인 목표가 있어야 그 목표를 위해 분투할 동력이 생긴다. 앞으로 내딛는 발걸음이 묶이거나 역경에 빠졌을 때 처음에 품은 꿈을 떠올리면 무한히 강해질 수 있다. 왜냐하면 우리는 그 누구보다 자신의 이상을 이루고 싶어 하기 때문이다. 신념이 생기면 이상에 걸맞은 행동을 하게 된다. 고대 그리스와 르네상스 시기에 잠깐 등장했던 공상가처럼 매일 침대에 누워 성공의 비결을 생각한다고 해도 절대로 아리스토텔레스가 될 수는 없다. 철학가는 곧 실천가이기 때문이다. 철학가는 고통 속에서 인생의 진리를 깨우치므로 성질 급한 현대인이 철학가가 되기란 거의 불가능하다. 따라서 공상가에 머물지 말고 착실히 행동하라. 목표를 위해 행동해야 목표를 이룰 기회가 생긴다.

견지하면 절망이 사라져 역경이나 어둠을 두려워하지 않게 된다. '부극태래(否極泰來)'는 예로부터 내려오는 중국의 심오한 지혜로 '불운이 끝에 달하면 더는 불운이 오지 않는다'는 뜻이다. 이 말은 곧 각종 실패와 무수히 많은 불운을 겪을 만큼 겪어서 경험과 전투력이 쌓이면 변화는 시간문제라는 뜻이다. 실패의 그림자 속에서 발걸음을 멈추지 않고 목표를 정확히 세우고 계속해서 걸어가기만 하면 어느새 역경의 안개 속에서 빠져나와 산 정상이 가장 잘 보이는 장소에 도착해 있을 것이다.

언뜻 생각하기에 역경은 무시무시해 보이지만 사실 절대적인 어둠에 갇힌 역경은 없다. 이제 막 역경에 빠져서 방황하고 절망한다고 해도 걱정할 것 없다. 그 상황을 충분히 인지하고 절망스럽게만 보이는 상황에서 출구를 찾기 위해 끊임없이 탈출을 시도하면 틀림없이 희망이 찾아올 것이기 때문이다. 세상은 변하고 모든 일은 불안정하다. 따라서 역경이 변하는 것도 한순간이다. 역경 속에서 절망에 집어삼켜지기를 가만히 기다리는 것보다 차라리 손오공처럼 난동 부리며 발버둥 치는 것이 낫다. 그러다 절망이 느껴지지 않는 순간이 오면 당신은 이미 역경을 쳐부수고 탈출한 것이다.

그렇다면 이제부터는 역경에 처했을 때 어떻게 싸울 것인지 생각해 보자.

역경과 마주해 싸우려면 먼저 관찰할 줄 알아야 한다. 마구잡이로 싸우다 성공할 확률은 매우 낮고 효율도 떨어진다. 소중한 시간을 낭비할 수 없지 않은가? 따라서 자신이 갇혔음을 깨달았다면 우선 주위를 세심하게 살피는 것부터 시작해야 한다. 마음을 가라앉히고 발생 가능한 문제를 생각하고 유용한 정보를 전부 수집해서 공격이 역경에 적지 않은 충격을 주도록 해야 한다. 역경에서의 싸움은 요즘 유행하는 방 탈출 게임과 비슷하다. 단서가 제한된 상황에서 관찰하고 분석해야 탈출할 수 있다. 무모하게 힘으로 역경을 파괴하려고 들면 지치기만 할 뿐이다. 거대 괴수처럼 인간의 힘을 초월한 파괴력을 지니고 있지 않을 테니 말이다.

역경에 처했을 때는 과감한 혁신이 필요하다. 역경은 때때로 실패가 아니라 전진하지 못하는 곤경인 경우가 있다. 이럴 때 난관을 돌파하려면 혁신을 시도해야 한다. 기존의 사고방식에서 벗어나 발상을 전환하고 새로운 사고방식으로 문제를 해결하면 뜻밖의 효과를 얻을 수 있다. 이왕 옴짝달싹 못 하는 상황이라면 시도를 두려워하지 말라. 이 세상이 변수로 가득하다면 세상보다 더 변화무쌍한 존재가 되면 된다. 이렇게 생각하면 역경은 자연스레 적수가 되지 못한다.

역경 속에서 싸울 때 가장 중요한 것은 역시 견지다. 이 점은 앞에서 여러 차례 설명했다. 무슨 일이든 잠깐의 열정만으로는 성공하지 못한다. 따라서 절망과 싸워 승리하고 싶다면 장기전에 철저히 대비하라. 인내심을 갖고 '다만 전진할 뿐 길어지는 것은 두렵지 않다'고 생각해야 한다.

역경은 어느 시대에나 존재하며 시대별로 특징을 가지고 있다. 역경을 겪어내지 않고 성공한 사람은 거의 없다. 오랫동안 성공의 옥좌를 지킨 사람은 모두 역경에 맞서 수많은 전투를 치른 용사 또는 투사다. 역경 속에서 단련하고 수련해야 연약함에서 벗어날 수 있다. 연약한 내면을 피하지 않고 겨루면 무자비하게 모래사장에 나동그라지지 않고 강력한 동기와 힘으로 시대의 가장 높은 파도 위에서 자유자재로 파도를 탈 수 있게 될 것이다.

Chapter 3

원망이 당신의 전진을 방해하지 못하게 하라

인생은 고정불변의 설계도가 아니다.
이미 정해진 법칙을 따라가면
영원히 자기만의 아름다운 상상에서 벗어나지 못한다.
우리를 인도해줄 법칙이 필요한 것은 맞지만
그 법칙이 보호해줄 거라고 기대해서는 안 된다.
법칙을 따른다고 좌절이나 실패를 피하거나
불확실한 삶에서 멀어지는 것은 아니다.
그렇다면 역경 속 세상에서 따를 만한 새로운 법칙은 없을까?
만만치 않은 삶을 살아가며 혼돈으로 가득한 역경 속에서
어떻게 다시 빛을 찾을 수 있을까?

"칼이 짧으면 네가 한 발 앞으로 나아가면 돼!"

용감하고 힘이 센 것으로 유명한 스파르타인은 전형적인 전투 민족이다. 모든 남자아이는 걷기 시작한 순간부터 싸우는 법을 배웠다. 어느 날 스파르타의 한 아이가 검술 연습을 하고 있었다. 아이는 반복해서 찌르기 연습을 했으나 한 번도 목표를 적중하지 못했다. 아이는 시무룩한 얼굴로 검을 바닥에 내동댕이치며 원망을 쏟아냈다.

"칼이 너무 짧아!"

그러자 엄마가 차분한 어조로 아이에게 말했다.

"칼이 짧으면 네가 한 발 앞으로 다가가면 되지 않겠니?"

원망은 이 세상에서 가장 쓸모없이 시간만 낭비하는 행동이다. 누구나 이러한 이치를 알고 있다. 그러나 원망을 일삼는 사람을 자주 만난다. 이들은 불공평한 사회를 원망하고 자신의 운이 나쁨을 원망하고 사람을 잘못 만났음을 원망하며 과거에 열심히 노력하지 않았음을 원망한다. 원망할 대상은 어디에나 존재한다. 하지만 원망하고 나서는 어떨까? 입이 아프게 시간을 낭비한 것 말고는 문제를 해결하는 데 아무런 도움이 되지 않는다. 적당한 원망은 부정적인 감정을 해소하는 데 도움이 되지만 한도 끝도 없는 원망은 전진할 수 없는 심연으로 끌어당긴다. 따라서 손에 쥔 무기를 원망하느니 힘을 아끼고 칼을 갈아라.

우리는 효율적으로 일하고 빠르게 성장해야 한다고 말한다. 유한한 삶에서 무한히 성장하고 싶다면 이 순간부터 주변 사람이나 일을 원망하는 데 시간을 낭비하지 말라. 원망을 향한 발걸음을 멈추고 생각과 행동을 바꿔라. 원망을 일삼지 않는 사람만이 역경에 처했을 때 자기연민에 빠져 비참한 결말을 맞이하지 않고 모든 시간을 성공으로 향하는 길에 쏟을 수 있다.

갑작스러운 홍수로 1년 동안 일군 농사를 망쳤을 때 농부는 논두렁에 주저앉아 대성통곡할 수도 있고 홍수로 비옥해진 토양으로 내년에 더 큰 수확을 거두도록 준비할 수도 있다. 가세가 기우는 상황에서도 조설근(曹雪芹)은 『홍루몽』을 완성했으며, 독일 출신의 앙리 네슬레는 온갖 고난을 이겨내고 네슬레사를 창립했다. 그들도 우리처럼 평범한 사람으로, 역경 속에서 원망도 하고 절망하기도 했다. 그러나 그들은 아주 빠르게 새로운 목표와 희망을 찾아 부담감을 내려놓고 새로운 삶을 향해 전력 질주했다.

원망하지 않는 세상이야말로 노력해서 들어가야 할 바람직한 세상이다. 그러나 많은 사람은 이렇게 말할 것이다. "내게는 훌륭한 사람들이 지닌 자제력이 없어. 불평하며 원망을 쏟아내고 싶은데, 이런 감정을 어떻게 통제하란 말이야?"

만일 위와 같은 상황이라면 원망의 감정을 통제하거나 억누르기보다 차라리 흘러가도록 내버려두는 것이 낫다.

일단 무척 불쾌하거나 심하게 욕을 퍼붓고 싶은 일이 생긴다면 입에서 나오는 대로 아무렇게나 말하지 말고 묵묵히 뒤돌아 사람이 없는 곳으로 간 다음, 심호흡을 크게 내뱉으며 스스로 말하라. "세상이 이토록 아름다운데 이렇게 분노해서는 안 돼!" 마치 장난하는 것처럼 보이겠지만 한번 시도해봐라. 그러면 자기 자신을 이완시키는 이 방법이 실은 매우 유용하다는 사실을 알 것이다. 심호흡을 하면 혈액 속 산소 함유량이 상승해 머리가 맑아지면서 기분이 훨씬 평온해진다. 또한 이처럼 긴장을 풀어주는 말을 스스로 되뇌는 것은 기초 수준의 심리적 암시와 같아서 원망하고 싶은 마음을 냉각시켜 준다.

침착함을 되찾고 나면 때로는 당신이 원했던 것이 원망을 퍼붓는 일이 아니라 이 세상에 존재하는 수많은 문제점을 들춰내고 싶었던 것임을 깨닫기도 한다. 예를 들어 사장이 자기 사람만 편애하고 당신의 노력에는 무관심하다면 그러한 불공정함을 향해 원망을 쏟아내고 싶을 것이다. 그러나 가까스로 냉정을 되찾고 나면 그것은 조금도 변하지 않을뿐더러 오히려 더 심해질 것이라는 사실을 깨닫게 된다. 이럴 때는 어떻게 해야 할까? 환경을 바꿀 수 없다면 자신을 바꾸는 게 좋다. 환경이 당신에게 맞춰주지 않을 테니 당신의 심리 상태를 환경에 맞추는 수밖에 없다. 사장의 불공정한 행동을 발견했다면 모든 일의 완성도를 120퍼센트까지 끌어올려 회사의 모든 사람이 당신의 뛰어난 능력을 눈여겨보게 하여 사장이 어쩔 수 없이 당신의 우수함을 인정하도록 하라. 이는 매우 적극적인 '보복' 행위로 이를 위해서는 강한 심리적 수용력과 견지 능력이 필요하다. 만일 자기 자신이 연약한 사람이라고 생각한다면 먼저 심리 상태를 강하게 단련하도록 하라. '나는 충분히 잘 지낼 수 있어'라는 심리가 역경을 상대할 때 가장 강력한 반격임을 깨달을 것이다.

마지막으로 모든 부정적인 감정에는 출구가 필요하며 이 출구가 때로는 감정을 전부 말로 쏟아내는 것이 아닐 때도 있다. 부정적인 감정을 배출하는 가장 잘 알려진 방법으로는 달리기, 수영, 등산 등을 이용한 주의력 전환 방법이 있다. 유산소 운동은 신진대사와 조혈 기능을 촉진시켜 답답한 기분이나 자신이 세상에서 제일 불쌍한 사람이라는 생각이 들지 않게 해준다. 또한 몸이 심한 피로감을 느끼면 부정적인 감정은 더 잘 배출된다. 삶이 나쁘기만 한 것은 아니며 얻을 수 있는 것이 여전히 많다는 사실을 발견하게 되기 때문이다.

앞에서 원망을 두고 '안 좋은 말'을 많이 했으니 원망이야말로 즐거움의 적이라고 생각할 것이다. 그러나 사실은 그렇지 않다. 다른 시각에서 바라보면, 누군가 원망을 일삼는다는 것은 곧 그가 삶을 기대하고 희망하며 자기 자신에게 더 높은 바람을 지니고 있다는 뜻이다. 원망을 부정적으로 생각하는 것은 사람들의 이상한 버릇 때문이다. 바로 책임을 다른 데 떠넘기고 전진과 노력을 포기한 채 "노력해도 결국 이 모양이야! 내 잘못이 아니야!"라며 자신을 설득하는 버릇 말이다. 이러한 버릇이야말로 원망을 내던져야 하는 이유다. 그러니 기대와 목표를 갖고 일단 자신이 해야 할 일을 다 하고 나서 세상이 과연 우리에게 어떻게 나쁜지 또는 어떻게 좋은지 생각하라.

역경에 맞서 생존하는 법, 역생존

순풍은 출발에 유리하고 역풍은 비상하기에 유리하다. 이는 자연계에 존재하는 물리 법칙이다. 이 불변의 진리를 곰곰이 음미해보면 인생도 별반 다르지 않음을 발견하게 된다. 만반의 준비를 마쳤다면 출발하라. 그러나 발걸음이 늘 가볍기만 하다면 아직 언덕을 오르지 않은 것이다. 내딛는 발걸음이 무겁고 죽을 것처럼 힘이 들어야 비로소 성장하고 발전하며 비상하는 것이다.

역경 속에서의 생존을 간단하게 '역생존(逆生存)'이라고 부르겠다. 역생존은 우리를 강하게 만든다. 모든 것이 혼란스러운 시대에는 언제나 난세의 영웅이라 불리는 수많은 호걸이 등장한다. 환경이 열악할 때 경쟁은 더욱 치열해지기에 이런 조건에서 성장한 사람은 강인한 체력과 기백, 담대한 내면 그리고 뛰어난 지혜를 지니게 된다. 우리는 전란이나 전쟁이 없는 평화로운 시대에 살고 있지만 삶은 늘 경쟁과 압박에 노출되어 있다. 그렇다면 이러한 시대에 성공하기 위해 반드시 익혀야 할 역생존법은 무엇일까?

많은 사람이 좋아하는 무협 소설가 김용(金庸)과 고룡(古龍)의 작품에는 자유분방하고 무공이 뛰어나며 도량이 넓은 그야말로 모든 이들의 본보기 같은 존재인 '대협(大俠)'이 등장한다. 대협이란 수련을 거듭해 절세 무공을 익힌 걸출한 인물을 가리킨다. 소설을 보면서 눈치챘는지 모르겠지만 신공(神功)을 수련하는 과정은 대부분 무척 고통스럽다. 아무리 무술에 천부적인 재능을 갖추었을지라도 동작 하나하나를 꾸준히 수련해야 한다. 가령 세 살부터 스물세 살까지 장장 20년간 심혈을 기울여야 강호에서 대협의 자리에 오를 수 있다.

김용이 쓴 『천룡팔부』의 주인공 허죽은 수련하지 않고 운이 좋아서 진롱기국(珍瓏棋局, 『천룡팔부』에 등장하는 수십 년간 격파한 자가 없는 세상에서 가장 풀기 어려운 바둑판을 가리킨다. — 옮긴이)을 격파하고 70년의 무공을 얻지 않았냐며 반박하는 사람도 있을 것이다. 그렇다면 이것은 어떻게 된 일일까? 허죽은 힘들여 무술을 배우지 않았지만 어렸을 때부터 소림사에서 불법을 수행했다. 원작에서 허죽은 자질이 없는 승려로 여겨졌지만 그는 불법을 수행하는 일을 포기하지 않았고 그 때문에 20년 후 수많은 걸출한 인물을 곤란케 한 진롱기국을 격파할 수 있었던 것이다. 20년간 모두에게 그 능력을 부정당하면서도 포기하지 않았다면 그는 이미 남다른 능력을 지닌 성공할 만한 인물이라는 점을 증명한 것이나 다름없다. 만일 당신이라면 그렇게 할 수 있겠는가?

성공한 사람은 거의 모두 쓰라린 고통을 겪는다. 아무 자기계발서 한 권만 펼쳐봐라. '노력할수록 행복해진다'는 이야기가 빠짐없이 등장할 것이다. 마치 모든 대협에게 죽도록 힘들었던 날이 존재하듯이 말이다. 이러한 일화는 역경이야말로 새로 시작할 기회라는 것을 알려준다. 벼랑에서 떨어져 탈출구가 없다고 느끼는 시기는 어쩌면 더 나은 세상을 찾아 나서거나 절세 무공을 수련해 자신만의 무기를 얻고 좋은 인연을 만날 기회일지도 모른다. 물론 소설과 현실이 똑같지는 않겠지만 역생존이 가져다주는 인생의 자산은 절대로 겉으로 보이는 것처럼 단순하지 않다는 것은 확실하다.

역경을 피할 수 없다면 생존하기 위해 역생존을 이해해야 한다. 어린아이만이 세상이 아름답고 공평하다고 생각한다. 아이들은 아직 세상사를 경험하지 못했고 인생의 쓴맛도 알지 못하기 때문이다. 그러나 어른인 우리는 이 세상이 본래 완벽하지 않고 공평하지도 않다는 사실을 분명히 알아야 한다. 완벽과 공평은 상대적이다. 충분히 높은 곳에 서 있다면 세상은 공평한 곳이지만, 늪에 빠져 있다면 질퍽거리는 생활로 인해 운명이 유독 당신에게만 불공평하다고 여겨질 것이다.

역경이 아무리 두려워도 성장하기 위해 겪어야 하는 고통을 피할 수는 없으니 역생존 능력을 얻고 싶다면 반드시 다음 내용을 명심하라.

첫째, 자존심을 내려놓아라. 실패를 인정하는 일을 부끄럽다고 여기지 말라. 패배는 곤혹스럽지만 패배를 인정하지 않는 행동은 유치하다. 자존심을 내려놓고 역경 속에서 자신이 확실히 곤경을 만났음을 인정하라. 억지로 허세를 부리며 죽어도 인정하지 않겠다는 태도를 버려라. 이는 기개가 아니라 용기가 없는 것이다. 실패를 인정해야 반성할 수 있고 그래야 다른 사람의 의견에 귀를 기울여 역경에서 벗어나 성장할 수 있다.

둘째, 자신감을 가져라. 역생존에서 제일 중요한 지혜는 자신을 믿는 것이다. 앞일을 미리 아는 사람은 없다. 역경이 지속될 때는 그 누구도 당신이 무엇을 해야 성공할지 보장하지 못한다. 불확실한 모든 것 앞에서 자기 자신에게 줄 수 있는 것은 믿음뿐이다. 역생존의 과정에서 자신감을 키워라. 자신감이 한번 확립되면 나중에 어떤 무시무시한 장애물을 만나더라도 두렵지 않게 된다. 왜냐하면 스스로 극복할 수 있다고 믿기 때문이다. 믿어야 해낼 수 있고 믿어야 견지할 수 있다.

셋째, 동심을 간직하라. 확실히 어린아이는 세상을 아름답게 본다. 그러니 나이가 들어도 이러한 동심을 간직하길 바란다. 눈곱만큼 작은 동심이라도 좋다. 역생존 과정에서 가장 추악한 인성 또는 가장 비열한 수단을 만나게 될 때 동심은 당신을 선량하게 하고 선량함은 내면에 평온함을 가져다줄 것이다. 순수함을 간직하고 추악함에 물들지 말라. 추악함으로 얻은 성공은 한순간에 사라진다. 궁지에 몰려 위험을 무릅쓰고 타인의 이익을 훼손해서 얻은 성공은 오래가지 못한다. 따라서 무엇을 목격하든지 세상이 아무리 뜻대로 되지 않는다고 해도 아름다운 세상을 추구하고 동경하기를 포기하지 말라. 황금처럼 순수한 내면을 지닌 사람만이 가장 가치 있는 인생을 살 수 있다는 사실을 기억하라.

아무리 힘들어도 역생존 속에서 자신을 더욱 강하고 끈기 있고 자신감 있는 사람으로 만들어라. 충분히 강해져 역경에서 벗어나면 세상이 어떤 모습이든 당신과 큰 상관없다는 사실을 깨달을 것이다. 세상이 어떻든 개의치 말고 당신이 어떻게 할 수 있는지만 신경 써라. 이것이 바로 우리가 관심 가져야 할 일이다. 역경은 인생의 충전기다. 역경에 처해 이리저리 구르며 온갖 고통을 다 겪고 나면 이 세상에 더는 무서울 게 없으리라. 당신은 이미 가장 강력한 적인 자신과의 싸움에서 승리했으니 말이다. 깨달음을 얻고 새롭게 태어나 봉황처럼 역풍을 타고 비상하며 세상을 내려다보라. 세상은 항상 그 모습 그대로이며 아름다움은 당신 마음속에 존재한다는 것을 발견할 것이다.

모든 일을 태양 아래 놓고
상호 인과 관계를 파악하며 역경에 대비하라

『구약 성경』 전도서 제1장 9절은 다음과 같다. '이미 있던 것이 후에 다시 있겠고 이미 한 일을 후에 다시 할지라. 해 아래에는 새것이 없나니.' 독일 철학자 프리드리히 헤겔은 이 말을 "태양 아래 새것은 없다"라고 재해석했다. 철학자의 시각에서 보면 모든 사물의 생성 배후에는 법칙이 있고 법칙의 배후에도 법칙이 있다. 바로 이러한 법칙이 우리 삶의 구석구석을 구성해 세상이 정상적으로 돌아가도록 통제하거나 인도한다.

우리는 법칙 속에서 살아가며 법칙에 순응해 각종 생산 노동에 종사한다. 그러나 법칙 배후의 의미를 생각하는 사람은 거의 없다. 헤겔은 태양 아래 새것은 없다고 말했다. 그는 세상에 아무 근거 없이 나타난 것은 없다고 생각했다. 곤경을 만났다면 틀림없이 자초한 것이고 피해를 당했다면 틀림없이 다른 사람에게 피해를 입혔기 때문이다. 태양은 영구불변하므로 모든 일에는 인과가 존재한다.

사물이 발생한 본질을 명확히 이해하는 것은 역경에 맞서는 데 있어 중요한 전제 조건이다. 태양이 유난히 빛나는 곳에서는 반사된 빛에 방향을 잃어버리기 때문에 종종 눈앞의 길을 제대로 보지 못한다. 역경 속에서 일의 전후 관계를 제대로 파악하지 못하면 우리는 영원히 같은 자리를 맴돌게 된다. 설령 잠깐 그 자리에서 탈출할 수 있을지라도 결국 난관을 뛰어넘지 못하고 눈앞의 역경에서 벗어나지 못한다.

과학적 탐구는 인과 관계를 찾는 과정이다. 암은 왜 발생하는가? 인류는 왜 인류인가? 현재 우리는 왜 이러한 모습으로 있는가? 그 이유는 환경적 필요에 의해서, 우승열패에 의해서, 또는 더 많은 생존 자원을 얻기 위해서다. 남극 빙붕의 붕괴는 왜 전 세계에 극단적인 기후 변화를 불러오는가? 이 모두는 자연에 존재하는 인과 관계로, 이를 이해하지 못하면 가만히 앉아서 죽을 날을 기다리거나 운에 기대는 수밖에 없다. 인과를 이해해야만 예측할 수 있고 예측할 수 있어야 충분히 준비해서 사회와 삶 전체에서 발생하는 돌발적인 재난을 두려워하지 않을 수 있다.

이처럼 사물 간의 인과 관계는 때때로 우리 삶에서 매우 중요한 역할을 한다. 이것은 철학이 아니라 가장 실용적인 삶의 지혜다. 당신이 매일 행하는 어떤 사소한 일은 향후 발생할 어떤 큰일에 영향을 준다. 이는 “석 자 두께의 얼음은 하루 추위에 언 것이 아니다(冰凍三尺非一日之寒)”라는 말과 일맥상통한다. 곤경에 빠졌을 때 가만히 생각해보라. ‘언제부터 곤경에 처했을까?’ ‘곤경이 처음 시작될 때부터 이처럼 진행된 과정에서 도대체 무슨 일이 일어난 걸까?’ ‘곤경을 피할 만한 단서는 없었을까?’ ‘어쩌다 그러한 단서를 놓치고 이렇게 깊숙이 들어온

걸까?'

이 같은 질문에 답을 얻을 수 있다면 곤경에서 빠져나오는 일은 시간문제다. 기업이나 개인이나 똑같다. 앞에서 한 사람의 성공이 수많은 시련의 결과라는 점을 반복해서 강조했듯이 한 기업의 성공 역시 수많은 사람이 끊임없이 견지한 결과다. 우리는 천재도 아니고 풍요로운 자본도 없다. 유일하게 할 수 있는 일은 아무리 사소한 일이라도 남들보다 더욱 심혈을 기울이고 조심하고 노력하는 것뿐이다. 모든 일을 꺼내 태양 아래 늘어놓고 그 사이의 인과 관계를 파악하여 발생 가능한 문제와 상황을 예측하는 것이 곤경에서 벗어나기 위해 취할 수 있는 제일 좋은 준비 작업이다.

헤겔은 "순수한 빛은 순수한 어둠처럼 그 어떤 것도 똑바로 보지 못하게 한다"라고 말했다. 그렇다. 성장 과정에서 모든 일이 잘 풀리기만 하고 삶의 이치를 전부 안다고 자부하는 것은 결코 좋은 징조가 아니다. 모든 일이 잘 풀리기만 한다는 것은 근본적으로 도피하고 있거나 진정한 사회를 만나지 못했고 진정한 성공의 길에 접어들지 못했기 때문일 수도 있다. 또한 삶의 모든 이치를 안다고 자부하는 것은 오만한 생각일 뿐 삶이 아직 제대로 된 싸움도 걸지 않은 것이다.

역경은 빛과 어둠이 교차하는 회색 지대와 같다. 이곳에서는 아름다운 희망을 볼 수도 있고 절망의 두려움을 느낄 수도 있다. 그리고 이곳에서만 인생의 진정한 인과 관계를 깨달을 수 있고 진심으로 삶을 이해할 수 있다. 이것이 바로 역경의 배후에 숨겨진 의미이자 역경이 주는 최고의 선물이다.

어쩌면 여전히 당신은 역경의 매력을 깨닫지 못할 수 있다. 하지만 상관없다. 이해하지 못했다고 가치가 없는 것은 아니며 싸워서 승리한 적이 없다고 절대로 승리할 수 없는 것은 아니다. 이 회색 지대를 두려워하지 말라. 이 불모지에 발을 내딛는 것을 두려워하지 말라. 진정으로 성장하고 사고하는 법을 익힌다면 역경이 가져다주는 것이 결코 고통스러운 절망이 아니라 새롭게 태어날 희망이라는 것을 깨닫게 될 것이다.

역경 속에서 약한 사람은 더욱 약해지고 강한 사람은 더욱 강해진다

역경의 정의와 역경이 발생하는 원인을 이해하고 한 걸음 더 나아가 역경의 발생 법칙을 안다면 역경은 고난과 절망이 자라는 죽음의 땅이 아니라 훈련장이자 성장과 노력을 알려주는 환경이고 과정이 될 것이다.

예로부터 수많은 철학자들이 삶의 참된 의미를 고찰하며 진정한 생존 법칙을 발견하고자 했다. 각 분야와 계층에 있는 사람들은 마치 성공의 피안에 도착하는 정확한 방향이 있는 것처럼 법칙을 통일하기 위해 노력했다. 그대로 따르기만 하면 고난을 피해서 곧장 행복의 나라에 도착할 수 있는 확실한 성공의 길과 법칙이 존재하는지 사람들은 늘 궁금해한다.

법칙은 자연이 움직이는 기본 방식이다. 우리 세계에서 1+1=2인 것처럼 가장 간단하고 가장 기본적이며 절대로 거역할 수 없는 불변의 진리다. 그러나 삶은 1+1보다 훨씬 복잡하다. 우리가 매일 걸어야 하는 거리와 해야 할 말, 먹고 마셔야 할 밥과 물의 양을 정확히 정할 수 없다. 어떤 상황에서도 계량화하고 비교할 수 있다는 것이 법칙의 제일 큰 장점이라면, 삶이 이토록 복잡한 이유는 고정불변하지 않아 예측이 불가능하기 때문이다. 따라서 책을 통해 역경에서의 생존 법칙을 파악하고 마치 사칙연산처럼 성공으로 향하는 방법을 익히는 것은 불가능하다.

자기계발 분야의 대가가 알기 쉽게 성공 방정식을 적었다고 치자. 언뜻 보기에 매우 일리 있어 보이는 이 방정식을 실제로 행동에 적용하다 보면 아주 큰 문제에 봉착하게 된다. 이를테면 "천재는 1퍼센트의 영감과 99퍼센트의 노력으로 만들어진다"라는 말은 타당한 진리처럼 들린다. 그러나 정말로 100퍼센트 노력하면 어떤 상황에서도 성공할 수 있을까? 그렇지 않다. 삶이 간단한 방정식이 아니듯 성공도 단순하지 않다. 간단한 이론으로 역경을 돌파할 수 있다는 것은 너무나 순진한 생각이다. 역경 속에서 분투하며 행동해야 역경에서 벗어날 수 있고 역경 속에서 싸운 사람만이 역경을 돌파할 힘을 얻을 수 있다. 이것이 이른바 역경의 법칙이다.

아마도 이쯤에서 많은 사람이 절망할 것이다. 어떤 사람은 항상 역경에서 탈출하고 싶어 하지만 역경과 제대로 맞붙은 적도 없고 역경에 빠질 때마다 히스테릭하게 원망하거나 쉽게 포기하기를 선택해왔기 때문이다. 역경을 겪지 않고 성공하고 싶어 하는 사람에게 역경의 법칙은 무척이나 잔인해 보인다. 이 법칙에 따르면 그는 영원히 성공할 수 없기 때문이다.

역경 속에 존재하는 수많은 법칙은 애당초 볼 수 없고 역경 속에서 맞닥뜨리는 문제도 사람마다 완전히 다르다. 그러나 아주 중요한 역경의 암묵적인 법칙이 하나 있다. 그것은 바로 역경 속에서 연약한 사람은 더욱 연약해지고 강한 사람은 더욱 강해진다는 사실이다. 이 법칙은 그 모습이 쉽게 변하기 때문에 볼 수 없는 법칙이라고 하는 것이다. 역경 속에서 만유인력처럼 강력한 법칙을 찾지 못해서 느끼는 막막함은 역경에 빠진 많은 사람이 제일 처음 느끼는 기분이다. 이때 어떻게 해야 자신의 연약함을 극복하고 역경의 연약함을 찾아서 쳐부술 것인가 하는 것이 성패를 결정하는 관건이다.

매일 많은 사람이 일자리를 얻고자 경쟁하며 지원한다. 프로젝트를 따내기 위해 신청하며 단 한 번의 성공 기회를 잡으려 필사적으로 노력하고 혁신한다. 나는 이 세상에서 가장 진실하고 유용한 법칙은 성왕패구(成王敗寇, 싸움에서 이기면 왕이 되고 패하면 도적이 된다는 뜻. — 옮긴이)와 약육강식이라고 생각한다. 왕은 무수한 전투를 거쳐 성장한 사람으로, 살면서 몇 번의 실패조차 겪지 못했다면 나가서 다른 사람과 인사 나누는 것을 부끄러워해야 한다. 여리고 곱기만 한 사람은 산전수전을 겪어보지 않았기 때문에 자연히 인생의 깨달음이랄 것도 없다. 이런 사람을 가리켜 보기에는 좋지만 속은 텅 빈 '온실 속의 화초'라고 부른다.

그렇다면 보이지 않는 역경의 법칙 앞에서 어떻게 해야 할까? 바로 대담하면서도 주도면밀하게 그리고 용감하게 전진하면 된다.

반인류, 반사회적 행동만 아니면 역경 속에서 충분히 대담하게 시도하라. 제품 판매량이 줄어드는 상황에서 경쟁이 치열해져 당신 제품의 장점이 소비자에게 어필하지 못한다면 연구 개발 속도를 높여 신제품이 더 큰 시장을 점유하도록 해야 한다. 신제품 개발에 큰 비용이 들 수도 있고 신제품의 판매가 실패할 수도 있지만 이러한 시도조차 하지 않으면 나날이 발전하는 동종 업계에서 서서히 침몰해 결국은 아무도 기억하지 못하는 '과거'로 전락한다.

주도면밀함이란 맹목적이지 않음을 의미한다. 미궁에 진입하자마자 곧장 어둠 속으로 사라지거나 함부로 이리저리 들쑤시고 다녀서는 안 된다. 역경에 처하면 막막하고 당황하게 된다. 이때 스스로 도움이 될 만한 모든 기회를 빈틈없이 살피고 자신을 구조할 방법을 채택하는 법을 배울 필요가 있다. 주도면밀함은 역경 속에서 공격할 때 부상을 최소한으로 줄여주는 효과적인 무기다.

용감하게 앞으로 나아가라는 말은 역경 속에서 목표를 정하고 견지해나가야 한다는 뜻이다. 중도 포기하고 원망만 일삼으면 역경의 법칙에 처절히 무너질 뿐이다. 쓰러졌다면 일어나서 이제 막 걸음마를 배운 아이처럼 호기심 가득한 눈빛으로 조심스럽게 앞으로 나아가라. 그러다가 빛이 새어 드는 출구를 발견하면 망설이지 말고 뛰어라. 그러면 성공이 바로 눈앞에 있을 것이다.

역경의 법칙은 종잡을 수 없고 연약하다. 역경의 법칙은 심리 상태에 따라 시시각각 변한다. 당신이 강하면 역경은 점점 물러나지만 약하면 역경은 재빠르게 다가와 당신을 쓰러뜨린다. 성공하려면 반드시 역경을 겪어야 하고 역경을 물리치려면 성장하는 법을 배워야 한다. 자신을 믿어야 역경 속에서 양분을 흡수해 성장할 희망이 생긴다. 이것이 역경의 법칙이다.

활을 쏠 때는 과녁이, 산을 오를 때는 정상이 있듯 인생에는 목표가 있어야 한다

역경에 처했을 때 어떤 사람들은 보통 사람들보다 더 쉽게 낙담하고 더 쉽게 화를 낸다. 이들은 목표가 없는 사람들이다. 목표는 사람이 나아가는 등불로, 우리는 종종 삶의 목표가 없는 사람을 바다에서 방향을 잃고 떠도는 배로 묘사한다. 인생이 유난히 순조로울 때조차 목표가 없으면 사람은 퇴폐하고 나태해져 삶의 투지를 잃는데 역경에 빠졌을 때는 오죽하겠는가? 역경 속에서 목표가 없으면 출구 없는 어항에서 이리저리 부딪히며 출구를 찾아 헤매는 물고기 같은 신세로 전락한다.

활을 쏠 때는 과녁이, 미궁에는 출구가, 노래를 부를 때는 악보가, 산을 오를 때는 정상이 있어야 한다. 이처럼 평범하기 그지없는 이치는 무슨 일을 하든 반드시 명확한 목표가 있어야 함을 알려준다. 목표가 명확할수록 목표를 이룰 힘도 늘어난다. 아무리 기진맥진한 상태라도 결승선을 보는 순간 다시 힘낼 수 있고 바다에서 조난을 당해 더는 헤엄칠 기력이 남아 있지 않더라도 누군가가 "저기 봐! 저기에 배가 있어!"라고 외치는 순간 초인적인 힘을 발휘해 그 배를 향해 헤엄쳐갈 수 있다. 살 수 있다는 목표가 생겼기에 목표를 실현하는 과정에서 200퍼센트의 노력을 쏟는 것이다.

목표는 누구에게나 반드시 필요하다. 평범한 사람은 평범한 목표를 세우고 위대한 사람은 위대한 목표를 세운다. 자신이 세운 목표를 실현했다면 평범함과 위대함의 구분 없이 모두 성공한 사람이라고 생각한다.

그렇다면 어떻게 자신의 목표를 세워야 할까?

목표는 사람에 따라 달라져야 한다. 거창한 목표가 좋은 게 아니라 자기 상황에 맞는 목표가 가장 이상적인 목표다. 이번 시험에서 60점을 받은 학생이 다음번에 100점을 받겠다는 것은 터무니없는 목표다. 목표는 반드시 자기 상황에 맞게 세워야 한다. 자신이 뭘 잘하는지, 뭘 더 잘할 수 있는지 파악하고 자신의 관심사가 무엇이며 잠재력이 얼마나 되는지 등을 확인해야 한다. 이러한 과정을 거쳐서 세운 목표만이 의미가 있고 실현할 가치가 있다.

목표는 시기에 따라 달라져야 한다. 목표는 고정불변해서는 안 된다. 사람은 시간이 흐름에 따라 성장하기 때문에 5년 전에는 거창해 보이던 목표가 현재에는 손쉽게 이룰 수 있는 목표가 될 수도 있다. 이는 곧 더 높은 수준의 목표를 세워야 한다는 의미다. 절대로 이미 이룬 목표 위에 누워서 잠들지 말라. 나태함에 빠져 늦잠 자는 토끼가 되면 영원히 결승선에 도착하지 못한다.

목표는 환경에 따라 달라져야 한다. 목표를 세우려면 자신의 조건뿐 아니라 처해 있는 환경도 고려해야 한다. 목표를 이루는 가장 큰 동력이 사람의 의지인 것은 맞다. 그러나 의지만 있다고 반드시 성공하는 것은 아니다. 주변의 여러 상황이 목표를 이루기 위한 기본 조건을 갖추었는지를 객관적으로 따져봐야 한다. 만일 조건이 갖추어지지 않았다면 목표를 낮춰서 일단 가장 기본적인 조건을 갖춘 후에 더 큰 목표를 세워야 한다. 맹목적으로 의지만을 강조하면 현실의 호된 가르침을 받게 될 것이다.

역경에 처했을 때는 길을 잃고 자신의 본래 목표를 잊어버리기가 매우 쉽다. 절망과 음울함이 두 눈을 가려서 처음에 어떠한 열정을 품고 출항했는지를 떠올리지 못하기 때문이다. 갈림길이 여러 개 있는 미궁에서 하필이면 짙은 안개가 눈앞을 가리는 바람에 아무것도 보이지 않는 것처럼 역경 속에서는 점점 절망하며 맨 처음에 품은 이상을 잊고 평범하고 보잘것없는 사람으로 변해 아무것도 하지 못한다.

고난을 맞닥뜨리거나 몸과 마음이 지쳤을 때 처음 모습을 떠올려라. 성숙하지는 않았으나 열정으로 가득했던 자신의 모습을 떠올리며 다시 무기를 들고 계속해서 싸워라.

혼돈에서 방향을 찾으려면 마음속에 굳건한 목표가 있어야 한다. 실패했다면 가슴에 손을 얹고 정말로 최선을 다했는지, 자신이 세운 목표에 결정적인 실수는 없었는지 생각하라. 만일 없다면 행동에서 실수가 생긴 것이니 기다리거나 시간을 끌며 자신의 결심이 헛되이 흘러가도록 두지 말고 다시 일어나 마음속 목표를 향해 전진하라.

머릿속에 명확한 청사진이 있어야 혼돈 속에서도 방향을 찾을 수 있다. 누구나 대업을 준비하기 전에 계획을 세운다. 그러나 계획은 단지 계획일 뿐 세상은 손쓸 새 없이 빠르게 변한다. 변화가 생겼을 때 당황하지 말라. 모든 길은 하나로 통하니 때론 돌아가는 것을 시간 낭비라고 볼 수 없다.

확실히 역경에 빠지면 음울하고 온기도 없고 온통 절망투성이라는 생각만 든다. 마치 육지로 떠밀려 온 물고기처럼 숨 쉬는 것조차 고통스럽다. 그러나 만일 역경 속에서도 여전히 명확한 목표와 생각을 다지며 해야 할 일과 최종적으로 나아가야 할 방향을 안다면 그 어떤 어둠에도 두려움 없이 계속 전진할 수 있다.

인생에는 성공을 보장해주는 확실한 법칙은 없다. 그러나 성공을 위해 직접 겪어내야 하는 일이 있다. 바로 역경을 건너는 일이다. 이는 다른 사람이 대신할 수 없고 도울 수도 없어 스스로 능력을 갖추는 방법밖에 없다. 마음속에 꿈을 정했다면 원망하지 말라. 실패하고 넘어지면 일어나서 제대로 반성하고 교훈을 얻은 다음 당신의 등대를 향해 끊임없이 노를 저으면 된다. 주위의 어둠은 개의치 말고 예측할 수 없는 폭풍도 두려워하지 말라. 당신이 당신 자신이자 제일 강한 당신일 때 그 어떤 역경의 법칙도 당신을 가로막지 못한다.

Chapter 4

변수에 대비하고 사고 위험성을 차단하라

빅 데이터는 몇 년 전부터
사람들의 주목을 받기 시작하면서 신과 같은 존재가 되었다.
빅 데이터가 분석한 예측 모델은
성공으로 나아가는 과정에서 불확실성에 대응할 수 있도록
도와주며 성공을 보장해주기 때문이다.
이렇게 미리 헤아려서 대처하고자 끊임없이 애쓰는 것은
사람들이 불확실한 세상에서 두려움을 안고 살아가고 있음을 말해준다.
우리는 예측할 수 없을 때 불안과 공황을 느끼며 피하려 한다.
이 세상이 그 자체로 무질서하며
예측이 안 되는 변수라는 사실에 절망하기도 한다.
그러나 한편으론 완벽히 예측할 수 없기에
더욱 아름다울 수 있는지도 모른다.

인생은 단조로운 연습곡이 아니라
거대한 변주 교향곡이다

우리는 예측하기를 좋아해 하루의 일정뿐 아니라 10년 후의 일까지 계획하며 전력을 다해 운명을 자신의 손아귀에 넣으려고 한다. 이런 식의 예측이 있어야 뭔가 안전한 느낌이 들고 마음이 편안해지며 방황하지 않는다. 그러나 변화는 어디에나 존재하기 마련이라 주도면밀하게 계획하고 대책을 세우는 데에도 한계가 있다. 예측 불가능한 것이 이 세상의 진짜 모습이자 현실이며 삶의 진면목이다.

전 세계적인 베스트셀러 『누가 내 치즈를 옮겼을까』라는 책이 있다. 여기에 등장하는 두 마리의 쥐 이야기는 변화를 두려워해서는 안 된다는 사실을 알려준다. 모든 것이 순조로운 시기에 오래 노출되어 있으면 반응이 둔해져 정확한 예측을 할 수 없다. 환경을 대하는 최소한의 민감도마저 사라지기 때문이다. 치즈가 조금씩 줄어든다는 사실을 알아채지 못하고 치즈를 지키고만 있으면 어느 날 갑자기 치즈가 사라졌다고 착각한다. 이 책은 변화란 삶의 일상적인 상태로 늘 경계심을 유지해야 한다고 말한다. 마른 쥐처럼 일단 상황이 변하면 즉시 신발을 신고 시대를 따라가야 한다. 때때로 앞을 향해 달리는 일은 성공하기 위해서가 아니라 생존하기 위해서다.

동시에 우리는 변화의 종류를 이해해야 한다. 어떤 변화는 표면에서 비롯되고 어떤 변화는 본질에서 비롯된다. 본질적 변화는 사물의 기본적인 작동 방식에 변화가 생긴 것으로, 발생한 시간이 길어서 알아채기가 쉽지 않다. 또한 그로 인한 영향력이 거대해 예측하기도 어렵다. 반대로 표면적 변화는 예측할 수 있으며 쉽게 발견되지만 예측의 의미가 없다. 일반적으로 변화가 표면까지 확대되어 드러났다는 것은 변화가 이미 후반부에 접어들었다는 뜻이기 때문에 예측해도 그 방향에 영향을 줄 수 없다.

어떤 시각에서 나는 본질적 변화가 표면적 변화보다 먼저 발생한다고 생각한다. 썩은 사과를 보면 알 수 있듯이 표면까지 검게 변해 물렁해진 사과는 이미 그 속이 썩어 문드러진 상태로, 실질적인 세균의 번식은 표면의 부패보다 훨씬 먼저 일어난다. 따라서 환경을 예리하게 관찰함으로써 나쁜 변화로 인한 타격을 피하고 싶다면 반드시 본질적 변화를 주시해야 한다.

관찰은 모든 생물의 생존 본능이다. 떼 지어 사는 초식 동물 중에는 대부분 관찰을 전담하는 개체가 있다. 모두가 풀을 뜯어 먹을 때 그중 하나는 포식자가 있는지, 위협이 될 만한 것이 다가오지는 않는지 예의 주시하며 주위를 살핀다. 이것이 바로 잠재적 위험의 관찰이다. 포식자가 눈앞에 나타날 때까지 기다렸다가 도망치는 양 떼나 소 떼는 없다. 근처에 있는 풀 한 포기와 나무 한 그루를 수시로 관찰해야 종족 전체의 피해를 사전에 차단하거나 최소한으로 줄일 수 있다. 이것이 바로 생물의 본능이다. 위험을 관찰하는 민감도는 생존 확률을 결정한다.

객관적 환경에 대한 민감도는 변화를 예측하는 능력에 직접적인 영향을 주며 이러한 예측 능력은 역경 속 생존을 위한 훌륭한 무기가 된다. 그러나 누구나 민감도를 갖고 태어나는 것은 아니기에 훌륭한 무기를 얻으려면 후천적으로 부단히 경험하고 연마해야 한다. 이 역시 빅 데이터가 지닌 힘이다. 빅 데이터가 '빅(Big)'인 이유는 오랜 시간에 걸쳐 보관하고 관찰해온 수치이기 때문이다. 그리고 이러한 수치는 반드시 오래 축적된 다음에 발굴되어야 거대한 힘을 만들어낸다.

왜 우리는 앞으로 발생할 일을 예측하지 못할 때 불편함을 느낄까? 그 이유는 우리 내면의 '안전감' 때문이다. 어떤 일이 내면의 기대에 따라 흘러가면 아주 편안하여 온 세상이 마치 활짝 핀 꽃으로 가득하고 축복을 받은 듯한 기분이 든다. 안전감은 늘 추구하지만 얻지 못한 것이기 때문이다. 반대로 어떤 일이 예상을 빗나갈 때 사람은 극도로 흥분하기 시작한다. 왜 그럴까? 변화가 나타났다는 것은 미리 준비한 모든 일이 헛수고가 되었다는 뜻이기 때문이다. 작은 변화는 모든 계획을 망쳐서 어쩔 수 없이 세세한 일까지 다시 계획해야 한다. 생각만 해도 끔찍하지 않은가. 그러나 이보다 더욱더 끔찍한 일은 미처 손을 쓸 새도 없이 벌어지는 갑작스러운 변화다. 때때로 어떤 변화는 구조를 요청할 겨를도 주지 않고 당신을 무너뜨린다.

이러한 이유로 사람들은 변화를 두려워하고 예측할 수 없는 사물과 법칙을 두려워한다. 또한 변화 속 미지에 불안을 느낀다. 삶에서 영문을 알 수 없는 일이 발생하면 사람들은 어느 정도 공황감을 느낀다. 뒤이어 무슨 일이 발생할지, 더 나쁜 일이 발생할지 말지 전혀 알 수 없기 때문이다. 졸업을 앞둔 학생은 앞으로 무슨 일을 하며 살아야 할지 몰라서 불현듯 막막함을 느끼고 사업의 정상 자리에 올랐다면 다음 목표를 찾지 못해서 불안해한다. 갑작스럽게 가족을 잃은 누군가는 가족에게 쏟던 마음을 둘 데가 없어서 막막해한다. 사람들은 어떻게 해야 할지 모를 때 공황 속에 빠진다. 이것 역시 변화의 일종이다. 이러한 변화는 막대한 미지수를 포함하고 있어 예측할 수 없다. 우리 마음을 극도로 불안하게 하는 핵심 요인이다.

예측할 수 없는 변화와 미지를 두려워하지 않으려면 자신의 마음을 어떻게 단련해야 할까? 먼저 예측 불가능함이 모든 발전의 보편적인 현상이라는 점을 받아들여라. 만일 모든 일이 예측한 대로만 이루어진다면 실패한 사람이 성공한 사람보다 많지 않을 것이다. 다음으로 실전 경험을 쌓아 사물에 대한 민감도를 높여라. 작은 범위에서 사물을 예측하며 큰 범위에서 사물의 변화 과정을 느껴라. 변화가 나타날 거라는 사실을 미리 알면 변화가 나타났을 때 마음의 동요를 줄일 수 있다. 마지막으로 예측이 틀리는 것을 두려워하지 말라. 누구도 자기 운명을 알 수 없고 내일 일어날 일을 예측할 수 없다. 결과가 예측과 다르더라도 두려워하지 말고 편하게 마주하라. "이렇게 될 줄 알았어"라고 자신에게 되뇌어라. 이러한 심리적 암시로 예측하지 못한 상황을 더욱 편안하게 받아들여라.

변화 속 미지수를 마주할 때는 약간의 배짱이 필요하다. 처음으로 토마토를 먹은 사람, 처음으로 톱니바퀴를 기계에 응용한 사람, 처음으로 연을 날려 전기를 얻은 사람, 처음으로 증기를 이용해 차를 움직인 사람 등은 엄청나게 대단한 사람들이 아니다. 다만 더 큰 배짱과 호기심을 지닌 사람들이다. 미지수에 들어 있는 가치를 이해할 때, 위기가 위험과 기회로 이루어졌다는 사실을 이해할 때 약간의 호기심과 배짱만 더하면 미지에서 자기만의 열매를 얻을 수 있다.

예측 불가능함은 삶의 일상적인 상태로, 우리가 평생 겪어야 할 일이다. 사람의 인생은 단조로운 연습곡이 아니라 거대한 변주 교향곡이다. 다양한 악기가 우리의 악장에서 결합음과 단음, 고음과 저음 등의 소리를 내며 아름다운 화음을 만들어낸다. 변화는 이 세상에서 가장 아름다운 단어다. 이 단어는 모든 가능성은 열려 있으며 미지를 두려워하지 말라고 이야기한다. 미지에서 자신이 얻을 수 있는 가치를 배우고 위기에서 민감하게 위험을 판단하고 대담하게 기회를 잡아라. 이것이 바로 자신의 재능을 드러낼 수 있는 가장 좋은 전략이다.

만족스러운 결과를 얻고 싶다면
먼저 만족스러운 태도를 갖춰라

일기 예보는 100퍼센트 정확하지 않다. 예보에서는 날씨가 맑다고 했는데 저녁에 갑자기 억수 같은 비가 쏟아진다거나 분명히 비가 온다고 했는데 오븐처럼 뜨겁기만 한 날일 때가 있다. 일기 예보가 반드시 틀린다는 게 아니라 일기 예보는 우리가 생각하는 것처럼 백발백중하지 않다는 얘기다.

사람들은 위성으로 대기의 운동과 운층의 영상을 관측해 어느 지역의 날씨가 어떨지 판단한다. 그러나 아무리 고성능 위성일지라도 관찰 시간에 한계가 있어서 100퍼센트 완벽한 결과를 내놓지 못한다. 갑작스러운 세찬 바람에 구름이 다른 도시로 가버리거나 뜻밖의 지각 운동에 예고도 없이 대지진이 일어날 수 있다. 이는 위성의 성능이 안 좋고 일기 예보에 종사하는 사람들이 업무를 소홀히 해서가 아니라 자연계에서 일어나는 일은 100퍼센트 정확히 예측할 수 없기 때문이다. 조금 주의 깊게 살펴봤다면 요즘의 일기 예보는 단순히 비가 올지 말지가 아니라 강우 확률을 알려준다는 사실을 눈치챘을 것이다. 이러한 방법이 훨씬 정확한 보도라고 생각한다. 예측 불가능한 세상에서 예측할 수 있는 것은 단지 발생할 확률이기 때문이다.

일기 예보의 이치를 우리 생활로 가져와보자. 심혈을 기울여 고려한 일이 끝에 가서 예상과 다르거나 심지어 정반대의 결과가 나오는 경우가 있다. 세차를 하면 비가 쏟아지고 우산을 챙기면 날이 맑다고 여겨지는 때가 많듯이 일이 항상 내 뜻처럼 되지 않으면 정말로 분통이 터진다.

사실 예상한 결과가 나오지 않았을 때 우리가 해야 할 일은 최선을 다하지 않은 사람을 탓하는 일이 아니다. 결과를 예상할 때는 반드시 충분한 변수를 포함시켜야 한다. 처음에 계획을 세울 때 충분한 변수를 포함시켰다면 결과가 어떻든 크게 놀랄 일이 없다.

만족스럽지 않은 결과를 마주해서는 내 뜻대로 되지 않는 것이 바로 삶의 일상적인 상태라는 사실을 이해해야 한다. 만사가 뜻대로 이루어진다는 말은 새해에나 서로 주고받는 인사말이다. 예상했던 것만큼 좋은 결과가 나오지 않았다면 다음 순서대로 생각해보며 마음을 다스리자.

먼저 이 결과를 정말로 예측하지 못한 것인지 아니면 이러한 가능성을 외면한 것인지 생각해보자. 어떤 사람들은 뜻대로 되지 않는 가능성을 외면하는 능력이 있는데, 이를 가리켜 요행 심리라고 한다. 가령 어떤 행사를 준비할 때 음향기 두 대 중 한 대는 가끔 고장이 나곤 했다고 치자. 그러나 주최측은 항상 고장 나는 것은 아니니 이 음향기를 수리하거나 교체할 필요는 없다고 생각한다. 또한 한 대가 고장 나더라도 두 대가 동시에 고장 날 정도로 재수없는 일은 일어나지 않을 거라고 생각한다. 그래서 그대로 행사를 진행하지만 뜻밖에도 정말로 음향기 두 대가 동시에 고장 나는 상황이 발생하고 만다. 이것이 바로 일어날까봐 걱정하는 일은 반드시 일어난다는 그 유명한 머피의 법칙이다. 처음 계획을 세울 때 절대로 요행 심리를 품지 말고 발생할 가능성이 있는 문제를 외면해서는 안 된다.

다음으로 기대했던 것만큼 좋지 않은 결과는 인위적으로 일어난 것인지 아니면 불가항력적 요소로 일어난 것인지 생각해보자. 이 두 상황은 본질적인 차이가 있다. 대규모의 음악회를 여는데 홍보가 부족해서 좌석 점유율이 좋지 않은 것은 인위적인 원인 때문이다. 반면 음악회가 열리는 날에 지진이 발생하거나 폭우가 쏟아져 부득이하게 공연을 취소하고 티켓을 환불했다면 이것은 불가항력적 요소 때문이다.

결과를 분석할 때 인위적인 요소는 찾아서 다음부터 바로 개선하면 되지만 이른바 '천재와 인재'의 경우는 예상한다고 해도 피할 수 없다. 따라서 '천재와 인재'도 변수로 삼고 처음부터 마음의 준비를 해야 한다.

결과가 기대했던 것만큼 좋지 않더라도 무조건 마음속 목표에 도달하려고 안달하지 말라. 예상했던 결과를 얻지 못했다고 실패한 것은 아니다. 완벽주의 성향인 사람은 무척이나 피곤한 삶을 산다. 어떤 일에서 95점을 받은 것은 충분히 만족할 만한 훌륭한 성적이다. 그런데 이때 100점을 받지 못했다고 우울해하는 것은 자신에게 너무 엄격한 태도로 계속해서 발전하는 데 매우 불리하다.

삶에서 크고 작은 일들이 생각했던 것과 다르다고 우울해하거나 스스로를 멍청이라고 생각하지 말라. 목표를 너무 높거나 너무 낮게 잡지 말라. 예상치 못한 결과는 수많은 요소가 작용한 것으로, 절대로 누군가 혹은 어떤 원인 하나 때문에 예상과 다른 결과가 나온 것이 아니다.

뜻대로 이루어지지 않은 결과를 마주할 때 만일 최선을 다했다면 정신 승리의 달인인 아큐(阿Q, 루쉰(魯迅)의 『아큐 정전(阿Q正傳)』에 나오는 주인공. 정신 승리에 능한 인물이다. — 옮긴이)처럼 "이번 실패도 우연일 뿐이니 다시 내게 기회가 오면 더 잘할 수 있어"라고 말해도 좋다. 만일 어떤 외부의 힘으로 인해 실패했다면 다음번에는 그러한 외부의 힘을 충분히 고려해서 결과에 최소한으로만 영향을 미치게 하라. 만일 최선을 다하지 않아서 실패한 거라면 더는 할 말이 없다. 만족할 만한 결과를 얻고 싶다면 먼저 스스로 만족스러운 태도를 갖춰야 한다.

경기에서는 패배해도 자신에게는 패배하지 말라

변화는 우리를 당혹스럽게 하지만 새로운 기회와 희망 그리고 더 높은 단계로 올라가는 길을 제시해주기도 한다. 이러한 변화를 가리켜 '정방향 변화'라고 한다. 그러나 어떤 변화는 부정적이어서 마음을 공격하고 역경의 변고에 빠뜨린다. 이러한 변화는 '역방향 변화'라고 한다. 좋은 변화는 굳이 언급하지 않겠다. 승진이나 연봉 인상, 창업 등 좋은 변화를 마주할 때 사람들은 모두 열정이 충만해서 적극적으로 향상하려고 노력하기 때문이다. 이때는 전진하는 과정에서 두둑한 배짱과 주도면밀함만 있으면 된다.

그러나 역방향 변화는 열정을 갖고 대응하기가 쉽지만은 않다. 역방향 변화는 거의 90퍼센트가 예측할 수 없는 것들이다. 더욱이 역방향 변화의 특징은 도미노 효과를 일으키는 것으로 일단 부정적인 변화가 발생하면 연달아 더 많은 부정적인 변화를 불러온다. 이는 이른바 "복은 함께 오지 않고 화는 혼자 오지 않는다(福無雙至禍不單行)"는 말과 일맥상통한다. 이처럼 예측할 수 없는 변화가 발생하면 사람의 내면도 전례 없는 시련을 겪는다. 한 번의 공격은 어엿한 성인의 마음을 무너뜨릴 수 없지만 연이은 비극은 처절히 절망케 해서 헤어나지 못하게 만들기에 충분하다.

사막에 들어간 두 사람은 똑같은 굶주림과 똑같은 절망을 겪지만, 한 사람은 하늘을 수놓은 반짝이는 별을 바라보며 희망을 품고 다른 한 사람은 발아래의 끝없는 모래를 바라보며 더욱더 절망한다. 마음가짐은 실질적으로 도와주지는 못하더라도 최소한 삶의 희망과 좋은 기분을 유지하게 해준다. 일이 마음먹은 대로 흘러가는 경우는 굳이 말할 필요 없지만 일이 뜻대로 되지 않을 때는 긍정적이고 낙관적인 마음가짐이 얼마나 중요한지 깨닫게 된다.

서로 다른 마음가짐과 인생관은 부정적 변화를 마주할 때 전혀 다른 태도와 선택으로 나타난다. 우리가 할 일은 간단하다. 역방향 변화가 발생했을 때 아무리 많은 건물이 무너지더라도 마음이 온전하면 절대로 쓰러지지 않는다. 이는 한 사람의 강한 내면이 드러나는 중요한 순간이다. 한 번의 패배에 다시 일어서는 것은 능력이라 할 수 없다. 진짜 능력은 늘 패배해도 포기하지 않는 것이다.

예측할 수 없는 역방향 변화는 평온한 수면 위에 홀연히 나타난 거대한 소용돌이와 같다. 평온하게 나아가고 있는 인생이라는 작은 배 앞에 갑자기 거대한 소용돌이가 나타나면 피하지 못하고 그대로 빠질 수밖에 없다. 이때 배의 선장인 당신이 당황하는 것은 아무런 도움이 되지 않는다. 당황하면 당신의 작은 배는 그대로 난파될 뿐이다. 반면 침착하게 상황을 살펴 소용돌이 물살에 몸을 맡기면 그 힘을 이용해 당신의 배를 다시 정상 궤도로 끌어올릴 수 있다.

예측할 수 없는 변화를 소용돌이에 비유하는 이유는 일단 그 속으로 말려들면 소용돌이를 따라 바닥으로 곤두박질치기 때문이다. 또한 이러한 변화는 때때로 당신이 반응할 겨를도 없이 벌어진다. 이 같은 상황에서 물살을 거슬러 문제를 해결하려고 들기보다 소용돌이의 물살에 몸을 맡기며 상황에 맞게 대처하는 것이야말로 영웅의 진면목이 드러나는 순간이다. 삶에서의 예측할 수 없는 변화가 곧장 목숨을 가져가는 일은 없으니 정말로 소용돌이에 빠진 배처럼 산산조각 날 거라는 두려움은 완전히 버려도 좋다. 출구를 찾을 수 없을 때, 도와줄 사람이 보이지 않을 때 상황에 몸을 맡기며 마음을 차분히 가라앉히고 주위에서 벌어지는 변화를 주의 깊게 관찰하라. 어쩌면 그 물살이 지옥이 아니라 무릉도원으로 데려다줄 수도 있다.

역방향 변화는 환경으로 인해 발생하기도 한다. 어떤 사람들은 운이 나빠서 꼭 공부한 부분에서는 시험 문제가 안 나오고 냉수를 먹다가도 사레들리는데, 사실 이런 경우는 흔하지 않다. 역방향 변화는 대부분 사람으로 인해 생긴다. 동료나 경쟁자를 배척하고 서로 비교하며 심지어 상대를 모함하는 데서 생긴다. 왜 친구가 함께 창업해서 성공을 이룬 뒤에 반목하고 원수가 되는 경우가 많을까? 왜 부부가 시련은 함께해도 기쁨은 함께하지 않는 경우가 많을까?

본래 세상에서 제일 변하기 쉬운 것이 사람의 마음이기 때문이다. 가진 것이 아무것도 없으면 진실한 마음을 가질 수 있다. 진실한 마음을 변하게 할 유혹이 없기 때문이다. 그러나 재산이 생기고 자신의 가치가 올라가면 주위 사람의 마음도 그에 따라 변한다. 주위 사람에게 모함을 당하는 경우는 제일 흔하면서도 가장 악랄한 예측할 수 없는 변화다. 그리고 이러한 변화는 사업을 좌절시킬 뿐만 아니라 마음도 괴롭힌다. 이러한 이중 공격으로 재기 불능의 상태가 되어버리는 사람도 있다.

친구의 배신과 경쟁자의 모함을 대면할 때 제일 먼저 할 일은 사람의 마음이 본래 그러하며 이 세상에 당신을 위해 사심 없이 봉사할 사람은 없다는 사실을 깨닫는 것이다. 이러한 이치를 깨닫고 나면 다른 사람은 애초에 잘못이 없고 그들은 그저 자신의 이상과 목표를 실현한 것뿐이라는 사실을 이해하게 된다. 그 다음으로 해야 할 일은 역공격하는 법을 배우는 것이다. 때론 한순간의 우유부단함이 자기 자신을 영원히 돌아올 수 없는 심연으로 빠뜨린다. 인생은 악당이 착한 사람을 죽이기 전에 일장연설을 늘어놓다가 착한 사람에게 당하는 삼류 드라마가 아니다. 어떤 사람은 상대를 결코 봐주지 않는다. 인간의 본성은 선하다는 생각에 입각해 자신을 연약하게 만들지 말라. 정말로 마음속 진심을 지키고 싶다면 부정적인 감정이 영향을 줄 수 없도록, 뭔가 나쁜 의도를 가진 사람이 손을 쓰지 못하도록 충분히 강해지려고 노력하라.

나쁜 변화를 대면할 때 강한 내면과 맑은 정신을 유지하는 것 이외에 다음과 같은 질문을 던져야 한다.

'이 일이 바닥으로 곤두박질치면 정말로 모든 것이 끝장나는가?' '이 일이 사라지면 정말로 아무것도 남지 않게 되는가?' '설령 아무것도 남지 않는다면 재기할 기회조차 없는 걸까?'

이러한 질문에 그렇다고 대답하는 사람은 없을 것이다. 누구나 삶에서 이런저런 부정적인 공격을 받는다. 그중에는 심각한 공격도 있고 미미한 공격도 있다. 만일 우리가 만족하는 법을 배우고 변화 속에서 변하지 않는 것을 보는 법을 배운다면, 늘 당신을 응원하는 가족과 묵묵히 당신을 위해 헌신하는 사랑하는 사람들의 감정은 남은 것이 아무것도 없다고 느낄 때 유일한 동력이 될 것이다. 경기에서 패배해도 자신에게는 패배하지 말라. 사업이 파산하더라도 절대로 인생이 함께 파산하도록 내버려 둬서는 안 된다.

'흑인 노예'의 피부를 희게 만들려고 밤낮 닦는 농장 주인의 어리석음을 경계하라

완벽주의를 이야기하며 열두 가지 별자리 중 사람들의 입에 가장 자주 오르내리는 처녀자리를 언급하지 않을 수 없다. 사람들은 처녀자리를 깎아내리기를 좋아한다. 농담이든 비아냥거림이든 처녀자리에는 마치 이러쿵저러쿵 떠들어댈 수많은 정보가 담겨 있는 듯하다. 그러나 가만히 생각해보면 사람들이 언제나 처녀자리를 두고 말하는 것은 실제로 이 별자리를 겨냥한 것이 아닌 완벽주의자에 대한 모순된 심리 때문이다. 우리는 모든 일이 완벽하기를 바라지만 그것은 불가능한 일이기에 완벽을 추구하는 사람에게 불편한 마음을 가진다. 그래서 그들을 비웃지만, 사실 이러한 행동이 자신을 비웃는 것이라는 사실은 알지 못한다.

쉽게 조급하게 굴고 투지를 상실하는 사람은 보통 자신을 향한 요구가 높은 사람이다. 다시 말해 무슨 일이든 한 치의 오차도 없는 계획을 세우고 모든 것이 계획대로 착착 진행되어 목표를 달성해야만 하는 사람이다. 그들에게는 그래야 완벽하고 안심이 되는 세상이어서 조금의 변화도 용납하지 않는다. 게임을 하다 보면 자주 항복하는 사람을 만난다. 시작한 지 얼마 안 되었는데 아군 중 한 명이 죽었다고 혹은 능력을 높여주는 버프 하나를 잃었다고 바로 항복한다. 이것이 바로 완벽주의 성향이다. 그러나 사실 이 세상에서 완벽함은 절대로 존재할 수 없다. 완벽함은 단지 사람의 마음속에서 영원히 무너지지 않는 세상을 향한 동경 또는 환상에 지나지 않는다.

능력이 뛰어난 사람에게 역경은 심각한 재난이나 실패가 아니라 그의 내면이 만들어낸 함정이다. 모든 것을 장악했다고 자신만만해 할 때 돌발 상황이 발생하면 그들은 자신의 인생 궤도에 불현듯 예측할 수 없는 일탈이 생겼음을 발견하고 그대로 무너진다. 이때 그들은 끊임없이 원망을 쏟아내거나 행동은 하지 않고 반복해서 완벽한 계획을 세우는 데만 집중한다. 또는 너무 상심한 나머지 아무것도 하지 않는다.

실제로 세상이 완벽하다는 생각은 완벽주의적 심리가 만들어낸 것이다. 학교 선생님이든 철학자든 그 누구도 이 세상이 완벽하다고 말하지 않았다. 다음 우화를 살펴보자.

한 농장 주인이 흑인 노예를 사들였다. 주인은 노예의 피부가 새까만 것을 보고 게으른 전 주인이 그를 씻기지 않아서 피부가 새까맣게 변했다고 생각했다. 그래서 밤낮을 가리지 않고 노예의 피부를 닦았지만 아무리 닦아도 자신이 원하는 새하얀 피부로 변하지 않았다. 그는 이렇게 자신을 혹사시켰다.

과장된 측면이 있는 이 이야기에서 말하는 이치는 객관적인 조건의 제약으로 인해 자신이 생각하는 완벽한 목표에 도달할 수 없는 일도 있다는 사실이다. 이는 노력이나 게으름과는 아무 관계가 없다. 올바른 사람이 되는 일을 포함해 그 어떤 일이든 마치 신처럼 모든 변화를 예측하고 그 변화에 완벽히 대응하는 빈틈없는 계획을 세울 수 있다는 환상을 버려라.

자신의 단점과 객관적인 조건의 한계를 아는 사람만이 상대적으로 완벽한 계획을 세울 수 있다. 그들은 일의 성패는 적절한 시기와 유리한 환경 그리고 사람의 힘의 조화로 결정된다는 사실을 잘 알고 있기 때문에 자기 마음속 문제만을 고려하지 않는다. 오로지 혼자의 힘으로 성공하려는 것은 너무나 이상적인 생각이다.

일할 때 더 좋은 결과물이 나올 수 있도록 공을 들이고 세세한 부분까지 최선을 다하는 것은 괜찮다. 그러나 100퍼센트 완벽하게 하려고 자신을 몰아붙이지 말라. '세상에 완벽한 사람은 없다'는 말을 어릴 때부터 익히 들었을 것이다. 삶을 대할 때 이러한 태도를 견지할 필요가 있다. 모든 사람의 인생은 다 근사하다. 아주 작은 흠이 있다고 그 사람이 실패했으며 인생을 헛살았다고 말할 수 없다. 인생은 마치 흰색 도화지와 같다. 당신이 직접 흰색 도화지에 스케치해야 한다. 선을 잘못 그었다면 창의력을 발휘해 엇나간 부분을 멋진 그림으로 만들면 된다. 실수했다고 도화지를 찢어버리는 행위는 완벽주의로 인한 파괴적인 자기 공격이다.

경쟁이 나날이 치열해지는 현대 사회에서 완벽주의는 자기 자신을 고통스럽게 하고 수시로 변하는 세상 앞에서 한숨 짓게 할 뿐 경쟁자에게 거의 아무런 영향도 주지 않는다. 어떤 제품을 출시하기에 앞서 아주 작은 결함도 용납하지 않겠다는 태도로 완벽에 완벽을 기하고 있을 때 경쟁자가 한발 먼저 제품을 출시하면 당신이 만든 제품은 유행을 따라 만들어진 '짝퉁'이 되어버린다. 이렇게 절호의 기회를 놓치기 쉽다는 것이 바로 완벽주의의 폐단이다.

완벽주의 성향인 사람은 삶에서의 예측할 수 없는 일을 잘 처리하지 못한다. 그들은 무슨 일이든 제대로 준비한 다음에 행동하려고 하므로 종종 빠르게 변하는 세상 앞에서 유난히 주저하며 마음은 있지만 담력과 식견이 부족해 자주 성공의 기회를 놓친다.

이러한 상황에서 필요한 것은 좀 더 대담해지는 것이다. 이미 두세 번 고려한 일이고 모험이 필요하다면 최대한 대담하게 첫발을 내딛어라. 평소에 번지점프나 등산, 놀이동산에서 롤러코스터 타기 등 용기가 필요한 활동을 하며 긴장을 풀었다가 늦추면서 긴장된 신경을 조절하는 법을 배워라. 주도면밀함에 과감함이 더해지면 당신만의 완벽한 세상을 만드는 데 조금은 도움이 될 것이다.

예측할 수 없는 세상에서 완벽주의 성향을 고치는 것은 자신에게 더 많은 성공의 기회를 주는 것과 같다. 완벽할 필요가 없다는 말은 일을 진지하게 대할 필요 없다는 말이 절대로 아니다. 완벽주의와 자기 자신에게 엄격하게 요구하는 것은 전혀 다른 문제다.

어떤 분야에서 일하든 진지한 태도와 착실한 행동이 없다면 모든 것은 공상에 지나지 않는다. 세상이 아무리 변해도 스스로 착실함을 엄격히 요구하고 모든 일을 더 잘하려고 애쓰는 것은 절대로 잘못이 아니다. 우리가 버려야 한다고 말한 완벽주의는 최고의 상태를 위해 자신을 가혹하게 몰아붙이는 경우다. 너무 조여서도 안 되지만 너무 느슨해서도 안 된다.

새로운 일을 시작할 때마다 자신에게 물어보자. '주도면밀하게 고려했나?' '더 고려할 사항은 없나?' 이 질문에 대한 대답이 '예'라면 일을 시작하자. 그리고 일을 끝마친 다음에 다시 자신에게 물어보자. '나는 최선을 다했나?' '내가 원했던 결과인가?' '개선할 점은 없는가?' '대담한 시도였는가, 독단적인 무모함이었는가?'

생각만 해도 복잡한가? 삶이 본래 복잡하다. 사람이 단세포 생물처럼 단순하다면 오늘날의 지구는 여전히 원시 상태에 머물러 있을 것이다. 우리가 의식이 있는 생물이기 때문에 생각과 꿈을 용감하게 추구하며 아무것도 예측할 수 없는 세상에서 살아갈 수 있는 것이다.

불리한 변화를 유리한 변화로 바꾸는 법을 배우려면?

이제부터는 이 세상의 수많은 변화와 예측할 수 없는 법칙, 알 수 없는 미래와 길을 이야기하려고 한다. 이 세상의 변화가 심리적 공황을 일으킨 막후 세력이라면 우리는 왜 발생 가능한 모든 변화를 아예 차단하지 않을까? 변하지 않으면 안전해지지 않을까?

답은 모두가 이미 알고 있듯이 절대로 그렇지 않기 때문이다. 사회가 계속해서 발전하는 것은 우리의 생산력이 부단히 향상되었기 때문이다. 생산력이 향상되면서 생활 수준도 향상되었다. 생활 수준이 향상되면 삶의 질에 있어 새로운 요구와 기대가 생기고, 새로운 요구로 인해 한층 높아진 사회 형태를 추구한다. 이것이 바로 꼬리에 꼬리를 물고 일어나는 변화이자 인류 사회가 지금에 이를 수 있었던 필승의 기술인 발전이라는 것이다.

발전은 국가와 개인이 평생에 걸쳐 추구하는 과정이다. 발전은 발생과 전개를 포함하는데, 여기서 발생은 변화에서 생긴다. 이 세상에서 각 시대의 개혁과 혁명의 출현은 모두 변화의 시작이자 발전의 시작인 셈이다. 새 시대는 구시대의 자리를 대신하며 내부에서 외부로 퍼지는 변화를 동반한다. 우리가 수용하든 말든 인정하든 말든 변화는 소리 없이 진행된다.

변발을 길게 늘어뜨리고 '전 왕조에 충성을 맹세하는 신하'가 되고픈 사람은 없을 테니 시대의 변화에 순응하며 시대와 더불어 발전해야 한다. 그래야 변화로 인해 쓰러지지 않고 변화 속에서 새로운 길을 만들어 새로운 그림을 그릴 수 있다.

변화는 역경과 고난, 도전을 가져다줄 것이다. 그러나 앞에서 말한 것처럼 역경이 지나가야 희망을 볼 수 있고 변화의 가치를 이해해야 진정으로 역경 지수가 높은 사람이 될 수 있다. 집단이든 개인이든 상관없이 모든 변화가 가져다주는 것은 파멸일 수도 있고 부활일 수도 있다. 그리고 이처럼 천양지차의 결과는 변화를 대하는 우리의 태도로 결정된다. 변화를 대하는 사람들의 태도는 다음 세 가지 유형으로 분류할 수 있다.

첫째 유형은 현재 상황에 안주하며 변화를 억누르는 것으로, 대다수 사람이 보이는 보편적인 상태다. 이 유형은 속으로는 수만 가지 생각을 하지만 대부분 생각으로 끝난다. 이처럼 변화를 억누르는 유형은 새로운 것을 싫어하고 자신이 고수하는 익숙한 것을 제일 좋다고 여긴다. 변화를 거부하며 영원히 시대의 짙은 안개 속에 머물러 있다. 때때로 뉴스를 보다가 새로운 것에 대단한 관심을 보이기도 하지만 직접 해보라고 하면 케케묵은 방식을 고수하며 움직이려고 하지 않는다. 이러한 유형의 사람에게 시대의 변화와 기회는 아무 상관 없는 일이다. 이 유형은 아주 좁은 땅에서 자기 만족하며 살아간다. 이 같은 태도가 완전히 잘못된 것은 아니지만 만일 이러한 마음으로 이 시대에서 대단한 성공을 거두고자 한다면 그것이야말로 황당무계한 소리다.

둘째 유형은 변화에 순응하는 것으로, 새로운 사물을 받아들이고 사물의 예측 불가능성을 인정한다. 이 유형은 역경에 빠져도 적극적으로 해결 방법을 생각해서 역경을 쳐부수지만, 종종 변화가 발생한 다음에야 반응하는 비교적 수동적인 태도를 보인다. 새로운 문제가 이미 생겨서 마주하지 않으면 안 되는 상황이 되어야만 비로소 대면하는 것이다. 안 하는 것보다는 늦게라도 하는 것이 낫다지만 어쨌든 응급처치는 예방하는 것만 못하다. 그래서 이러한 유형은 업무에서 실적을 낼 수는 있지만 환경에 대한 민감도가 떨어져서 장기적으로 전략적인 시야를 갖추기 어렵고 더 큰 성취를 이루기도 어렵다.

셋째 유형은 변화를 창조하는 것이다. 신신인류(新新人類, 1980년대 말에서 1990년대 초 타이완에서 유행한 말로 '새로운 경향', '젊음', '구시대와 다른 사람들'을 가리킨다. 일반적으로 1980년대에 태어난 젊은이를 지칭한다. — 옮긴이)에 속하는 이 유형은 종종 남들이 감히 하지 못하는 일을 하고 생각하지 못하는 생각을 하며 자신을 사지로 몰았다가 다시 살아나기를 잘한다. 내면에 강한 호기심과 왕성한 투지를 지닌 그들은 새로운 난제에 도전하길 즐기며 때론 스스로 새로운 난제를 만들기도 한다. 이러한 유형은 자주 실패하고 자주 곤경에 처하지만 열정은 그들이 재빨리 일어나 역경을 쳐부수고 새로 시작하도록 만든다. 힘과 경험이 어느 정도 쌓여 환경의 변화를 알아챌 정도가 되면 이 유형은 객관적인 조건이 그들에게 유리하도록 주변 환경을 변화시킨다. 이 유형이 바로 '세상을 깜짝 놀라게 할' 큰일을 해낼 사람들이다. 물론 이 유형은 앞선 두 유형보다 훨씬 더 많은 좌절을 겪기도 한다.

변화와 예측 불가능함을 마주하는 태도가 어느 유형에 속하든 변화의 양면성을 구분할 줄 알아야 한다. 변화는 반드시 좋은 면과 나쁜 면을 동시에 갖고 있어서 이로운 점과 해로운 점을 확실히 구분할 줄 알아야 이로운 것은 취하고 해로운 것은 피하며 위험 속에서 벗어나 평온해질 수 있다. 마지막 순간까지도 누가 승리하고 누가 무엇을 얻을지 알 수 없는 것이 인생이다. 불리한 변화를 유리한 변화로 바꾸는 법을 배워야 주변의 객관적인 조건을 더 잘 활용하고 더 확실히 성장할 수 있다. 그렇다면 어떻게 해야 주변의 변화를 유리한 변화로 전환할 수 있을까?

첫째, 호기심을 잃지 말라. 호기심은 우리를 용감하게 해주는 촉매제다. 호기심이 있다면 새로운 것을 시도할 용기가 생겨서 충분한 경험을 통해 불리한 요소 안에 있는 유리한 요소를 발견하고 그것을 확장할 수 있다.

둘째, 밥을 먹으면서도 솥에 든 밥을 볼 줄 알아야 한다. 사람은 쉽게 만족해서는 안 된다. 현재의 안정된 삶이 평생 풍족하게 해줄 거라고 착각해서는 안 된다. 이미 성공해서 이뤄야 할 목표가 없다고 느낀다면 당신보다 훨씬 성공했지만 더욱 노력하는 사람을 보라. 훨씬 어려운 목표를 찾아서 역경 속에 일곱 번 들어가면 일곱 번 모두 벗어날 수 있는 경지에 이르러라. 어려움 속에서도 평소와 같은 평온함을 유지할 수 있다면 당신의 눈에 인생이 새로운 풍경으로 다가올 것이다.

셋째, 나눌 줄 알아야 한다. 혼자만의 싸움은 외롭고 불안하다. 사람은 사회적 동물이어서 자신의 기쁨과 성공을 나눌 줄 알아야 비로소 그 가치와 의미를 느낄 수 있다. 이기적인 사람이 지혜로울 수 없는 이유는 혼자서 모든 장점을 갖출 수 없기 때문이고, 독단적인 사람이 싸움의 마지막 순간까지 가지 못하는 이유는 성공에 필요한 모든 능력과 소양을 갖춘 사람은 없기 때문이다. 당신에게 불리한 상황을 바꾸고 싶다면 나누는 법을 배워라. 나누다 보면 어떠한 변화는 그다지 나쁘지 않다는 사실을 깨닫게 될 것이다.

연약하고 보잘것없는 우리가 자신의 청춘과 열정, 투지를 낭비하지 않고 성공하고 싶다면 변화를 창조하는 유형에 가까워져야 한다. 어떠한 변화든지 그것을 필요한 변화로 만들고 불리한 요소를 유리한 요소로 바꿔서 미래를 제 힘으로 창조해야 한다. 수동적으로 받아들이지 말고 주도적으로 자신을 바꿔라.

변화무쌍한 세상에서 왜 72가지 둔갑술로 경전을 손에 넣은 손오공이 되려 하지 않는가? 손오공이 되어 방해하는 요괴들을 무찌르자!

PART 2

역경에 강한 사람이 되는 8가지 비법

평범하게 살다 죽을 것인가,
정상에 오를 것인가?

Chapter 5

때론 역습이 가장 확실한 성공을 보장한다

뱀에게 물린 적이 있는 사람은 우물의 두레박줄만 보고도 무서워한다.
우리는 언제나 본능적으로 과거에 우리에게 상처 준 것을 두려워한다.
자신에게 상처 준 것에 다시 눈길을 준다거나
아무 망설임 없이 가까이 다가가는 사람은 거의 없다.
변화 역시 같은 이치다.
만일 어떤 변화로 인해 피해를 보았다면 다음번에 같은 종류의
변화를 대면할 때 당신은 틀림없이 만반의 준비를 할 것이다.
어쩌면 무의식적으로 그 변화와 관련된 모든 것을 멀리할지도 모른다.
그러나 우리를 보호하는 이러한 심리적 보상 효과는
우리 사고와 발걸음을 속박하며 역경 지수를 떨어뜨린다.

“패배는 부끄럽지 않다.
무서워 벌벌 떠는 게 부끄러울 뿐”

삶은 마치 바둑처럼 언제나 승자와 패자가 존재하며 비기는 경우는 극히 드물다. 삶에서는 승리하지 않으면 패배한다. 승리한 사람은 당연히 출세하여 하늘을 나는 듯한 기분을 만끽한다. 그렇다면 패배한 사람은 어떨까? 패배는 스스럼없이 이야기하기 어려운 부분이지만 자주 마주하는 일이기도 하다. 패배한 사람은 체면이 상하고 자존심에 상처를 입어 사람들 앞에서 고개를 들지 못한다. 때때로 패배한 사람은 아주 긴 시간 동안 남들이 자신의 실패를 수군거리는 것 같고 자신을 비웃는 것 같은 기분을 느낀다. 이러한 부정적인 심리 상태는 내면의 중압감을 견디지 못하고 쓰러지게 만든다. 즉, 실패는 단지 만족할 수 없는 결과만 가져오는 것이 아니라 몸과 마음이 끔찍한 기분을 느끼게 한다.

좌절은 지치게 하고 상처를 준다. 성공의 기쁨은 찰나에 불과하지만 좌절감은 평생 따라다니는 그림자가 된다는 사실을 인정해야 한다. 그렇다면 왜 누군가는 늘 승리하고 누군가는 늘 좌절의 그림자에서 벗어나지 못하는 걸까? 그 이유는 좌절을 대하는 마음가짐 때문이다.

실패와 좌절을 두려워하는 마음은 정상적인 심리 상태로 부끄러운 일이 아니다. 어떤 일을 시작하기도 전에 언제나 100퍼센트 확신하는 사람은 없다. 모든 일에는 실패할 가능성이 있기에 걱정하고 주저한다. 이는 높은 자리에 있는 사람이든 별 볼 일 없는 사람이든 누구나 느끼는 정상적인 심리다. 성장 과정에서 이해득실을 따지는 법을 배우고 실패하고 추락할 가능성을 최소한으로 줄이는 법을 배우는 이유도 모두 실패를 두려워하는 마음 때문이다.

일을 망칠까봐 두려워하는 것은 추위를 타는 것처럼 지극히 정상적인 일로, 이러한 심리 상태는 어떤 면에서는 긍정적으로 볼 수 있다. 우리가 걱정하는 이유는 일을 잘하고 싶고 더 훌륭한 사람이 되고 싶고 미지의 분야를 탐구하고 싶기 때문이다. 실망할까봐 걱정하는 이유는 자신에 대한 기대 때문이며, 방황하는 이유는 현재에 안주하고 싶지 않아서다. 결론적으로 패배를 두려워하는 것은 괜찮지만 패배를 두려워하는 감정에 묶여 계속 제자리걸음만 해서는 안 된다. 그러면 승리할 희망도 사라진다.

영화 <매란방>(천부적 재능을 가진 경극 배우 매란방의 일대기를 그린 영화. — 옮긴이)에서 왕쉐치(王學圻)가 연기한 십삼연(十三燕)은 매란방과의 대결에서 패배하고 이렇게 말한다. "패배한 것은 부끄럽지 않다. 무서움에 벌벌 떠는 것이야말로 부끄러운 일이다!" 이 말은 오랫동안 정상의 자리를 지킨 경극 배우의 기개를 은유적으로 드러낸 대사지만 그 속뜻은 우리의 삶에도 적용된다.

누구나 실패를 두려워한다. 그러나 실패하고 패배하는 것이 두려워서 겨뤄보지도 않는다면 시작하기 전부터 패배한 것이나 다름없다. 자신에게 시도할 기회조차 주지 않았으니 말이다. 대결에 임하면 패배할 가능성은 50퍼센트지만 겨뤄보지도 않고 도망가면 패배할 가능성은 100퍼센트다. 패배를 두려워하는 사람은 승리할 수 없다. 자신이 승리할 거라고 스스로 믿지 못하면 처음부터 완벽하게 패배한 것이다.

어떤 사람이 "난 이번엔 절대로 안 될 거야!"라고 말해놓고 최선을 다해 노력해서 원하던 바를 이루면 사람들은 그가 거짓말했다고 비난한다. 실제로 그는 거짓말한 것이 아니다. 누구나 자신이 못 해낼까봐 두렵기 때문이다. 그러나 어떤 사람은 명백히 할 수 있음에도 두려워서 시도조차 하지 않고 실패한다. 이는 다른 사람과는 아무 상관 없는 실패다. 반면 어떤 사람은 자신은 할 수 없다고 생각하면서도 두려움을 무릅쓰고 시도해서 결국에는 정말로 성공한다.

인생은 패배를 두려워하지 않고 시도하는 자에게 기쁨을 가져다준다. 패배에 대한 끝없는 두려움은 당신의 인생에 사라지지 않을 그림자를 드리우지만, 끝없는 시도는 '막다른 곳에도 희망은 있다'는 행복을 발견하게 해준다. 이것이 바로 마음가짐이 모든 것을 결정하는 가장 기본적인 상황이다.

좌절을 두려워하고 상처받길 두려워하는 것은 우리 모두 좌절과 실패를 겪어봐서 그것이 얼마나 고통스러운지 알기 때문이다. 길에 베인 경험이 있는 아이가 빨간 피가 흐르는 장면과 손가락의 고통을 기억하고 칼을 위험한 것으로 인식하는 것처럼 말이다. 하지만 칼에 조금 다쳤다고 식칼을 쓰지 못하는 사람은 거의 없다. 나이가 들면서 어떻게 해야 식칼을 정확하게 사용할 수 있는지, 어떻게 해야 다치지 않을 수 있는지 알게 되기 때문이다. 이처럼 삶은 우리를 성장하게 한다.

용기를 내어 시도해보는 것은 불굴의 정신에서 비롯된다. 패배를 두려워하는 것은 괜찮지만 절대로 패배를 받아들이거나 쉽게 항복하지 말라. 매번 실패하고 매번 좌절해도 끊임없이 경험을 쌓아야 한다. 이 길이 막혔으면 다른 길로 가면 된다. 실패할수록 성공할 확률도 높아진다. '좌절할수록 용감해진다'는 바로 이를 두고 하는 말이다.

좌절할수록 용감해져야 한다. 좌절에 익숙해지고 비바람에 익숙해지면 두렵지 않게 된다. 원래 세상 사람들은 내가 잘나갈 때는 아첨하다가 힘이 없어지면 뒤도 안 돌아보고 떠나는 법이다. 이러한 세상의 이치를 이해하면 아무런 까닭 없이 우울해지지 않는다. 이것이 바로 성장의 의미이자 좌절이 주는 자산이다. 패배를 두려워하지 말라. 패배는 인생이 주는 기회이자 성장할 기회다. 좌절과 패배의 기회를 움켜쥐고 패배에 무릎 꿇지 말라. 좌절과 패배를 성공을 위한 발판으로 삼아라. 그래야 인생의 완전한 풍경을 이해할 수 있다.

아무리 좌절이 인생에서 일상적인 일이라고 해도 좌절은 많든 적든 우리를 절망케 한다. 그러나 이 세상에 목적지로 향하는 길이 단 하나만 있는 것은 아니라는 사실을 알아야 한다. 길을 돌아가면 더 다양하고 신비로운 풍경, 더 좋은 사람과 일을 만날 수 있다. 어차피 한 번 사는 인생이니 늘 여유를 가지고 즐겁게 살자. 포기하지 않고 계속해서 앞으로 가기만 하면 절대로 인생의 패배자가 되지 않는다.

모든 부정 에너지를 물리치는 필승의 비법, 자신감

앞에서 불안에 대해 이야기했다. 불안은 어떤 상황에서 생길까? 사람들에게 보편적으로 나타나는 부정적인 에너지로 전혀 생각하지 못했던 일이나 실망스러운 일을 만날 때 불안은 생긴다. 좌절하거나 상처를 받을 때, 심적 충격을 받거나 육체가 유난히 피로할 때도 불안이 생긴다. 즉 삶에서 마음에 거슬리는 일을 만나면 불안도 함께 따라온다고 할 수 있다.

쓰라린 실패를 맛보고 나면 불안은 심각한 합병증으로 발전한다. 아주 작은 실패도 크게 확대되어 보이고 내가 잘한 것은 하나도 없는 것 같고 예전에 했던 모든 노력이 수포로 돌아간 것만 같다. 심지어 이번 생은 이렇게 무의미하게 살다가 끝날 것 같은 기분마저 든다.

이 합병증은 크게 세 종류로 나눌 수 있다.

첫째는 자기 혐오다. 이는 자아 인식에 대한 불안이다. 자신이 최소한 중간쯤은 될 거라고 생각하고 있다가 결과가 좋지 않으면 그 순간 스스로 '쓸모없는 인간'으로 느껴지면서 자신이 싫어진다. 이러한 자기 혐오는 삶에 흥미를 잃게 하고 때때로 자포자기하는 상황까지 일으킨다.

둘째는 책임 전가다. 이는 자기 혐오 불안과 정반대다. 일단 이 합병증이 생긴 사람이 좌절하고 상처를 입으면 제일 먼저 떠올리는 것은 자신의 부족함이 아닌 환경의 제약과 다른 사람의 간섭 등이다. 어찌되었든 실패는 자신의 잘못이 아니라고 생각한다. 이러한 불안은 실패의 부정적인 감정을 타인에게 전가해 주위 사람들이 불안과 막막함을 느끼게 하는 전염성이 있는 불안 합병증이다.

셋째는 위축으로, 이는 불안으로 인한 후유증이라고 할 수 있다. 크게 곤두박질친 다음부터 이것도 겁나고 저것도 겁나기 시작한다. 앞에 펼쳐진 길에 함정이 널려 있고 맹수가 잠복하고 있다고 생각해 과감하게 이것저것 시도하기를 멈춘다. 이러한 불안은 쓸데없는 걱정을 하게 만들기 때문에 젊은 사람들의 발전을 가로막는다.

사실 불안은 대부분 미지에 대한 공황에서 비롯된다. 이는 미지의 상황에 대응할 수 없을 것이라는 자기 불신이기도 하다. 특히 이러한 좌절을 맛보고 나면 미래에 마주하게 될 실패에 더욱 민감해지고 더욱 걱정한다. '하룻강아지가 범을 무서워하지 않는' 이유는 하룻강아지는 범을 본 적이 없어서 범이 자신을 잡아먹을 거라는 사실을 모르기 때문이다. 그래서 하룻강아지는 범을 두려워하지 않는다. 그러나 성장하면서 범의 치명적인 위험성을 깨달으면 강아지도 범에게 '위험'이라는 꼬리표를 붙인다. 이것이 바로 상처를 입은 후 미지의 상황에 대해 갖는 공포다.

그러나 만일 이러한 공포를 통제하며 더 조심스럽게 미지의 세상을 탐색하고 상처를 입고 나서 생긴 항체를 지니고 계속해서 싸운다면 삶은 우리에게 전혀 다른 멋진 풍경을 보여준다. 좌절을 겪은 후에도 두려워하지 않는 것은 넘어진 아이가 일어나서 계속 뛰는 것과 같다. 좌절을 겪으며 생긴 불안을 극복하는 가장 좋은 방법은 자성(自省)과 갱신(更新)이다.

좌절을 겪었다면 틀림없이 주도면밀하게 살피지 못한 부분이 있을 테고 어떤 문제는 처음부터 생각조차 못 했을 것이다. 실패는 아무 이유 없이 생기지 않는다. 이미 실패했다고 그저 두려워하고 무서워하는 것은 아무 쓸모도 없다. 실패의 원인을 찾고 앞으로 반복하지 않는 것이 우리가 할 일이다. 덫에 한번 걸렸다가 도망친 늑대가 다시는 같은 덫에 걸리지 않는 것처럼 말이다. 늑대에 비하면 우리는 훨씬 운이 좋은 편이다. 최소한 우리의 실패는 대부분 생명을 대가로 하지 않으니 계속 시도할 기회가 있다. 따라서 같은 곳에서 곤두박질치지 않도록 자성해야 한다.

자성하는 것 말고도 불안 합병증을 극복하려면 갱신이 필요하다. 우리는 모두 완벽하지 않으며 다양한 단점을 지니고 있다. 이러한 단점은 세월이 흐르면서 사라지기도 하고 좌절을 겪을 때 발견해서 고치기도 한다. 좌절을 겪을 때마다 끊임없이 자신의 잘못을 고쳐서 부족한 점을 보완하면 계속 성장하며 완벽에 가까워진다. 이러한 방식으로 부단히 갈고닦으면 누구나 유일무이한 보석이 될 수 있다.

자성과 갱신이 불안에 맞서는 행동 방식이라면 좌절과 맞설 때 우리는 내면의 자신감을 굳게 지켜야 한다. 자신감은 모든 부정 에너지를 물리치는 필승의 비법이다. 자신을 믿기만 하면 불안은 상대가 되지 않는다. 무수히 넘어지고 실패해도, 좌절로 깊은 상처를 입어도 자신을 믿기만 하면 문제없다. 자신을 믿으며 계속해서 노력하면 모든 것은 종이호랑이로 변하고 성공도 시간문제에 불과해진다.

중국에서 벼 품종 개발의 아버지로 불리는 위안룽핑(袁隆平)은 '야생 웅성 불임 계통의 벼'를 찾기 위해 수년 동안 지방 곳곳을 돌아다녔다. 사람들은 모두 불가능한 일이라고 말했다. 위안룽핑은 연이은 실패를 겪었지만 희망을 버리지 않았고 마침내 자연적으로 발생한 웅성 불임 계통의 벼를 찾아냈다. 그의 발견으로 전 중국인이 충분히 먹을 만큼의 식량을 생산할 수 있게 되었다. 오늘날 그의 꿈은 여전히 진행중이다. 그의 실험은 자주 실패하지만 그는 한 번도 꿈을 향한 걸음을 멈추지 않았다. 무슨 대단한 성공을 원해서가 아니라 그의 인생에서 실패는 두려워할 것이 못 되기 때문이다. 그는 낙담하지 않고 흔들림 없이 자신의 목표를 향해 나아갔기 때문에 언제나 가장 빨리 일어설 수 있었다. 마리 퀴리(Marie Curie)는 방사성 원소 라듐을 발견하는데 그 어떤 지원이나 제자도 없이 홀로 지하실에서 실험할 수밖에 없었지만 그러한 상황이 그녀의 연구를 막지는 못했다. 위대한 사람들에게는 한 가지 특징이 있다. 그들 역시 보통 사람들처럼 실망하고 힘들어하지만 그들에게는 보통 사람에게는 없는 확고한 마음이 있다. 바로 그 확고함이 역경 속에서 빛을 찾아 위대한 사람이 되게 해준다.

누구나 불안해하고 낙담한다. 그러나 이러한 부정 에너지를 얼마나 오랫동안 지속하고 얼마의 시간을 걸려 극복하는지, 또한 그것으로부터 어떠한 지혜를 얻고 성장하는지에 따라 최후의 성패가 결정된다. 미지에 대한 공포는 가질 수 있으나 이러한 공포가 부질없다는 사실을 알아야 한다. 그 누구도 세상을 완벽히 파악할 수 없고 그 누구도 미래를 훤히 내다볼 수 없다. 미래가 원래 알 수 없는 것이라면 불안에 떨며 하루하루를 보내느니 대담하게 온몸을 바쳐 좌절과 치열하게 싸워보는 것이 낫다. 미래를 두려워하지 않으면 미래에 아무리 많은 함정이 존재할지라도 당신에게 해를 입힐 수 없다.

좌절을 맞닥뜨린 순간이 가장 화려한 역습을 노릴 절호의 기회다

모든 사물에는 양면성이 존재한다. 이는 대자연의 객관적 법칙이다. 완전한 성공은 없으며 완전한 실패도 없다. 핵심은 그것을 어떻게 인식하느냐다. 실패했을 때 어떻게 실패 속에서 기회를 발견하고 당신만을 위한 인생의 역습을 실현하는가? 성공했을 때 어떻게 성공 속에서 위기를 발견해 위기의 싹을 잘라버리고 성공을 장기화하는가? 이 모든 것이 바로 성장하면서 끊임없이 연마해야 할 능력이다.

좌절을 맞닥뜨렸을 때, 강력한 상대를 만났을 때, 승산이 전혀 없는 역경에 처했을 때 두려워하지 말라. 어쩌면 이러한 순간이 화려한 역습을 실현하게 해줄 시작일지도 모른다.

화려한 역습을 위해서는 첫째, 좌절이 어디에서 시작된 것인지 알아야 한다. 둘째, 최대한 빨리 구제할 방법을 고려해야 한다. 셋째, 아주 신속하게 구제 작업을 완료해야 한다. 실패를 맞닥뜨렸다면 무작정 절망하거나 상심하지 말고 곧바로 구제 작업에 돌입해야 한다. 그러면 종종 예상 밖의 결과를 얻을 수 있다. 댄스 경기에서 한 선수가 갑자기 넘어져서 모두가 탄식을 내뱉을 때 오히려 그 선수는 곧바로 일어나서 기지를 발휘해 모든 경기를 마친다. 이때 사람들은 그 선수의 정신력에 감동받는다. 그는 경기에서 우승은 못 하더라도 더 많은 사람의 주목을 받아 새로운 계약을 하거나 공연 기회 등을 얻을 것이다. 이것이 바로 좌절 속에 숨어 있는 기회다. 그러나 이러한 기회는 조금만 방심해도 지나가버리므로 바로 붙잡지 않으면 실패자가 된다. 반면 곧바로 일어서서 공연을 멋지게 마무리하면 화려한 반전이 기다리고 있을 것이다.

'역습(逆襲)'이라는 글자를 한 글자씩 풀어서 해석하면 '역경 속의 습격'이라는 뜻이 된다. 이는 절체절명 순간의 반격과 같다. 역경 속에서 우리는 항상 약하지만은 않으며 역경에서 힘겹게 빠져나와 새로운 인생을 시작해야 하는 것도 아니다. 이제 막 역경을 맞닥뜨렸거나 끝없는 역경 속에서도 투지가 아직 남아 있을 때 반격하면 역경에 잡아먹히기 전에 역경을 산산이 부수고 모든 실패와 좌절을 물리칠 수 있다.

역습은 보통 열세에 놓여 있을 때 발생한다. 모든 것이 순조로울 때는 역습이 아니라 승세를 몰아 진격한다고 말한다. 이는 뒤에서 좀 더 자세히 설명하겠다. 화려한 반전은 순식간에 벌어지므로 절대로 유리한 기회를 놓쳐서도 안 되고 자책과 후회에 빠져 있어서도 안 된다. 실패와 좌절에 직면했다면 당장 자리에서 일어나라. 소 잃고 외양간 고치는 격이라고 해도 늦은 것은 아니다. 위험에 빠진 자신을 구하기 위해 최선을 다한다면 결과가 만족스럽지 않더라도 스스로 부끄럽지 않을 수 있다. 최선을 다했다면 낙관적으로 말할 수 있다. "아까웠어. 하지만 다음엔 반드시 성공할 거야!"

공부든 일이든, 대입 시험을 앞둔 학생이든 직장인이든 좌절 속 기회를 깨닫고 재빨리 실패를 반대 면으로 뒤집는 법을 배워야 한다. 모든 시간을 전력을 다해 맞서 싸우는 데 쓴다면 애당초 우울해하거나 공황에 빠져 있을 시간이 사라진다. 죽을힘을 다해 역습의 기회를 잡으려고 할 때 공황은 멀어져 있을 것이고 이번 좌절이 아무것도 아니었음을 깨닫게 될 것이다. 실패를 반대 면으로 뒤집어라. 화려한 반전은 멀지 않은 곳에서 당신이 다가오기를 기다리고 있다.

모든 성공은 무수한 실패를 동반한다. 모든 성공은 대부분 찰나의 노력과 죽을힘을 다한 일격에서 비롯된다. 우리는 경험을 통해 많은 경우 끝까지 시도하면 좋은 효과를 얻을 수 있음을 알고 있다. 좌절은 다양한 이치를 가르쳐줄 뿐 아니라 수많은 기회도 보여준다. 역습하고 싶다면 실패했을 때 슬픔이나 공황에 빠져 있지 말고 모든 에너지를 더 나은 자신이 되는 데 쏟아서 패배할지라도 자기 자신에게 떳떳해져라. 그래야 성공에 걸맞은 사람이 되어 성공할 수 있다.

내면을 튼튼히 하여
좌절을 극복하는 방법

중의학에서 자주 사용하는 단어 가운데 '허불수보(虛不受補)'라는 말이 있다. 신체가 극히 쇠약해졌을 때 과도한 영양분을 보충하면 영양분을 흡수하지 못하고 신체에 부담을 과중시켜 오히려 몸에 안 좋다는 뜻이다. 삶에서 상처를 입고 좌절과 실패를 겪으면 마음도 충격을 받아서 자신감이 꺾인다. 이럴 때 우리 내면은 실의감에 빠진 상태 또는 허약한 상태가 되어 마치 그 어떤 것으로도 기운을 차릴 수 없는 지경에 이른다. 그래서 많은 사람은 심리적 재건을 통해 자신을 보호한다. 그러나 이때 과도한 보완은 내면을 강화하는 것이 아니라 오히려 약화시켜 앞으로의 삶에 부정적인 영향을 끼칠 수 있다.

상처를 입었을 때 우리는 본능적으로 눈물을 흘린다. 이는 신경이 주는 보상 효과의 일종으로 통증의 불쾌감을 배출하는 것이자 신체의 자발적인 보호 조치이기도 하다. 내면이 공격을 당하면 우리는 습관적으로 한동안 자신을 가둔다. 많은 사람이 실패하고 나서 말이 없어진다거나 실망했을 때 사람들과 교류하지 않고 혼자 있기를 택한다. 이것은 마음이 스스로 보호하는 행동이다. 물론 적당한 보호는 정상이다. 이렇게 보호하며 격려하고 응원해 다시 기운을 차리게 만드는 것은 합당한 일이다. 그러나 그러한 보호가 지나친 사람들이 있다. 그들은 자기 자신을 오랫동안 가둬 앞으로의 삶과 성장에 불리하게 변해버린다.

어떤 사람은 자신을 충분히 견고하게 감싸면 다시는 상처받지 않을 거라고 생각한다. 그러나 이는 유아적인 생각이다. 아무리 튼튼한 갑옷을 입어도 내면이 공포에 질려 있으면 실패와 똑같이 내면에서부터 무너진다. 내면이 열등감과 공황으로 가득하면 겉모습을 용맹하게 위장해도 일격에 찢어지고 마는 종이호랑이에 지나지 않는다. 마음이 좌절을 겪을 때는 자기 자신을 보호하는 강도에 주의를 기울여야 한다. 자신을 비바람도 견디지 못하는 '온실 속 꽃'으로 만들어서는 안 된다. 아무리 강한 방패막이도 내면에서 시작된 부패는 막지 못한다.

삶에서 충격을 받았을 때 자신이 과도한 심리 방어 상태에 빠져 있는 것은 아닌지 어떻게 판단할 수 있을까? 다음 몇 가지 질문이 있다. 이 질문의 대답이 기본적으로 '네'라면 과도하게 자신을 보호하고 있는 사람이다.

1. 길을 가다 넘어지면 다음부터 그 길을 피하는가?
2. 회의에서 당신의 의견이 유치하다고 비웃음당하면 그 다음부터 회의에서 발언하지 않는가?
3. 어떤 식당에서 딱 한 번 식사하고 나서 실망했다면 다시는 그 식당에 가지 않는가?
4. 어떤 부분에서 스스로 아주 부족한 것을 발견하면 그와 관련된 모든 활동이나 프로젝트에 참여하지 않는가?
5. 질 것이 뻔하다고 생각되면 중도 포기하는 편인가?
6. 마음이 우울할 때 다른 사람과 교류하는 것에 큰 반감을 가지고 있는가?
7. 실패했을 때 사람들의 위로가 악의를 품고 있거나 거짓으로 느껴지는가?
8. 프로젝트가 사장에게 거부당하면 마음속에서 사장을 향한 증오가 무럭무럭 피어오르는가?
9. 상사와 관계가 좋지 않으면 마음이 불편하고 우울해서 사표를 내고 싶은 생각까지 드는가?
10. 무척 불쾌하게 여겨지는 장면을 마주할 때 침묵하며 피하는 편인가?

위 질문을 통해 과도하게 자기 자신을 보호하려 하는 사람인지 대략적이나마 판단할 수 있다. 보상 효과는 사실 내면에 부정 에너지를 쌓아두는 것으로 부정적인 감정을 배출하고 내면에 긍정 에너지를 유입하는 데 불리하다. 이러한 상태가 오래 지속되다 보면 부정적인 사람으로 변하기 쉽다. 늘 자기 내면을 보호하려는 사람은 제자리걸음만 하며 고집스러운 사람이 되고 만다. 더는 새로운 문물을 필요로 하지 않고 새로운 사상을 추구하지도 않는다. 반면 내면의 상처를 과감하게 태양 아래 드러내는 사람은 상처를 어렵지 않게 치유할 수 있고 좀 더 쉽게 새로운 기회를 얻을 수 있다.

그렇다면 인생에서 좌절에 맞닥뜨렸을 때 어떻게 자기 내면을 재건해야 할까?

먼저 힘들면 눈물을 흘리는 것처럼 잠깐은 슬픔에 잠길 시간을 주어라. 매 순간 모든 것을 강인한 모습으로 마주할 필요는 없으며 그럴 수도 없다. 내면이 충격을 받았다면 슬픔 속에서 조용히 자신의 실수에 짧게나마 애도를 표하자. 이러한 방법은 순식간에 발생한 강한 부정적인 감정을 해소하는 데 도움이 된다. 물론 수습할 수 없는 지경에 이르도록 슬픔에 빠져 있으면 안 된다. 슬픔이 넘치면 내면은 완전히 슬픔에 잠식당한다.

그 다음으로 속마음을 털어놓는 법을 배우자. 현대 사회의 대다수는 진심을 나눌 친구도 하나 없이 외롭다. 심지어 가족에게조차 말하지 못할 힘든 일도 있다. 모두의 평화를 위해 억울함과 분노를 마음 깊숙이 억눌러두는 것은 내면을 튼튼하게 만드는 데 매우 불리하다. 절망적인 마음일 때 가끔은 낯선 사람과 이야기를 나눠라. 당신의 삶과 교집합이 없는 사람에게 인생의 불만을 토로하며 슬픔을 발산하라. 대화를 하고 나면 삶은 여전히 살 만하며 좌절은 애초에 아무것도 아니었다는 사실을 깨닫게 될 것이다.

열린 마음으로 교훈을 받아들일 줄 알아야 한다. 심리적 방어 기제가 작동할 때 '같은 실수를 다시는 반복하지 않겠다'라고 자기 자신에게 엄격히 말하라. 흉터가 나았다고 고통을 잊으면 비극은 다시 반복된다. 이번 좌절로 고통스러웠다면 반드시 그 고통을 선명하게 기억해야 한다. 그 속에서 교훈을 얻어 나중에 자신의 내면이 같은 충격을 받지 않도록 하라.

마지막으로 용감하게 결과를 책임져야 한다. 용감하게 실패를 책임질 줄 아는 사람만 계속해서 앞으로 나아갈 수 있다. 잘못을 남 탓으로 돌리고 자신을 보호하려 들면 영원히 발전할 수도, 성공할 수도 없다. 어떠한 결과든 기꺼이 받아들이고 그 결과가 불러온 모든 비극을 책임져라. 그래야만 고난 속에서 성장할 수 있고 다음에 똑같은 문제를 맞닥뜨렸을 때 일찌감치 그 문제를 피해서 실패의 싹을 잘라버릴 수 있다.

삶은 실패와 비극이 교차하는 여정인 동시에 아름다움과 기쁨의 여정이기도 하다. 이처럼 두 가지 감정이 동시에 존재할 때 중요한 것은 어떠한 마음으로 세상을 바라보는가다. 자신의 길을 가면서 상처받길 두려워하지 말고 공격받길 두려워하지 말라. 당신이 아직 존재하고 마음이 아직 존재하기만 하면 계속해서 앞으로 나아갈 수 있다. 그러다 보면 언젠가 당신을 위한 당신만의 꽃이 이 세상에 피어났음을 발견하게 될 것이다.

"장군이 되길 원치 않는 병사는 훌륭한 병사가 될 수 없다"

실패했을 때 우리는 괴로워하며 누구와 말하는 것조차 꺼린다. 반대로 성공했을 때는 온 세상이 자신을 위해 환호하지 않는다고 투덜거린다. 좋은 성과를 거뒀을 때는 의기양양해져서 인생이 희망으로 가득하며 자신이 가는 길에는 승리만 있을 거라고 확신한다. 그러나 이러한 심리는 좌절을 맞닥뜨렸을 때 의기소침하고 넋이 나간 상태로 만든다.

경제학에서 '소유 효과'란 어떤 물건을 소유하게 되면 그 물건에 대한 가치 평가가 그 물건을 소유하기 전보다 크게 상승하는 현상을 가리킨다. 그러나 소유한 것의 가치를 높게 평가하는 것은 자기 자신 심지어 전체 환경을 잘못 판단하게 만들어 이후에 더 큰 손실을 불러온다. 이는 금융학의 '손실 회피'에서 한 발짝 더 나아간 원리로, 이 원리를 일상에 적용하면 다음과 같이 이해할 수 있다. 우리는 무언가를 성취하거나 좋은 성적을 받거나 어떤 장점이 늘어나면 자신에 대한 긍정적인 평가가 증폭되어 자기 가치를 제대로 판단하지 못한다. 그리고 이로 인해 우쭐거리며 살다가 어느 날 갑자기 돌이킬 수 없는 실패로 빈털터리가 된다.

세계 최초로 영국 해협을 횡단한 사람이 되고 싶었던 한 수영 실력자가 있었다. 그녀는 단번에 이 꿈을 이루기 위해 매일 연습하며 단 한 번도 게으름을 피우지 않았다. 그리고 대망의 날이 다가오자 그녀가 휘황찬란한 업적을 이룩하는 것을 직접 목격하기 위해 많은 사람이 몰려왔다. 도전하는 날은 날씨가 무척 좋아 사람들은 감격스러운 순간을 기대하고 있었다. 그러나 그녀가 맞은편 해안에 거의 도착할 무렵 갑자기 바다에 짙은 안개가 몰려왔고 점점 더 짙어지는 안개가 사람들의 시선을 가렸다. 순식간에 아무것도 보이지 않게 되자 수영 실력자는 정확한 방향을 잡지 못하고 결국 도전을 포기했다. 이 도전은 그녀에게 평생의 여한으로 남았다. 당시 그녀와 맞은편 해안의 거리는 불과 100미터도 안 되었다.

성공에 가장 가까울 때가 제일 실수하기 쉬운 순간이다. 많은 사람이 비슷한 실수를 저지른다. 인생에서 가장 높은 정상에 오르면 사람들은 그 순간을 마음껏 즐기고 싶어 하며 이렇게 생각한다. "힘들게 올라왔으니 햇볕이나 쬐어야지." 그러고는 자신이 이룩한 업적을 감상하며 아무리 생각해도 스스로 너무나 대단해서 다른 사람의 성과는 자신과 비교도 안 되고 앞으로 무슨 일을 하든지 자신은 문제없다고 생각한다. 그래서 계속 노력하고 계속 높아지기를 포기한 채 자기만족에 빠져 이른바 '정상'의 자리에 누워서 내리막길이 이미 시작되었다는 사실조차 모른다. 이러한 마음가짐은 앞으로의 인생에서 큰 실패를 안겨준다.

"장군이 되길 원치 않는 병사는 훌륭한 병사가 될 수 없다"라는 말이 있다. 그렇다면 장군이 되고 나서는 안심하고 한숨 자도 되는 걸까? 물론 아니다. 작은 성취에 도취되어 더는 발전하지 않는 사람은 겁쟁이다. 절대로 인생의 승자가 될 수 없다. 진정한 승자는 하나의 도전이 끝나면 새로운 도전을 받아들인다. 그들의 인생에는 점점 더 웅대해지는 꼭대기만 있을 뿐 잠잘 시간 따위는 없다. 그래서 그들은 끊임없이 노력하고 앞으로 나아가며 인생에서 뒤처지지 않는다.

어떤 사람은 야심이 없고 인생을 향한 기대가 높지 않아서 정상의 자리에 도전할 필요가 없으며 그저 단란한 가족과 생계를 위한 일만 있으면 된다고 말할 것이다. 물론 이러한 삶도 나쁘지 않다. 사람들은 저마다의 행복이 있고 성공은 크고 작음을 구분할 수 없으니 말이다. 그런데 평범한 사람들이 추구하는 평범한 삶도 끊임없는 노력이 있어야 유지할 수 있다.

당신에게 아무리 행복한 가정이 있어도 자기 힘으로 그 가정을 지키지 않으면 배우자는 슬퍼할 테고 그러면 당신의 행복 지수도 떨어진다. 당신에게 아무리 귀여운 아이가 있어도 아이를 아껴주고 교육하지 않으면 당신을 기다리는 것은 비극뿐이다. 당신이 추구하는 행복과 성공이 크든 작든 노력하지 않고 가만히 앉아 있으면 안 된다. 어떤 일이든 그것을 유지하고 발전시키기 위해 노력해야 한다. 직장이 생기면 집이 갖고 싶고 집이 생기면 더 좋은 차가 갖고 싶고 좋은 차가 생기면 자기만의 사업을 갖고 싶은 법이다. 세상에 욕심이 없는 사람은 없다. 자신이 소유한 것을 확대 해석하면 나태해져서 더 많은 좋은 것을 추구하는 마음을 포기하게 된다. 현재 소유한 행복으로 충분하다고 여기겠지만, 당신이 아무것도 하지 않으면 당신이 가진 행복도 조금씩 달아난다.

앞에서 말한 것처럼 과도한 자기 만족이나 자기 폐쇄는 옳지 않으며 이런 것은 우리 삶에서 반드시 필요한 정서가 아니다. 이 두 상황은 자신감의 부족에서 온다. 자신감은 성장 과정에서 거의 모든 심리 상태의 주춧돌 역할을 한다. 자신감이 얼마나 있는가는 문제를 대할 때의 반응과 마음가짐을 결정한다.

자기 자신에게 만족하는 사람은 자신감이 넘치는 사람이 아니다. 그들의 만족감은 스스로 이미 최고의 상태이며 자신이 더 잘할 수 있다고 믿지 않기 때문에 생긴다. 자신이 소유한 것을 확대 해석하는 사람은 겉보기에 낙관적이며 '아큐'와 비슷한 것 같지만 실제로는 자신의 능력을 축소하고 자신과의 싸움을 회피하는 사람이다.

자기 폐쇄적인 사람은 연약한 내면이 연이은 공격을 견디지 못해서 아예 자신을 꽁꽁 싸맨 사람이다. 그들은 다른 사람이 뭐라고 말하든 듣지 않고 신경 쓰지 않는다. 그저 자기 일만 할 뿐 새로운 시도를 하거나 새로운 도전을 받아들이지 않는다.

이처럼 자신감 부족에서 비롯된 자기 만족과 자기 폐쇄라는 심리 상태는 영원히 역경에서 벗어나지 못하게 하고 자기만의 진정한 인생을 살지 못하게 한다.

어릴 때 한 번쯤은 '우물 안 개구리' 이야기를 들어봤을 것이다. 부푼 꿈을 안고 낮잠만 자는 개구리가 되지 말라. 항상 위를 바라보고 더 멀리 바라보는 법을 배워야 한다. 자신의 두 다리로 더 많은 여정을 가늠하고 두 팔로 가능한 한 더 많은 낯선 사람을 감싸 안고 두 눈으로 더 먼 풍경을 바라보라. 이러한 인생이 바로 가치 있고 의미 있는 것이다. 삶이 언제까지 지속되든 오늘을 내 삶의 마지막 날이라고 여기고 생명이 끊어지는 그 순간까지 싸워라. 이는 더 힘든 인생을 살기 위해서가 아니라 인생을 더욱 아름답게 만들고 생존의 의미를 깨닫기 위해서다. 모두 고개를 들고 더욱 눈부신 꽃과 짙푸른 하늘이 있는 저 먼 곳을 바라보라.

Chapter 6

소통력을 길러라. 당신의 손가락이 혀를 대신하지 않게 하라

인터넷 혁명은 인류를 정보화 시대로 데려왔고
나날이 발전하는 1인 미디어는 다양한 소통 방식을 제공한다.
사람과 사람이 얼굴을 맞대는 것이
더는 소통을 위한 필수 조건이 아닌 시대가 된 것이다.
'갑옷' 뒤에 숨어 현실에서 일어나는 모든 것을 염탐할 수 있는 인터넷은
현실 도피를 위한 새로운 공간이 되었다.
그러나 평온한 화면 뒤로 흔들리는 고독하고 불안한
두 눈동자처럼 정보화 시대 특유의 역경은
우리를 햇빛의 따스함을 느낄 수 없는 감옥으로 몰아넣는다.

소통 능력이
성공과 운명을 좌우한다

언어는 인류의 전유물이 아니다. 모든 생물이 서로 소통하는 신호와 방식을 가지고 있다. 언어는 우리가 태어나서 처음으로 습득하는 고급 기술이다. 언어로 자신의 감정을 표현하고 타인의 정보를 받아들인다. 언어 덕분에 사람과 사람 사이에 교류가 생기고 생각과 경험을 전달하고 지식을 공유할 수 있게 되었다. 언어는 인류 발전의 촉진제이자 소통을 위한 중요한 도구다. 언어가 없다면 우리는 외로운 개체가 될 것이며 빠르게 성장하고 발전하지 못할 것이다.

소통은 언어의 가장 중요한 기능이다. 일상에서는 시시각각 소통의 중요성이 부각된다. 새로운 지식을 배우고 새로운 계약을 체결하고 자기 의견을 표현하기 위해서는 언어적 소통이 필요하다. 언어적 소통은 인류의 생존 기술이자 반드시 마스터해야 하는 능력이라고 해도 과언이 아니다.

그러나 현대 과학 기술이 발전함에 따라 점점 더 많은 사람이 이른바 '수그리족'이 되어가고 있다. 그들은 늘 휴대폰을 손에 쥐고 다니며 고개를 숙여 화면을 쳐다볼 뿐 옆 사람과 직접적으로 교류하지 않고 채팅 도구만 사용할 줄 안다. 이러한 현상은 젊은이들에게서 더욱 뚜렷하게 나타난다. 그들은 인터넷 채팅방에서는 쉴 새 없이 떠들지만 이웃에게 부탁을 할 때는 어떻게 말해야 하는지 모른다. 인터넷 정보화의 발전은 실질적으로 사람과 사람 사이의 소통을 빠르게 하기 위한 것으로, 신속하게 정보를 공유할 수 있게 되면서 우리 생활이 더욱 편리해진 것은 맞다. 그러나 여기서 정보화는 빠른 속도를 위한 것이지 언어를 대체하기 위한 것은 아니라는 점에 주목해야 한다. 그 어떤 첨단 과학 기술도 사람과 사람 사이의 진정한 소통을 대신할 수 없다.

서로 얼굴을 맞대고 소통하지 않으면서 어떤 일을 완벽하게 해내는 것은 거의 불가능하다. 물론 자신은 인터넷으로 각종 물건을 구매하고 집에서 먹고 자고 일하는 소호(SOHO)족이므로 외출하거나 다른 사람과 소통할 필요가 없다고 항변하는 사람도 있을 것이다. 그렇다. 현대 과학 기술은 생활을 이 정도까지 편리하게 만들었다. 그러나 인터넷으로 물건을 사도 어쨌든 택배로 받지 않는가? 아무리 집에서 일해도 때때로 문제가 생기면 만나서 소통하는 것이 더 확실하지 않은가? 진짜로 집에서 한 발자국도 나가지 않으면 결국 이 사회에서 떨어져 나가게 된다. 발전하지 않고 제자리에 머물러 있으면 근본적으로 사람들과 교류할 수 없는 우물 안 개구리로 전락하고 만다.

현대 사회는 생활 리듬이 너무나 빨라서 이미 과거에는 일상이던 점심과 저녁 시간을 생략하기에 이르렀다. 사람들은 분주하게 일을 처리하고 집으로 돌아오지만, 특히 젊은 사람들은 부모와 같은 식탁에 앉아서도 고개를 숙이고 휴대폰만 들여다볼 뿐 부모와는 거의 대화하지 않는다. 이것이 곁에 있는 사람을 얼마나 슬프게 하는지는 굳이 말하지 않겠지만 이러한 행동은 사실 병적인 상태의 일종이다. 혹은 과학 기술에 의존한 장기간의 소통 방식이 심리적 질병을 일으켰다고 말할 수도 있겠다. 바로 새로운 소통 장애 말이다.

이미 역경에 관해 많은 이야기를 했지만 사실 역경은 반드시 무슨 큰 좌절을 만나야만 생기는 것이 아니다. 마음속에서도 작은 역경이 나타날 수 있다. 예를 들어 오랜 시간 사람들과 교류하지 않은 상황에서 어느 날 갑자기 얼굴을 마주하고 다른 사람에게 자기 의견을 언어로써 표현해야 할 때 유난히 긴장하고 불안해하는 자신을 발견하게 된다. 이러한 불안으로 인해 얼굴을 맞대고 소통하는 것을 더욱 꺼리게 되고 흥미도 사라져 결국 소통 능력을 상실한 새로운 소통 장애 환자가 되는 것이다.

물론 다른 이와 소통을 잘하는 사람도 있다. 그들은 뛰어난 유머감각과 능수능란한 말재주를 가지고 있어서 사람들을 편안하게 해준다. 누구나 자기를 즐겁게 해주는 사람과 소통하는 것을 좋아하기 때문에 이런 사람들은 학교에서든 직장에서든 늘 환영받는다. 그러나 어떤 사람들은 홀로 구석에서 한 마디 말도 없이 매일 어두운 표정과 의뭉스러운 눈빛으로 다른 이를 살핀다. 다른 사람이 먼저 다가가 말을 걸어도 우물거리며 눈을 맞추지 못한다. 이들이 친구를 사귈 확률이 매우 낮다는 것은 쉽게 알 수 있다. 또한 다양한 내면의 역경과 우울이 발생할 가능성도 훨씬 크다. 성격적인 원인이 아니라면 모두가 소통 능력을 단련하길 바란다. 말을 잘하는 사람이 되라는 것이 아니라 기본적인 생존 기술을 장악하라는 것이다. 오늘날 직장에서 수많은 이야기는 소통으로 시작해서 소통으로 완성된다.

같은 일이 주어졌을 때 모든 일을 순조롭게 해내는 사람이 있는 반면 만사에 속수무책인 사람이 있다. 학력과 성적이 똑같은 사람이 면접을 보러 가도 어떤 사람은 뛰어난 퍼포먼스를 선보이지만 어떤 사람은 잔뜩 긴장해서 '예'라는 대답만 한다. 언어를 잘 사용하는 사람은 더 명확한 언어 논리와 더 뛰어난 표현력을 갖고 있다. 이런 유형의 사람은 쉽게 다른 사람의 환심을 사고 아주 짧은 시간에 자신을 각인시킨다. 어떤 이야기를 하든지 '이야기'는 곧 말하는 것이자 하나의 기술이다. 이 기술은 책에서도 인터넷에서도 찾을 수 없으며 오직 실제로 소통해야 얻을 수 있다.

그러므로 언어 사용법을 배울 때는 더 확실히 발전할 수 있고 더 잘 소통할 수 있는 방법을 배우는 데 집중해야 한다. 바꿔 말하면, 소통 능력을 상실한다고 할 때 실제로 상실하는 것은 어휘 한두 개가 아니라 성공의 기회와 운명을 바꾸는 기회일 수 있다는 것이다. 손가락이 혀를 대신하게 하지 말라. 새로운 소통 장애 환자로 전락하지 말고 진짜 사람과 진정한 대화를 나누는 법을 배워야 한다.

그렇다면 왜 많은 이가 말하기를 꺼리는 사람으로 변하는 걸까?

언어 학습이 순차적으로 진행되듯이 언어 상실도 하루이틀 사이에 벌어지지 않는다. 사실 처음에는 별문제가 없어서 자신이 말하는 법을 모를 거라고는 상상조차 못할 것이다. 그러나 정말로 한두 달 동안 집에만 머물며 아무하고도 언어로 소통하지 않다가 다시 말하려고 하면 어휘가 생각나지 않고 어떻게 말해야 할지 모르겠고 의미를 어떻게 표현해야 할지 몰라 난감해하는 자신을 발견하게 될 것이다. 또한 소통 횟수가 줄어들면 심리가 더욱 연약해져 부끄러움을 잘 타며 긴장하게 된다. 이러한 심리 변화가 소통 장애를 일으킨다.

그렇다면 우리는 어떻게 언어를 구제해야 할까?

첫째, 숨지 말라. 다른 사람과 얼굴을 맞대고 대화할 때 긴장된다고 숨으면 안 된다. 이는 상황을 더욱 악화시킬 뿐이니 자신을 내면의 갈등 속으로 몰아넣지 말라. 친한 친구를 자주 만나서 함께 식사하며 이야기를 나눠라. 사람들과 대화하며 자신감을 회복하라. 이를 통해 천천히 유쾌하고 입담이 좋은 사람으로 변해보라.

둘째, 부끄럽고 분하다고 화내지 말라. 어떤 사람은 자신의 생각을 정확히 설명하지 못할 때 화를 내며 다른 사람이 자신의 뜻을 이해하지 못하는 것을 그 사람의 책임으로 돌린다. 이러한 분노 역시 소통 장애의 일종으로 생활에서 생기는 오해와 마찰이 대부분 여기서 비롯된다. 이미 친구들과 편안하게 교류하고 있다면 자신이 그 누구하고도 마음 편히 소통할 수 있다는 것을 믿어라.

셋째, 다른 사람을 잘 도와라. 이는 언어와 관련 없는 것처럼 보이지만 사실 다른 사람을 향한 관심은 더 높은 차원의 심리적 언어다. 타인에게 도움의 손길을 내밀면 타인은 당신의 선의를 느낀다. 이때는 언어로 표현할 필요도 없다. 이미 심리적 언어가 모든 어휘를 초월했기 때문이다. 만일 언어로 표현하는 데 능숙한 사람이 아니라면 더 많이 미소 짓고 타인을 도와라. 이처럼 소리 없는 언어는 모두의 마음속에 당신을 '온화한 사람'으로 만들어줄 것이다.

언어는 소통의 기본이고 소통은 사람의 근본이다. 우리는 태어나는 순간부터 집단 생활에서 벗어날 수 없다. 그렇다면 집단 속에서 자신의 위치를 찾고 친구를 만들려면 어떻게 해야 할까? 이때 필요한 것이 바로 소통과 나눔이다. 소통을 이해하는 사람만이 협력과 나눔을 이해할 수 있고, 이러한 사람만이 교제할 가치와 의미가 있다. 휴대폰을 내려놓고 컴퓨터 전원을 끄고 옆에 있는 사람과 대화하라. 때론 얼굴을 맞대고 묻는 안부가 '좋아요' 버튼보다 훨씬 유용하다.

바람이 배의 운항을 돕듯
인맥이 인생의 파도를 헤치고 나아가도록 돕는다

인맥은 시대가 아무리 변해도, 또 당신이 승승장구하든지 역경에 처하든지 상관없이 언제나 우리 인생과 함께하며 때때로 성패를 결정한다. 비즈니스에서 소통이 긍정적인 역할을 한다면 인맥은 절대적으로 중요한 역할을 한다.

인맥을 만드는 일은 일이 잘 풀릴 때나 잘 풀리지 않을 때나 특별한 의미를 지닌다. 또한 인맥은 모든 법칙과 마찬가지로 짐작하거나 정확히 예측할 수 없다. 입버릇처럼 "영원한 적도, 영원한 친구도 없다"고 말하는 것처럼 말이다. 때때로 사람들은 이 말에 "단지 영원한 이익만 있을 뿐이다"라는 말을 덧붙인다. 사실 이 말은 필요에 따라 인맥이나 친구도 변한다는 의미로 이해할 수 있다. 사람들이 이익만 추구하기 때문이 아니라 이 세상 자체가 끊임없이 변하기 때문이다. 우리 역시 세월의 풍파에 따라 수없이 변한다. 인맥은 비즈니스에서 매우 불안정한 상태로 존재하지만 성공하려면 반드시 필요한 요소다.

현명한 사람 가운데 온라인 친구와 사업을 도모하는 사람은 없으며 성숙한 사고를 가진 사람 가운데 온라인 친구를 마음을 터놓는 절친한 친구로 삼는 사람은 없다. 우리는 온라인에서 만난 낯선 사람을 본능적으로 경계한다. 온라인 친구지만 친해져서 자주 대화를 나누는 익숙한 사이일지라도 만나고 싶다는 생각을 행동에 옮기기까지는 거듭 고민하게 된다. 왜 그런 걸까? 답은 간단하다. '얼굴을 본 적도 없고 잘 알지도 못하는데 당신이 어떤 사람인지 내가 어떻게 알아?'와 같은 심리 상태 때문이다.

인맥을 만드는 과정에서 제일 중요한 것은 '신용'이다. 친구를 사귈 때 서로 간의 신뢰는 가장 중요한 기반이 된다. 서로의 얼굴도 보지 못했다면 이른바 신뢰는 어디서 생긴단 말인가? 첨단 과학 기술 장비에만 의존해서는 친구를 만드는 것이 불가능하다. 진정한 우정을 나누고 싶다면 문을 열고 밖으로 나가서 얼굴을 맞대고 타인에게 안부를 묻고 그를 향해 미소를 지으며 대화하라. 이러한 우정이야말로 자연법칙에 걸맞은 우정이며 오래도록 유지할 수 있는 우정이다.

삶이 바다이고 자신이 배라면 인맥은 바람이다. 순풍은 배가 파도를 넘도록 도와주지만 역풍은 가는 길을 힘들게 만든다. 인맥이란 바로 이런 것이다. 일에서 인맥이 어떤 역할을 하게 될지는 인맥을 어떻게 만드는지에 달렸다.

좋은 인맥은 더 멀리 가도록 돕고 일이 번창하게 해준다. 그러나 좋은 인맥은 단번에 만들어지지 않는다. 오랜 시간 동안 관심을 갖고 보살피는 노력이 필요하다. 만일 당신 자체가 타인과의 소통을 좋아하지 않거나 늘 불안해하는 모습만 보인다면 좋은 인맥은 생기지 않을 뿐더러 필요한 도움을 주지도 못한다.

좋은 인맥은 역경에서 벗어나도록 돕지만 나쁜 인맥은 역경으로 몰아넣는다. 좋은 인맥과 나쁜 인맥의 차이는 크지 않다. 소통을 잘 못하는 사람에게 나쁜 영향을 주던 인맥이 적극적이고 소통을 잘하는 사람 앞에서는 긍정 에너지로 변하기도 한다. 즉 어떤 바람인지보다 키를 잡은 사람과 목표의 방향이 중요하다는 뜻이다. 만일 당신이 모든 것을 올바르게 처리하고 법칙에 순응한다면 반드시 마음속 목적지에 도착할 것이다.

현대의 소통 불안증은 사람들의 교우 관계를 축소시켰다. 모든 정보가 광섬유를 통해 전달되는 오늘날, 우리가 하루 동안 온라인 친구와 대화한 내용이 일주일 동안 가족과 대화한 내용보다 많을 때도 있다는 사실을 떠올리면 무섭기까지 하다. 광섬유 위에 인맥을 만들고 전통적인 방식의 친구 사귀기를 소홀히 할 때 우리 인맥은 일격에 무너지는 공중누각으로 변한다. 이러한 인맥은 겉보기에는 화려하나 실속은 없고 언제든지 연기처럼 사라질 수 있다.

물론 온라인상에도 진실한 우정이 존재한다. 그러나 그 우정은 오프라인에서보다 훨씬 쌓기 어려우며 시간도 오래 걸린다. 첨단 과학기술로 맺은 인맥이 돌연 무너지면 우리는 낙심하고 누군가를 신뢰하는 마음도 급격히 축소된다. 이러한 비극이 심리에 직접적인 영향을 끼쳐서 한동안 정서 불안 상태에 처하기도 한다. 불안한 정서가 계속해서 확대되면 정상적인 생활에 영향을 미쳐 역경이 자기 손에서 탄생하게 되는 것이다.

인생이 어느 단계에 있든지 실질적인 소통만이 실질적인 인맥을 만든다. 시간이 흐르고 상황이 변해도 사람들은 어릴 적 친구를 가장 친밀하게 여긴다. 그 이유는 뭘까? 그것은 바로 함께 성장했기 때문이다. 바쁘게 이리저리 뛰어다니고 넘어지기도 하면서 기쁨과 슬픔을 함께 나누고 서로 이해하고 서로의 속마음을 터놓으면서 만들어진 감정은 견고해서 아무리 오랫동안 얼굴을 못 봐도 다시 만나면 더욱더 친밀감을 느낀다. 이것이 바로 실질적인 인맥의 장점이다.

성공하고 싶은 사람이 절대로 포기하면 안 되는 것은 손을 잡는 능력이다. 손가락, 자판, 화면을 통해서가 아니라 당신의 손을 뻗어 상대의 손을 잡고 서로의 온기를 나누며 진심을 상대에게 표현하라. 이것이 가장 직접적인 방법이다. 손을 뻗어 잡은 것이 바로 당신의 인맥이자 당신의 미래다.

신용을 지키는 일의 중요성

— "아버지가 돌아오시면 돼지를 잡아서 먹여주마"

언어적 소통과 인맥의 의미를 이야기했는데, 이들은 왜 쉽게 변하며 예측할 수도 없을까? 이 소중한 자산이 과연 역경에 처했을 때 도움이 될까? 인맥은 정말로 가장 필요한 순간에 새로운 희망을 가져다줄 수 있을까? 이러한 질문은 성공하고 싶다면 반드시 주목해야 할 문제이자 더욱 멋지고 안정된 인생을 살기 위해서 반드시 이해해야 할 부분이다.

"무너지는 담을 사람들이 달려들어 민다(墻倒衆人推)." 이것은 인간관계 변화를 아주 잘 묘사한 말이다. 명성이 자자할 때는 전국에서 영웅호걸들이 몰려와 호형호제하려고 한다. 그러나 곤경에 처하면 함께하겠다던 그 많은 '형제'들이 하나둘씩 떠나면서 문전성시를 이루던 집 앞은 어느덧 사람의 발길이 끊기고 만다. 이것이 바로 역경 속에서 인맥의 변화다.

인맥의 변화를 살펴보면 우리는 역경에 빠질 때마다 친구를 잃거나 인맥을 잃는다. 이는 거의 필연적으로 발생하는 손실이다. 굉장히 운이 나쁠 때는 가족만이 유일하게 곁에 남아 있을 것이다. 인맥은 후천적으로 획득하는 것이기 때문에 본질적으로 불안정하다. 역경에 빠졌을 때 원래는 좋았던 친구들이 곁을 떠나가더라도 실망하거나 분노하지 말라. 이러한 현상은 자연의 법칙이자 필연적으로 발생하는 일이다. 탓하려거든 실패한 자신과 과거에 견고한 인맥을 맺지 않은 자신을 탓하라.

크나큰 고난이 오면 수많은 인맥이 하나둘씩 끊어진다. 이럴 때는 오히려 긍정적인 마음으로 누가 진정한 친구이고 누가 좋을 때만 함께하는 가짜 친구인지를 확실히 구분하는 계기라고 생각하라. 이러한 마음가짐은 아주 훌륭하다. 앞에서 모든 고난은 삶이 주는 소중한 자산이라고 말한 바 있다. 역경을 이용해 주변의 진짜 인맥과 가짜 인맥을 구분하고 삶이 가르쳐주는 사회 수업을 듣는다고 생각하는 것이다. 마음을 차분히 가라앉히고 이 기회를 잘 이용하면 앞으로의 삶에서 더 많은 진짜 인맥을 만들 수 있고 친구를 판별하는 능력도 상당히 향상될 것이다.

역경 후유증을 극복하려면 인맥의 변화에 히스테릭하게 원망을 쏟아내서는 안 된다. 냉정하게 상황을 바라보며 다른 사람이 돕든 돕지 않든 사람이란 원래 높은 곳으로 향하기 마련이라는 불변의 진리를 마음 깊이 이해해야 한다. 그 누구도 아무 조건 없이 도움의 손길을 내밀 의무는 없다. 다음 사항을 명심하라.

첫째, 이해하는 법을 배워라. 역경 속에서 인맥이 하나둘씩 끊어지기 시작했는가? 그렇다면 한번 입장을 바꿔서 생각해보자. 만일 다른 사람이 고난에 빠졌고, 당신이 뭔가를 선택해야 할 상황이라면 계속해서 그 사람을 따를 것인지, 아니면 그에게 영향 받을 것이 두려워 잠시 거리를 둘 것인지 차분히 생각해보자. 다른 사람의 입장이 되어 생각해본다면 마음이 그렇게 실망스럽고 아프지만은 않을 것이다. 다른 사람이 그런 행동을 한 이유를 이해하면 마음속 분노도 잠잠해지기 때문이다.

둘째, 관용을 베풀어라. 너그러운 마음으로 다른 사람을 대하는 것은 어릴 때부터 배워 온 미덕이다. 역경에 처했을 때 어떤 인맥은 돕기는커녕 오히려 비난하고 공격할 것이다. 그러면 많은 사람이 냉정함을 잃고 길길이 날뛰며 더 잘못된 결정을 해서 스스로 헤어날 수 없는 궁지로 밀려 들어간다. 그럴 때는 자신에게 말하라. "저 사람이 저러는 데는 어쩔 수 없는 이유가 있겠지." 그러고는 상처를 준 사람에게 관용을 베풀어라. 너그러운 마음으로 불공평함을 마주하라. 다른 사람을 용서하는 동시에 자신의 잘못도 용서하면 새로 시작할 가능성이 생긴다.

셋째, 나아갈 때와 물러날 때를 구분하라. 역경 속에서 인맥의 변화를 차분히 관찰하면서 자신을 과대평가해 굴욕을 자초하는 나쁜 상황을 만들지 말라. 어떤 사람은 어떤 식으로 부탁하든 도와주지 않는다. 역경에서 벗어날 희망을 절대로 다른 사람에게 걸지 말라. 진정으로 당신을 도울 이는 당신 자신밖에 없다. 인맥이 끊어질 것 같으면 최대한 만류해보고 그래도 안 되면 웃는 얼굴로 보내줘라. 고통을 함께할 수 없다면 최소한 자기 자신의 존엄성을 유지하고 사이가 완전히 틀어진 채로 헤어지지 말라. 언젠가 다시 만날 수도 있고 서로 도움이 될 수도 있다.

인맥에서 나타나는 역경 후유증의 가장 중요한 특징은 바로 '의심'이다. 세상과 인정의 무상함을 경험하고 배신의 고통을 맛보며 역경을 딛고 힘겹게 일어서고 나면 더는 처음처럼 천진하고 순수하지만은 않게 된다. 이것은 나름대로 소중한 경험이자 성장이다. 그러나 의심이 지나치면 앞으로의 인생에 부정적인 영향을 미칠 위험이 크다. 아무도 믿으려 하지 않는 사람이 어떻게 진실하게 자신의 일생을 끝까지 걸어갈 수 있겠는가?

한 선사가 캄캄한 길을 걸어가고 있었다. 길이 너무 어두워 행인끼리 자주 부딪쳤고 이 선사도 다른 이와 몇 차례 부딪쳤다. 계속 앞으로 걸어가는데 멀리서 등롱을 들고 걸어오는 사람이 보였다. 이때 선사의 옆에 있던 행인이 말했다. "참 특이한 장님이야. 눈도 안 보이면서 매일 밤에 등롱을 들고 다니는 걸 보면!"

선사가 장님에게 물었다. "정말로 아무것도 안 보이는 거요, 아니면 조금은 보이는 거요?"

장님이 대답했다. "아무것도 안 보입니다."

선사는 더욱 이해할 수 없어서 다시 물었다. "그렇다면 왜 등롱을 가지고 다니는 거요? 등롱이 어떤 모양인지, 불빛이 어떤 느낌인지도 모르지 않소."

장님이 말했다. "매일 밤이 되면 사람들도 저처럼 장님이 된다고 들었습니다. 밤에는 불빛이 없으니 말입니다. 그래서 밤에 등롱을 들고 나왔습니다."

선사가 큰 깨달음을 얻은 듯 감탄하며 말했다. "알고 보니 이 모든 것이 다른 사람을 위한 것이었구려."

장님이 잠시 생각하다가 대답했다. "아닙니다. 제 자신을 위한 일입니다!"

선사는 이해가 되지 않아 다시 물었다. "그게 무슨 말이오?"

장님이 반문했다. "방금 걸어오면서 다른 사람과 부딪치지 않으셨습니까?"

선사가 대답했다. "부딪쳤소. 방금만 해도 두 사람과 부딪쳤소."

장님이 말했다. "보십시오. 비록 저는 아무것도 볼 수 없지만 제가 등롱을 들고 있으니 다른 사람이 저를 볼 수 있지 않습니까? 이것은 제가 다른 사람과 부딪치지 않기 위함입니다."

다른 사람을 돕는 일은 때때로 자신을 돕는 일이다. 우리는 역경에 처했을 때의 나날을 평생 잊지 못한 채 가슴에 담아두곤 한다. 인맥이 변하고 친한 친구의 진심이 변하는 모습을 지켜보는 절망스러운 고통을 또다시 겪고 싶은 사람은 없다. 그래서 더욱 신중하게 새로운 친구를 고르고 더욱 조심스럽게 자신만의 인맥을 만든다. 이것은 당연하고 옳은 일이다. 그러나 친구를 신뢰하지 않으면 제자리에서 맴돌 뿐 앞으로 나아가지 못한다.

역경에서 벗어나 새로운 친구와 교제할 때 의기소침해하거나 우정을 불신하지 말라. 이 세상은 변할 뿐이지 추한 것은 아니다. 세상에는 여전히 아름다운 것들이 훨씬 많다. 새로운 친구가 생기고 당신이 진심을 쏟을 만한 사람이라고 생각한다면 진심을 내보이는 일에 인색해지지 말라. 더 좋은 인맥을 만들어 다시 정상으로 올라가려고 노력하라. 친구를 영원히 믿는 마음이야말로 더 높은 경지에 오르는 데 도움을 주는 '사다리'가 된다.

카를 마르크스는 "우정은 충성이라는 씨를 뿌리고 열정이라는 물을 주며 원칙으로 키우고 이해로써 보호해야 한다"라고 했다. 묵자(墨子)는 "말은 신용이 있어야 하고 행동은 결과가 있어야 한다"라고 했으며 공자(孔子)는 "친구와 사귐에 있어서는 말에 믿음이 있어야 한다"라고 했다. 신용은 인간관계에서 반드시 지켜야 할 신조다. 적대적인 쌍방이 협상하려면 반드시 신용을 지켜야 하고, 사업에서 쌍방이 거래할 때도 신용을 지켜야 하며, 상하 관계에서 말할 때도 신용을 지켜야 한다. 심지어 부모가 이제 막 철이 든 아이에게 이야기할 때도 신용을 지켜야 한다. 역사적으로 이와 관련된 유명한 일화가 하나 있다.

증자(曾子)의 아들이 쉬지 않고 난동을 부리자 증자의 아내가 아들을 속이며 말했다. "아버지가 돌아오시면 돼지를 잡아서 먹여주마."

집으로 돌아온 증자는 아내가 아들에게 이렇게 말한 것을 알고는 칼을 들고 돼지를 죽였다.

증자는 아들을 양육할 때도 신용을 지켜야 한다는 의식을 갖고 있었던 것이다.

역경에 빠졌다고 두려워할 필요 없으며 인맥이 변했다고 분노할 필요도 없다. 역경에서 벗어났다면 더는 절망하지 말고 새로운 인맥을 맺었다면 더는 의심하지 말라. 그래야 인생이 즐겁다. 때때로 불행은 삶이 아무것도 주지 않아서가 아니라 우리가 자신에게 아무것도 주지 않아서 생긴다. 스스로 역경에서 벗어나는 법을 배우고 역경에서 인맥을 구별하는 법을 배워라. 어떤 상황에서든 인맥을 직접 끊어내지 말라. 삶이 언제나 순조로울 수만은 없으며 이 세상에 영원한 것은 없다. 황금처럼 단단하고 진실한 마음으로 모든 사람을 대하라. 그러면 삶은 반드시 그에 따른 보답을 해줄 것이다.

'꽃이 시들면 나비도 안 온다'는 인생 이치를 깨달아라

앞서 말했듯이 역경에 처했을 때 당신을 무너뜨리는 것은 역경 그 자체가 아니라 당신 마음속의 절망이다. 이 절망의 심리 상태가 투지를 갉아먹고 일격에 쓰러지도록 만든다. 그렇다면 절망에서 벗어나는 데 인맥은 어떤 역할을 할까?

인맥은 혈관처럼 삶의 여러 부분과 연결되어 있다. 각각의 인맥에서 갈라져 나온 각기 다른 친구 그룹은 서로 다른 감정을 관리한다. 절친한 친구는 삶에서 벌어지는 즐거운 일과 힘든 일을 함께하고 가족은 귀속감을 느끼게 해주는 존재로 삶의 고단함을 함께 경험한다. 동료는 다양한 계획을 완수하고 업무 영역을 확립할 수 있도록 돕고 상사는 더 높은 자리로 올라가려는 희망을 통제한다. 이처럼 누구나 자신만의 인맥 시스템을 갖고 있다. 사람들은 인맥을 유형별로 구분해 다른 태도와 말투, 감정으로 대한다. 이것이 바로 삶에서 인맥의 중요한 역할이다.

그러나 역경에 빠졌을 때는 이러한 인맥이 꽉 막혀서 본래 기능을 수행하지 않는 듯 우리 몸과 마음은 불쾌하고 나쁜 기분을 느끼게 된다. 특히 친한 친구에게 배신을 당하거나 신뢰하던 파트너에게 도움을 받지 못하면 슬프고 절망적인 감정이 마음속에 남는다. 이러한 부정적인 감정이 마음속에서 널리 퍼지도록 놔두면 빠르게 인맥 네트워크를 통해 주변에 있는 모든 사람에게 전달된다. 그러면 정상적으로 작동하던 인맥도 영향을 받아 더 곤란하고 더 깊은 역경에 빠지게 된다.

감정은 움직이고 인맥은 변한다. 부정적인 감정과 긍정적인 감정은 인맥을 거쳐 주변 사람들에게 전달된다. 역경에 처했을 때 어떤 상황에서도 고립무원의 상태가 되지 않는 이유는 언제나 함께하는 사람들이 있기 때문이다. 절대 그럴 일은 없겠지만 만약 법을 어겨서 감옥에 가더라도 가족은 당신을 버리지 않을 것이기에 여전히 감정을 교류할 인맥을 갖고 있는 셈이다. 그렇다면 역경 속에서 부정적인 감정을 다른 사람에게 전달하지 않고 배출할 수는 없을까? 아니면 우리에게 진심 어린 관심을 보이는 사람들이 불어넣는 긍정적인 에너지로 마음속 절망을 없앨 수는 없을까?

물론 가능하다.

'꽃이 시들면 나비도 안 온다'는 말은 실제로 존재하는 사회 현상이다. 권력을 가져보았다면 이 말이 더욱 감회 깊게 다가올 것이다. 권력의 자리에 있을 때 엄청난 공을 세우진 않았어도 열심히 일했는데 왜 권력에서 물러나자마자 사람들은 매정하게 구는 걸까? '꽃이 시들면 나비도 안 온다'는 말은 그 사람이 권력의 자리에 있을 때의 행동과 품성, 태도 그리고 뭇사람들의 평가와 감정을 마치 거울처럼 여지없이 비춰주는 말이기도 하다. 어떤 사람이 높은 자리에 있을 때 자나 깨나 국민만 생각하며 자신은 돌보지 않았다면 자리에서 물러나거나 세상을 떠난 뒤에도 사람들은 언제나 그를 그리워하기 때문에 '나비'는 영원히 '꽃'을 찾아간다. 그러나 높은 곳에서 아래를 내려다보며 기세등등하게 권력을 남용하고 국민의 고통에는 무관심한 채 심지어 뇌물을 받아먹고 불법을 저지르고 사리사욕만 채웠다면 상황은 달라진다. 그가 권력의 자리에서 내려왔기에 사람들의 인심이 변한 것이 아니라 모두 그가 내려오기만을 기다렸으며 그를 끌어내리지 못한 것을 한스러워하고 있었던 것이다. 이런 사람에게는 '꽃이 시들면 나비도 안 온다'는 말조차 아깝다.

사실 '꽃이 시들면 나비도 안 온다'는 말은 정상적인 현상이다. 권력의 자리에 있을 때는 집 앞이 방문객으로 시끌벅적하다. 어떤 사람들이 찾아오는 걸까? 한 부류는 상황을 보고하고 문제를 논의하고 업무 진행을 알리는 등 일을 위해 찾아오는 사람들이다. 다른 부류는 아부하고 환심을 사고 저마다의 속셈이 있어서 찾아오는 사람들이다. 일을 위해 오던 사람들은 당신이 퇴직하면 논의할 일이 없으니 자연히 매일 찾아올 필요가 없다. 그리고 인간관계의 관점에서 만일 예전에 접촉하던 사람들 대부분이 권력을 좇고 이익만 탐하는 소인이라면 권력을 잃은 당신을 찾아올 이유가 없다. 이렇게 생각하면 자리에서 물러난 후에 방문객의 발길이 뜸해지는 것은 정상적인 일이 아닌가? 이를 통해 우리가 얻어야 할 교훈이 있다. 그것은 바로 착하고 성실하고 올바르고 정을 소중하게 여기는 친구를 많이 사귀어야 한다는 사실이다. 욕심이 없고 한결같은 친구만이 영원히 당신을 버리지 않는다.

'꽃이 시들면 나비가 안 오는 것'이 꼭 나쁜 것만은 아니다. 위선적이고 쓸데없는 인맥이 끊어지면 오히려 당신을 향한 진정한 관심과 따스함이 더 잘 느껴지기 때문이다. 진실한 친구들의 격려와 응원은 역경에 처했을 때 가장 필요한 것이기도 하다. 주변 사람들의 진면목을 정확히 보고 나면 자신이 절대로 쓰러져서는 안 된다는 사실도 명확히 깨닫게 된다. 옆을 지키는 몇 안 되는 사람들을 위해서라도 절망에 잠식당하면 안 된다. 희망을 주는 사람이 있고 필요로 하는 사람이 있는 것만으로도 당신은 존재할 가치가 있다. 이것이 바로 역경 속에서 진정한 인맥의 힘이 필요한 이유다.

역경에 처했을 때 절망을 배출하는 것은 마치 물이 범람하는 시기에 수문을 열어 방류하는 것과 같다. 그래서 인맥이 많으면 절망을 배출하기도 훨씬 좋다. 가족에게 당신의 불행을 말하기를 두려워하지 말고 다른 사람과 당신의 고통을 나누기를 두려워하지 말라. 곁에서 시시콜콜한 말을 듣고자 하는 사람은 틀림없이 당신에게 관심을 갖고 있는 사람이다. 그들은 기꺼이 시간을 내어 고통을 분담하고 감싸주며 당신이 다시 희망을 갖도록 도울 것이다. 이것이 바로 인맥을 이용해 절망을 무너뜨리는 방법이다.

고통을 나누는 것을 두려워하지 말라. 때론 나눔도 행복이 된다. 많은 사람이 자신의 절망을 다른 사람에게 말하기를 꺼리며 혼자서 묵묵히 감당하려고 한다. 그러나 알고 있는가? 당신이 가족과 고통을 나눔으로써 가족은 당신에게 존재 가치를 인정받았다고 생각할지도 모른다. 그들이 실질적인 도움을 주진 못해도 가장 진실한 희망을 줄 수는 있다.

쓸데없는 고집으로 긍정 에너지가 거꾸로 흐르게 하지 말라. 역경에 처했을 때 부정적인 감정을 인맥을 통해 배출하라고 했지만 주변 사람이 좋은 말로 충고할 때 지나치게 고집을 부려서는 안 된다. 상대의 말이 옳지 않더라도 말의 행간에 숨어 있는 관심과 위로에 귀를 기울여라. 역경을 쳐부술 수 있는 것은 당신뿐이지만 역경을 쳐부수는 동력은 주변의 친구와 가족에게서 나온다. '남의 충고를 들으면 밥 굶는 일은 없다'는 말이 있다. 긍정 에너지가 마음속으로 들어오려고 할 때 저항하거나 거부하지 말고 긍정 에너지가 절망을 중화하도록 시도해보자. 어쩌면 이 따뜻한 기류로 인해 역경을 벗어날 수 있는 출구와 빛을 발견하게 될지도 모른다.

앤드루 카네기는 말했다. "당신과 대화하는 사람은 자신의 요구와 일이 당신의 일보다 훨씬 중요하다. 일상생활에서 자연 재해로 수만 명이 다치고 사망한 일보다 당장 자신의 치통이 중요하고 대지진보다 당장 자기 머리에 생긴 부스럼에 더 많은 관심을 가진다." 경청할 줄 아는 사람이 되어 다른 사람의 충실한 청중이 되자. 그러면 상대는 자기를 주목하는 것을 느끼고 호감이 생겨 기꺼이 당신과 인간관계를 맺으려고 할 것이다. 반대로 다른 사람과 대화할 때 진심으로 듣지 않거나 말을 가로채면 상대는 흥미를 잃게 되고 나중에는 당신과 대화하려고 하지 않는다.

역경에 처했을 때 인맥에서 생기는 긍정 에너지를 받아들이는 것은 마음속 절망을 중화하고 새로운 전투 동력을 얻는 방법이다. 평소 생활에서 진정한 인맥을 많이 맺으라는 말은 이른바 '인맥'을 맺기 위해 주변에서 손쉽게 얻을 수 있는 감정을 소홀히 하지 말라는 뜻이다. 월급을 위해 가정을 소홀히 하지 말고 나이와 세대 차이로 인해 부모와 연장자를 소홀히 하지 말며 이익 관계로만 이루어진 낯선 사람 때문에 진심으로 대하는 친구를 소홀히 하지 말라. 이처럼 진심을 지닌 인맥은 이익을 위해 힘겹게 맺은 인맥보다 백배는 유용하다. 역경에 처했을 때 가장 따스한 온기를 줄 수 있는 사람은 당신에게 진심인 사람들뿐이다.

사람들은 낯선 이에게는 예의를 갖춰 정중히 대하면서 가까운 사람에게는 상처를 주곤 한다. 누구나 역경에 빠질 수 있다는 사실을 알았다면 오늘부터 주변에 있는 진정한 인맥에 관심을 갖고 당신을 진심으로 대하는 사람을 진심으로 대하라. 어떤 사람은 진심으로써 평생 지킬 가치가 있다. 흔들리지 않는 진정한 인맥을 구축하면 절대로 돌아올 수 없는 심연에 빠진다고 할지라도 언제나 당신을 비추는 온기가 있고 절망에서 조금씩 멀어지게 하는 사람들이 있다는 사실을 깨닫게 될 것이다.

소통과 신뢰로 당신을 역경에 빠뜨리는 '바벨탑'을 무너뜨려라

『구약 성경』「창세기」 제11장 1~9절은 다음과 같다.

> 온 땅의 언어가 하나요 말이 하나였더라. 이에 그들이 동방으로 옮기다가 시날 평지를 만나 거기 거류하며 서로 말하되 자, 벽돌을 만들어 견고히 굽자 하고 이에 벽돌로 돌을 대신하며 역청으로 진흙을 대신하고 또 말하되 자, 성읍과 탑을 건설하여 그 탑 꼭대기를 하늘에 닿게 하여 우리 이름을 내고 온 지면에 흩어짐을 면하자 하였더니 여호와께서 사람들이 건설하는 그 성읍과 탑을 보려고 내려오셨더라. 여호와께서 이르시되 이 무리가 한 족속이요 언어도 하나이므로 이같이 시작하였으니 이 후로는 그 하고자 하는 일을 막을 수 없으리로다. 자, 우리가 내려가서 거기서 그들의 언어를 혼잡하게 하여 그들이 서로 알아듣지 못하게 하자 하시고 여호와께서 거기서 그들을 온 지면에 흩으셨으므로 그들이 그 도시를 건설하기를 그쳤더라. 그러므로 그 이름을 바벨이라 하니 이는 여호와께서 거기서 온 땅의 언어를 혼잡하게 하셨음이니라. 여호와께서 거기서 그들을 온 지면에 흩으셨더라.

철학자들은 바벨탑을 '서로 다른 언어와 불가능한 소통'의 상징으로 이해했다. 바벨은 '혼란'이라는 뜻이다. 『성경』에 기록된 이 이야기는 사람들에게 오만하지 말며 자신이 모든 것을 할 수 있다고 착각해서도 안 된다는 사실을 알려준다. 그러나 나는 이 이야기가 언어와 소통의 중요성을 알려준다고 생각한다. 하나의 언어로 정보를 전달해 서로의 경험을 이해할 수 있다면 우리는 전례 없이 단결하여 세상을 놀라게 할 큰일을 해낼 수 있다. 여기서 신과 종교에 대한 논의는 차치하고 소통의 거대한 잠재력과 매력을 이야기하려고 한다.

어릴 때 나는 왜 나라마다, 심지어 같은 나라에서도 지역마다 사람들이 다른 언어로 이야기하는지 궁금했다. 공통점을 찾을 수 있는 언어도 있지만 완전히 다른 출발점에서 비롯되어 닮은 구석이 하나도 없는 언어도 있다. 누구나 한 번쯤 온 세상이 하나의 언어로 말하면 참 좋겠다는 생각을 해봤을 것이다. 이러한 바람을 단순히 유치한 것으로 치부할 수만은 없다. 왜냐하면 이는 소통을 향한 갈망이기 때문이다.

주위 사람과 편안하게 소통할 수 있다면 많은 오해를 풀 수 있고 필요한 도움을 얻을 수도 있다. 주위 사람과 아무런 장애 없이 소통할 수 있다면 더 많은 일이 훨씬 빠르고 효율적으로 이루어질 것이다. 따라서 소통은 자신을 위해 반드시 조성해야 할 분위기다. 특히 역경에 처했을 때 소통은 때때로 생명줄이 되기도 한다.

실제 업무에서는 같은 언어로 말할지라도 각기 다른 소통 방식과 표현이 존재한다. 이처럼 서로 다른 방식으로 소통하고 표현하는 이유는 환경과 업무적 필요 때문이다. 따라서 어떤 언어를 사용하든지 소통의 중요성을 부정할 수는 없다.

오늘날에는 자판을 두드리는 데 익숙해 손가락이 훨씬 많이 쓰인다. 이러한 소통 방식은 어느 정도는 시대적 흐름으로 현대 사회에 적합하다. 그러나 입과 귀로 주고받지 않은 교류는 영혼이 없는 소통이다. 언어가 자판을 두드리는 소리로 변할 때 인류의 바벨탑이 탄생한다.

사람은 역경 속에서 스스로 바벨탑을 짓는다. 이러한 격리는 내면에서부터 시작되는데, 역경에 빠졌을 때 제일 먼저 하는 생각은 진심으로 이해해주고 도와주는 사람이 없다는 것이다. 이러한 감정은 진정한 도움의 손길을 거부하게 만들고 출구를 보지 못하도록 두 눈을 가린다. 자신이 쌓아 올린 이 심리적 바벨탑 때문에 오랫동안 역경 속을 헤매며 역경에서 벗어나지 못한다.

실제로는 역경에 처했을 때 주위에 있는 사람은 모두 당신을 도우려는 이들이다. 그러니 도움이 필요한 일을 말하라. 과감하게 입 밖으로 꺼내면 분명히 누군가는 조언해줄 테고 당신은 더 빨리 출구를 찾을 수 있다. 이러한 상황에서 바벨탑을 무너뜨리는 최고의 무기는 신뢰다. 곁에 있는 사람을 믿기로 선택하는 것은 곧 소통을 선택한다는 의미이며 고통을 다른 사람과 나누기를 선택한 것이다. 소통이 더는 문제가 되지 않을 때 바벨탑은 더 이상 당신을 역경 속에 가둬두지 못할 것이다.

절망적인 상황이나 고단한 역경에 빠졌을 때 다른 사람과 지혜롭게 소통하는 법을 배우려고 노력하고 마음의 문을 열어라. 현대의 '바벨탑'이 당신을 소통 없는 궁지로 밀어 넣고 내면의 성벽이 당신을 외딴섬에 내던지도록 방치하지 말라.

미국의 월간 잡지 《리더스다이제스트》에 이런 이야기가 실린 적이 있다.

아리땁고 가냘픈 어린 포도 덩굴이 있었다. 어린 포도 덩굴은 세상살이를 즐거워하며 토양에서 수분과 영양분을 흡수하고 햇빛에서 에너지를 얻어 힘껏 위로 자랐다. 혈기왕성한 어린 포도 덩굴은 혼자서 삶을 잘 헤쳐나갈 수 있다고 믿으며 모든 것을 자기 힘으로 해내려고 했다. 그러나 어느덧 겨울이 오고 비바람이 거세지고 눈보라가 휘몰아치자 포도 덩굴은 심각한 피해를 입어 시들시들해지고 병든 줄기로 변했다.

혹독한 상황에서 어린 포도 덩굴은 극도로 절망했지만 겨울은 끝날 기미가 보이지 않았고 줄기는 메말라서 힘이 없었다. 어린 포도 덩굴은 자신이 할 수 있는 일은 아무것도 없다고 느꼈다. 이때 다른 포도 덩굴이 크게 소리쳤다. "여길 봐! 줄기를 뻗어서 여기, 내 몸을 잡아봐."

어린 포도 덩굴은 머뭇거렸다. "그게 무슨 뜻이니? 나는 지금껏 모든 걸 혼자의 힘으로 해냈어. 그런데 어떻게 남의 도움을 받아? 그냥 이렇게……."

한참 동안 치열하게 고민한 끝에 드디어 어린 포도 덩굴이 조심스럽게 다른 포도 덩굴을 향해 줄기를 뻗었다.

"그것 봐. 내가 도울 수 있잖아." 다른 포도 덩굴이 큰 소리로 외쳤다. "네 줄기로 내 몸을 감아. 내가 일으켜줄게."

그 말대로 하자 어린 포도 덩굴은 순식간에 다시 똑바로 일어설 수 있게 되었다.

거센 바람이 지나가고 폭우와 폭설이 쏟아지며 위험이 생길 때마다 어린 포도 덩굴은 다른 수많은 포도 덩굴에 꼭 붙어 있었다. 몸을 가누기 힘든 바람에 이리저리 흔들리고 얼음장처럼 차가운 눈 속에서 바들바들 떨었지만 집단의 힘에 기대어 언제나 웃으며 성장했다.

며칠 후 또 한 차례 눈바람이 불어닥쳤다. 어린 포도 덩굴은 고개를 숙이다가 꼬마 덩굴이 이리저리 흔들리는 모습을 발견했다. 잔뜩 겁에 질린 모습이었다. 어린 포도 덩굴은 자기보다 작은 포도 덩굴에게 말했다.

"자, 이리 와. 네 줄기를 내 몸에 올려놔. 내가 도와줄게."

그들은 똘똘 뭉쳐서 함께 성장했다. 이윽고 무성한 잎사귀가 돋아나고 꽃이 활짝 피어난 뒤 마침내 수정처럼 탱글탱글한 포도가 가득 열렸다.

소통은 바벨탑을 무너뜨리는 유일한 무기이자 역경에 대응하는 가장 강력한 반격이다. 언제나 미소를 지으며 주위 사람에게 믿음을 보여라. 소통을 원하고 도움이 필요하다는 눈빛을 보여라. 도움을 요청하는 것은 창피하거나 부끄러운 일이 아니다. 도움을 요청하는 것은 소통의 일종이자 상호 간의 신뢰를 구축하는 가장 효과적인 방식이다. 다른 사람의 도움을 받아들이고 다른 사람을 돕는 법을 배워야 다시 단결하여 현대 사회의 바벨탑을 무너뜨리고 역경의 파급력을 없앨 수 있다.

Chapter 7

원망의 마음이 역경을 숙주로 삼지 않게 하라

강렬한 자기 혐오는 종종 더 큰 분노를 부추긴다.
이러한 혐오감은 역경에 빠졌을 때 더욱 강렬하게 나타난다.
연구에 따르면 자신의 분노로 제일 쉽게 다치는 사람은
자신과 가장 친밀한 사람들이다. 혐오감은 전염된다.
원망으로 촉발된 부정 에너지는
절망이 커짐에 따라 주위로 끝없이 퍼져나간다.

고흐에게 인내하는 법을 가르쳐준
광부 노인

유난히 쉽게 화내고 분노하고 조급해하며 자극에 취약한 사람들이 있다. 이처럼 강렬한 감정은 정상적인 업무에 막대한 영향을 준다. 비교적 온화한 부정적인 감정에 비해 분노라는 강렬한 부정적인 감정은 순간적으로 화를 머리끝까지 치솟게 해 잘못된 결정을 내리게 한다. 이로써 전체 상황은 더욱 악화되고 완벽한 패배를 맛보게 된다.

분노는 도대체 어디서 오는 걸까? 우리 내면은 왜 갑작스럽게 이러한 부정적인 감정에 사로잡히는 걸까? 분노는 자신을 향한 것인가, 주변 사람을 향한 것인가? 분노에는 여러 종류가 있다. 때때로 일이 원하는 대로 되지 않아 분노하고 마땅히 받아야 할 신임을 받지 못해 분노하며 주위에 있는 동료가 모든 것을 망쳐버려서 분노한다. 또한 자신의 실수 때문에 분노하기도 한다. 즉 실패로 인해 생긴 분노는 정의감에서 비롯된 분노와 완전히 다른 문제로, 더 정확히는 수치심에서 생긴 분노라고 말할 수 있다.

여기서 이야기할 분노는 타인이 불공정한 대우를 받는 모습을 보고 마음속에서 피어오른 정의감에서 비롯된 분노가 아니다. 직장이나 일상생활에서 기대와 상반되는 일이 발생했을 때, 또 그 일의 발전 양상을 통제할 수 없을 때 생기는 무능력함에 대한 분노다. 정의감에서 비롯된 분노는 타인을 돕고 사회가 더 건강한 도덕적 가치관을 수립하도록 돕지만 무능력함에서 비롯된 개인적 분노는 단지 삶에 그림자만 드리울 뿐이다.

많은 경우 내면에서 생기는 분노는 타인 때문이 아닌 자기 자신 때문이다. 특히 역경에 빠져서 앞으로 어떻게 해야 할지 막막하기만 하고 역경을 어떻게 무너뜨려야 할지 도무지 알 수 없을 때 느끼는 분노는 종종 강렬한 자기 혐오에 빠지게 한다. 이러한 분노는 자신에 대한 불만, 현재 상황에 대한 불만 또는 업무에서의 어떤 상황에 대한 불만에서 비롯된다.

본래 자기 자신 또는 현재 상황에 대한 불만은 향상심을 부추긴다. 자신의 부족한 점을 발견하면 어떻게 해서든 부족한 부분을 채우고 능력을 향상시켜 환경에 더욱 잘 적응하려고 하기 때문이다. 그러나 유독 어떤 사람은 늘 불만인 상태에 머물며 실질적인 행동은 하지 않은 채 모든 것을 원망한다. 그들은 모든 것을 불평하지만 아무것도 바꾸려고 하지 않는다. 대신 그들은 분노한다. 현재 상황이 불만족스럽게 흘러가고 있지만 자신이 할 수 있는 일은 아무것도 없다고 느끼기 때문이다. 이러한 분노가 발생했다면 그들은 이미 역경 속에서 원망만 일삼으며 오래 머문 상태다.

이 밖에 주의 깊게 살펴본 적이 있는지 모르지만 우리 삶에는 다음과 같은 현상도 존재한다. 아주 작은 일이라도 뜻대로 되지 않으면 원망을 품고 끊임없이 불평불만을 쏟아내는 사람이 있다. 그들은 스스로 부정적인 감정을 끊임없이 만들어내다가 마지막에 가서는 불같이 분노하거나 심지어 인생을 혐오하기 시작한다. 기본적으로 이러한 분노는 내면의 원망에서 비롯된다. 일반적으로 마음에 거슬리는 일이 생기면 원망스러운 마음이 드는 것은 정상이다. 그러나 한도 끝도 없는 원망은 내면에 분노의 불씨를 차곡차곡 쌓아두는 것과 같다. 분노의 불씨는 한계에 도달하면 커다란 횃불이 되어 평온한 내면을 남김없이 태워버린다.

어떠한 상황에서도 침착함을 잃지 않는 사람이 되고 싶다면, 성숙하고 진중한 사람처럼 보이고 싶다면 분노를 억누르고 원망을 자제하라. 역경의 절망이 닥쳤을 때 가장 먼저 해야 할 일은 마음을 안정시키는 것이다. 끊임없는 원망이나 불같은 분노를 쏟아내서는 안 된다. 원망을 잘 하지 않는 사람만이 자주 분노하지 않는다.

세계적으로 유명한 화가 빈센트 반 고흐는 화가가 되기 전 광산 마을에서 목사로 일한 적이 있다. 처음에 그는 칠흑같이 어두운 탄광과 덜컹거리는 승강기에 크나큰 공포를 느꼈다. 그러나 주위 사람들은 승강기가 그들을 끝을 알 수 없는 어두운 동굴로 데려가는 소리를 들으면서도 평온해 보였다. 그 순간 고흐의 눈앞에 마치 지옥으로 끌려들어가는 듯한 환각이 나타났다. 그는 자신의 재능이 여기서 묻히고 말 것이라는 생각과 이곳 사람들이 자신을 사람 취급하지 않는 것 같다는 생각에 분노하는 한편 공포를 느꼈다.

어느 날 고흐는 나이 지긋한 광부를 만났다. 그는 마치 열악한 주변 환경에 아무것도 느끼지 못하는 것 같았다.

"여러분은 이런 환경에 적응이 되어 아무런 공포도 느끼지 못하는 건가요?" 고흐가 노인에게 물었다.

"적응이요?" 노인은 이 말을 반복하며 이상하다는 듯 고흐를 힐끗 바라보았다. "이런 생활에 적응하는 건 불가능해요. 우리도 항상 두려움을 느낀답니다. 다만 자제하고 인내하는 법을 배웠을 뿐이죠."

노인의 말은 고흐에게 큰 깨달음을 주었다. 수년이 지나 화가로 살아가면서도 고흐는 노인과 같은 삶의 태도를 추구하며 뜻대로 되지 않는 일에 자제심과 인내심을 갖는 법을 배웠다.

우리 힘으로 어찌 할 수 없는 일은 언제나 존재하기 마련이며 인내는 모든 고난에 있어 최고의 치료제다. 역경에 빠져서 아무것도 바꿀 수 없다면 자제하고 인내하는 것만이 가장 좋은 방법이다.

내면의 분노를 자제할 줄 아는 사람은 자연히 역경에 대처하는 다양하고 효과적인 방법을 갖고 있다. 이러한 방법은 역경 속에서 원망만 일삼는 것보다 훨씬 큰 도움이 된다. 입을 닫고 마음을 가라앉히면 뇌가 일하기 시작해 어떻게 역경의 절망에서 벗어날지 사고하게 된다. 이것이 환경만 탓하는 사람들이 반드시 해야 할 일이다.

분노는 강렬한 부정 에너지다. 이처럼 강렬한 에너지는 신경의 정상적인 유연성과 대뇌의 정상적인 사고 능력을 상실케 한다. 분노가 내면을 점거하면 더 쉽게 분노하고 심지어 사람들에게 이용당한다.

따라서 분노가 느껴진다면 다음과 같은 행동을 취해보자.

첫째, 심호흡하라. 계속해서 심호흡하며 뇌세포에 충분한 산소를 공급하라. 이는 긴장을 풀고 내면을 평온하게 하는 데 도움이 된다.

둘째, 지나치게 분노했다면 그 자리를 떠나라. 이것이 창피하거나 도망치는 행동이라고 여기지 말라. 때론 후회할 일을 하기 전에 분노케 한 상황에서 자신을 멀리 떼어놓는 것이 더 큰 도움이 된다. 만회할 수 없는 일을 저지르는 것에 비하면 약간의 체면을 잃는 것은 아무것도 아니다.

셋째, 굴욕감으로 인해 분노를 느낀다면 원하는 만큼 실컷 울어라. 중의학에 '인체는 하나의 전체로 통하면 순조롭고 통하지 않으면 변한다'는 말이 있다. 울음이 터질 것 같다면 실컷 울어라. 이는 분노를 가장 빠르고 직접적으로 푸는 방법으로 잘못된 결정을 내리지 않게 해준다. 마음을 차분히 가라앉히고 나면 모든 상황이 좋아졌음을 발견하게 될 것이다.

넷째, 최대한 도발에 말려들지 말라. 극도로 분노했을 때는 나쁜 속셈이 있는 사람들의 꼬드김에 넘어가기 쉽다. 자기 자신을 통제하는 것은 힘들지만 반드시 억제할 수 있어야 한다. 분노를 느낄 때 누가 분노의 불길에 기름을 붓는다면 최대한 경계심을 높여 다른 사람을 위한 '개'가 되지 않도록 해야 한다.

원망이 불러오는 분노는 미래에 조금도 유익하지 않다. 모든 일이 순조로울 때 분노는 모든 것을 파괴하고 모든 일이 뜻대로 되지 않을 때 분노는 그 어떤 희망도 가져다주지 않는다. 어두컴컴한 밤에 고래고래 소리를 지르며 분노한다고 새벽이 일찍 오지 않는 것처럼 말이다. 역경의 어둠 속에 있다면 마음을 가라앉히고 분노가 두 눈을 가리게 하지 말고 아주 작은 희미한 불빛이라도 찾아라. 그곳이 바로 역경에서 벗어날 방향이다.

역경에 빠졌을 때 필요한 것은 분노가 아니라 냉정함이다

마음이 혼란하면 행동도 혼란해지고 머리가 맑지 못하면 실수하기 쉽다. 마음이 불안할 때 내린 결정은 문제를 일으킬 확률이 매우 높다. 누구나 이러한 이치를 잘 알고 있다. 혼란은 역경에 빠졌을 때 제 힘으로 벗어날 수 없게 만드는 가장 중요한 원인 중 하나다. 예로부터 중국의 성현들은 영예와 치욕에 흔들리지 않는 호수처럼 고요한 마음 상태를 지향했다. 마음이 맑아야 머리도 맑아서 사물의 본질을 가장 잘 꿰뚫어볼 수 있다는 사실을 알고 있었기 때문이다. 사물의 본질을 이해해야 근본적으로 발생 가능한 비극과 잘못을 피할 수 있다.

역경 지수는 글자 그대로 역경을 마주할 때의 지능 지수를 가리킨다. 역경 지수의 높고 낮음은 혼란을 마주할 때의 냉정함의 정도를 결정한다. 평범한 사람은 역경이 닥치면 본능적으로 공포를 느낀다. 이러한 공포는 때론 절망으로 때론 분노로 표출된다. 그러나 분노하고 나면 아무리 분노해도 상황이 바뀌지 않는다는 사실을 깨닫게 된다. 그래서 더욱 절망하고 결국에는 역경의 어둠 속에 주저앉아 다시는 일어서지 못한다.

마음속이 혼란하고 분노가 여기저기서 치밀어 오를 때 고개를 들고 하늘을 보라. 시야를 좁은 공간에 머물게 하지 말고 시야를 넓게 가지는 법을 배워라. 일상생활에서 우리를 죽음에 이를 정도로 공격하고 무너질 정도로 괴롭히는 일은 별로 없다. 단지 사람의 마음속에 있는 마귀가 장난질을 치는 것뿐이다. 내면의 혼란을 통제하는 법을 배워라. 분노가 머리끝까지 치솟을 때에도 냉정을 유지할 수 있다면 당신은 이미 성공한 사람이다.

능력 있는 사람은 화내지 않는다. 화를 낸다고 문제가 해결되지 않는다는 것을 잘 알고 있기 때문이다. 능력 있는 사람은 훨씬 이성적인 방식으로 자신의 감정을 처리한다. 물론 그들도 분노를 느끼고 마음이 혼란스러울 때가 있다. 하지만 그럴 때마다 그들은 화를 다스리는 가장 직접적인 방법을 찾음으로써 감정의 노예가 되지 않는다. 자신의 감정을 극복하고 어떠한 상황에서도 냉정함을 유지하는 사람은 잘못된 결정을 하지 않는다. 한동안 유행한 말처럼, 성질을 잘 다스리는 것도 능력이다.

물론 이러한 관점에 반대 의견을 가진 사람도 있을 것이다. 화내는 것은 자연스러운 감정 표출로, 사람은 감성적 동물이기 때문에 자신의 감정을 억누르는 것은 천성을 억누르는 것이라는 주장이다. 이 말도 일리가 있다. 모든 사람에게 감정이 있고 화가 날 때가 있다는 것은 당연히 인정한다. 그러나 예민함과 원망이 지나치면 원래의 분노를 초월하는 분노의 감정이 생겨나 내면에 심각한 부정적인 영향을 준다. 작은 분노는 삶에 그다지 영향을 주지 않는다. 오히려 소소하게 분노를 터뜨리는 것은 우울한 기분을 해소하는 데 도움이 되기도 한다.

그러나 마음이 혼란스러울 때 분노가 머릿속을 점거하면 정상적으로 사고할 뇌 용량이 남지 않는다. 따라서 선택을 앞두고 있거나 역경에 빠졌을 때 필요한 것은 절대로 분노가 아니다. 냉정함이다. 역경 속에서 분노는 더 깊은 심연으로 밀어 떨어뜨릴 뿐이다.

직장 또는 일상생활에서 불공평한 대우를 받거나 평정심을 유지하며 사고할 수 없을 때 '천성'이 이끄는 대로 머릿속을 분노로 가득 채워서는 안 된다. 성질을 통제해 분노를 적정 수준으로 제한하고 빠르게 냉정을 되찾을 방법을 모색해서 마음을 가라앉혀야 한다. 그래야 눈앞의 길을 명확히 바라보고 옳은 선택을 하고 사물의 본질을 꿰뚫어 볼 수 있다.

인생의 오르막길에 있을 때 분노는 자부심 또는 불만 때문에 생기고 역경에 처했을 때 분노는 대부분 무능력함에 대한 원망 때문에 생긴다. 역경 속에서 분노를 억제하려면 자신을 향한 원망과 혐오를 통제하고, 호수처럼 고요한 마음으로 분노에 휩싸여 정확한 출구를 찾지 못하고 여기저기 부딪치며 날뛰는 자기 모습을 똑바로 바라봐야 한다. 자기 자신을 정확히 인식해야 원망을 멈추고 새로 시작할 방향을 찾을 수 있다.

역경 속에서 마음이 혼란스러운 상황을 마주하면 자신에 대한 불만이 수많은 자기 원망의 부정적인 감정으로 확장된다. 이때 할 일은 고요한 마음 상태를 유지하는 것이다. 그래야 역경이 스스로 무너진다. 구체적으로 어떻게 해야 할까?

첫째, 선택 앞에서 조급해하지 말라. 급한 나머지 아무 선택이나 하지 말고 종이 한 장을 마련해 자신의 상황을 적어보자. 이렇게 하면 자신에게 필요한 것이 무엇이고 어떤 선택을 해야 하는지 한눈에 파악하는 데 도움이 될 것이다.

둘째, 마음이 혼란스럽다면 고요한 음악을 들어라. 음악의 힘을 절대 과소평가하지 말라. 편안한 음악은 대뇌 신경과 공명해 대뇌 신경을 이완시키고 이완된 대뇌는 사고력에 큰 도움을 준다. 고요한 음악이 마음을 평온하게 해주는 이유도 같은 이치다.

셋째, 마음의 평정을 잃었다면 주의력을 외부 활동으로 돌려서 마음을 안정시켜라. 달리기나 자전거 타기 등 운동으로 땀을 흘리면서 혼란스러운 마음을 운동의 리듬과 신진대사에 집중시키는 것도 좋다. 그러면 더는 마음이 괴롭지 않을 것이다. 때론 운동하는 도중에 번뜩이는 해답을 찾기도 한다.

넷째, 혼란스러움 때문에 자기 자신을 혼란스럽게 만들지 말라. 늘 당황하며 허둥대는 사람은 혼란한 모든 것을 두려워하거나 평소에 변화를 잘 예측하지 못하기 때문이다. "변화는 반드시 존재한다. 우리가 해야 할 일은 모든 준비를 마치고 발생 가능한 혼란에 대응하는 것이다"라는 말을 늘 되뇌어라. 역경 속에서 혼란한 마음을 극복하는 데 큰 도움이 될 것이다.

삶에는 언제나 우리를 극도로 불안하게 하는 상황이 나타난다. 마음이 혼란스러울 때는 무지하고 유치하며 눈앞의 길을 똑바로 보지 못하고 흑과 백을 구분하지 못한다. 호수처럼 고요한 마음을 유지하고 평온한 마음으로 멀리 내다보는 법을 배워라. 비록 옛날 사람들처럼 고요함을 위해 속세에서 벗어나 산속으로 들어가지는 못하겠지만 최소한 마음속에 쉴 곳을 마련하고 언제든지 평온함을 되찾을 수 있는 완충지대를 마련하라.

'신 같은 적'과 '돼지 같은 동료'란?

전략 시뮬레이션 게임을 하다 보면 "신 같은 적과 돼지 같은 동료"라는 말을 자주 듣는다. 이 말의 의미는 간단하다. 바로 동료의 실력이 너무나 뒤처져서 승리할 수 없다는 말이다. 사람들은 종종 단독으로 행동하길 좋아하지만 능력이 월등히 뛰어나지 않다면 일반적으로 실패한다. 그러나 집단에 들어가 협력할 때 문제가 발생하면 서로 책임을 떠넘기며 누구도 자신의 실패를 인정하지 않는다. 이처럼 거의 모든 사람이 자신에게 '돼지 같은 동료'가 있다고 여긴다.

여기서는 주위 동료를 향한 불만을 이야기하려고 한다. 동료에 대한 불만은 원망의 근원 중 하나이기도 하다. 이러한 원망이 불러온 분노는 마치 광범위한 합리성을 지닌 것처럼 보인다. 타인의 잘못으로 일어난 실패이고 타인의 결정으로 역경이 발생했으니 우리는 책임이 없다는 논리다. 그래서 방관하며 모든 것을 원망하고 '잘못을 저지른 사람'에게 분노를 표출한다. 그러나 정말 그래도 되는 걸까? 정말 다른 사람이 잘못했더라도 당신의 원망이 현재의 상황을 긍정적으로 바꿀 수 있을까?

답은 당연히 '아니오'다.

동료를 원망하고 협력 파트너를 원망하는 것은 사실 자기 자신을 원망하는 것이나 다름없다. 먼저, 처음부터 왜 그러한 동료를 선택했는지 한번 생각해보자. 삶은 게임이 아니다. 동료는 무작위로 분배된 것이 아니라 당신이 직접 선택했다. 만일 동료가 마땅히 해야 할 일을 하지 않았거나 능력이 부족하다고 판단된다면 처음에 그들을 선택한 당신에게 일정 부분 책임이 있는 것은 아닐까?

다음으로, 다른 사람을 탓하기 전에 다른 사람도 당신을 원망하고 있는 것은 아닌지 곰곰이 생각해보자. 만일 서로를 원망하는 조직 안에 있다면 하루빨리 그곳을 떠나라. 그 조직은 발전 가능성이 없다. 다른 사람이 당신을 원망할 때 당신의 마음속에 충분한 도량과 야심이 있다면 그 원망을 끝까지 들어보자. 그러고 나서 당신이 정말로 부족한 단점을 파악해 개선하고자 노력하라. 이는 당신의 성장에 틀림없이 긍정적인 도움이 될 것이다.

마지막으로, 당신이 소속된 조직에 분노하지 말자. 한 조직에서 중요한 것은 협력이며 모두가 자신의 역할을 최대한 발휘하는 것이다. 동료의 실수 때문에 분노한다면 당신은 아마도 그 조직의 '미꾸라지'가 될 것이다. 분노는 조직의 단결과 희망을 파괴한다. 조직이 역경에 빠졌을 때 당신의 분노가 곧장 조직을 전멸시킬 것이다.

당신이 속한 조직이 역경에 처했을 때 당신의 분노는 종종 자신과 타인을 대하는 방식의 차이 때문에 생긴다. 사람들은 항상 타인의 결점은 크게 확대하고 자신의 결점은 뒤로 숨긴다. 자신과 동료를 정확히 인식하는 것은 협력할 때 분노나 충돌을 피하는 중요한 방법이다.

동료를 향한 불만과 원망을 내려놓아라. 먼저 자신의 책임을 반성하고 눈앞의 곤경을 해결할 방법을 생각할 때 비로소 역경이 점점 물러나며 서광을 볼 수 있다. 조직의 일원으로서 반드시 자신의 부족한 점을 먼저 봐야 한다. 그래야 더 잘 협력하고 조직과 함께 그 어떤 역경이나 실패의 공격을 두려워하지 않을 수 있다.

그렇다면 눈이 앞에 달린 우리는 어떻게 해야 자신의 부족함을 인식할 수 있을까?

첫째, 겸손은 사람을 신중하게 만든다. 어떤 상황에서도 교만한 사람이 아닌 겸손한 사람이 되어라. 겸손한 사람만이 자신의 부족함을 인지하고 더 빨리 성장한다. 겸손한 사람과 협력하면 적은 노력으로 큰 효과를 거둘 수 있지만 교만한 사람과 함께하면 앞으로 나아가기가 어렵다.

둘째, 책을 많이 보며 차이점을 찾아라. 독서는 가장 빠르게 타인의 경험을 흡수하는 방법이다. 독서를 하며 자신의 어떤 부분이 부족한지 또는 어떤 방식으로 자신의 능력을 향상시킬 수 있는지 발견할 수 있다. 따라서 어떤 상황에서든지 독서를 멈추지 말고 독서의 힘을 잊지 말라.

셋째, 질투하지 말고 배워라. 우리보다 훌륭한 사람을 부러움과 질투의 눈길로 바라보지 말라. 부러워하느니 차라리 훌륭한 사람을 본보기 삼아 착실히 배워라. 타인의 훌륭함을 부러워하기보다 자신을 훌륭하게 변화시켜라. 이것이 옳은 방법이며 긍정 에너지의 결정체다.

어떠한 상황이든 조직 안에서 자신의 분노를 억제하라. 다른 사람을 향해 분노를 쏟아내거나 잘못을 떠넘기지 말라. 누구나 장단점이 있다. 당신이 속한 조직이 성공하길 바란다면, 당신이 속한 조직이 역경을 무너뜨리길 바란다면 당신이 해야 할 일은 서로 원망하고 헐뜯는 것이 아니라 화를 자신에게 돌리는 것이다. 분노의 화살을 동료에게서 멀리 떨어뜨리고 긍정 에너지를 조직에 널리 퍼뜨려라. 그러면 조직은 당신으로 인해 더욱 활기 넘칠 것이며 실수가 생기고 역경을 만나더라도 겹겹의 포위를 뚫고 승리할 것이다.

분노는 성공한 사람을 스스로 무너뜨리는 가장 강력한 공성무기다

실패를 대하는 사람들의 분노 양상이 판에 박은 듯 똑같다고 한다면 오늘날 직장에서 벌어지는 크고 작은 일은 역사와 놀라울 만큼 닮았다. 직장에서 벌어지는 일은 시대의 축소판이자 반복되는 짧은 역사라고도 말할 수 있다.

이 세상에 존재하는 거의 모든 성공한 기업은 가장 고통스러운 창업의 시기를 지나왔다. 필사적인 노력을 기울이며 셀 수 없이 많은 도전을 받아들이고 마침내 성공이라는 최정상 자리에 올랐다. 그러나 모든 성공한 기업이 그들의 영광을 오래도록 유지한 것은 아니다. 성공한 기업의 대다수는 최정상의 자리에 한동안만 머무른 후 내리막길을 걷다가 발전을 멈추고 결국에는 완전히 사라졌다. 이는 역사 속에서 모든 국가와 왕조가 걸었던 길과 매우 비슷하다. 구 왕조가 몰락하면 새 왕조가 일어나 그 자리를 대신한다. 그리고 새 왕조는 휘황찬란한 시기를 보내고 나서 구 왕조가 되어 다시 새 왕조에 의해 대체된다. 마치 영원히 쇠퇴하지 않는 제국은 없는 것처럼 이 같은 상황이 반복된다.

그리하여 사람들은 늘 다양한 방식으로 그들의 성공을 연장해 휘황찬란한 시기를 지키려고 한다. 서점에 '성공한 기업을 경영하는 법'을 다룬 책이 많은 이유도 성공하고 나서 위기를 발견한 사람들이 최정상의 자리에 오른 뒤에 최대한 소멸을 피하고 싶어 하기 때문이다. 그렇다면 과연 무엇이 하나의 제국을 무너뜨리는 걸까?

제국의 소멸에는 외부적인 요인도 있고 내부적인 요인도 있다. 외부적인 요인은 시대의 변혁과 새로운 사회 질서의 탄생을 가리킨다. 이러한 외부적인 요인은 실제로 하나의 제국을 철저하게 무너뜨리기에는 부족하다. 반면 내부적인 요인은 훨씬 심각하다. 성공한 이후의 기쁨은 사람들의 경계심을 약화시킨다. 이럴 때 성공한 사람은 고집불통에 독단적이고 더는 혁신하지 않는 사람으로 변하고 심지어 새로운 문물을 받아들이지도 않는다. 이러한 내부적인 요인은 성공에 대한 타성 때문에 생긴다. 그 이후 성공한 제국은 속 빈 강정으로 변해 쉽게 조급해진다. 세상에 존재했던 무수한 왕조가 폭정에 대항하여 생긴 새로운 정권에 의해 쓰러졌다. 만일 시대의 변혁에 순응하고 자신의 마음을 잘 통제하여 쉽게 화내지 않고 조급해하지 않는 제국이 있다면 역사는 다른 모습으로 변했을지도 모른다.

한 제국의 건립과 소멸의 이치는 개개인에게도 똑같이 적용된다. '겸손한 사람은 발전하고 교만한 사람은 낙오한다'는 말이 있다. 어릴 때부터 이 말을 배우지만 생활에서 이 이치를 진정으로 실천하는 사람은 거의 없다.

성공한 사람은 대부분 기세등등하고 능력이 뛰어나며 그들의 말을 반박할 수 없게 만드는 카리스마를 가지고 있는 이미지로 비추어진다. 그러나 어떤 성공한 사람은 아주 쉽게 화를 내며 다른 사람이 자기 의견에 반박하는 것을 용납하지 않는다. 실제로 당신의 사장이 이런 사람이거나 당신이 이런 사람이라면 빨리 그 회사를 떠나거나 서둘러 스스로 반성하길 바란다. 성공한 사람이 쉽게 화내기 시작했다는 것은 곧 그가 빠르게 몰락하고 있고 조만간 새로운 '정권'에 의해 대체될 것이라는 뜻이기 때문이다.

성공한 사람을 무너뜨리는 것은 보통 적이 아니라 그 자신의 분노다. 성공한 사람이 교만해지고 안하무인격으로 변하고 쉽게 분노하면 그는 그 어떤 쓴소리나 성장에 유리한 의견을 받아들이지 못한다. 그래서 나날이 새로워지는 시대와 어긋나기 시작하고 제자리걸음만 반복하다 결국 자기도 모르는 사이에 역경에 빠진다. 자신이 역경에 빠졌다는 사실을 알아차릴 무렵은 이미 그의 제국이 완전히 붕괴한 뒤다.

그렇다면 분노는 어떻게 성공한 사람을 역경 속으로 빠뜨릴까?

먼저, 분노는 성공한 사람을 근거 없는 자신감으로 가득 차게 해 자신과 상대를 제대로 바라볼 수 없게 만든다. 성공한 사람은 보통 오랜 노력과 모색을 거쳐 자기만의 사고 체계를 형성하고 그 사고 체계가 성공을 가져다주었다. 그래서 그는 자연스럽게 그 방식이 언제나 통할 거라고 생각하며 반대하는 새로운 목소리가 생길 때마다 분노한다. 그러나 이러한 상황이 계속되는 사이에 적은 나날이 강해지고 자신은 나날이 약해진다는 사실은 새까맣게 모른다.

다음으로, 분노는 성공한 사람을 버림받게 만든다. 성공한 사람이 계속해서 겸손한 모습을 보인다면 주위 사람들은 그를 더욱 존경해 한층 다양하고 좋은 인맥과 기회를 얻게 될 것이다. 그러나 성공한 사람이 쉽게 분노하면 사람들은 점차 그를 꺼리며 그와 협력하거나 함께 일하고 싶어 하지 않는다. 결국 그의 곁에 남는 사람은 아첨꾼뿐이고 서서히 역경에 빠지면 어느덧 의지할 사람 하나 없는 고독한 신세로 전락한 자신을 발견하게 된다.

마지막으로, 분노는 성공한 사람이 자신에 대한 믿음을 잃어버리게 만든다. 한 제국의 소멸을 분석해보면 가장 큰 원인은 권력자가 시대 변화에 순응하여 변화하지 않은 데 있다. 성공한 사람이 자신감이 없으면 당연히 새로운 사물이나 방법을 받아들이고 시도해보지 못한다. 현재 손에 쥔 성공을 잃을까 두렵기 때문이다. 그래서 현재의 성공에 의지해 한 걸음씩 나아갈 뿐 과감하게 새로운 도전에 응하지 못한다. 이럴 때 시대가 변해버리면 예민한 열등감이 폭발해 분노하고 원망하기 시작하다 결국 자신이 가진 모든 것을 부서뜨린다.

자신의 분노를 잘 통제하는 평범한 사람은 성공할 기회가 생기고, 자신의 분노를 잘 통제하는 성공한 사람은 자신이 성취한 것을 지킬 수 있다. 다른 사람의 남다른 점을 유심히 살피고 자세히 관찰하는 법을 배워서 삶의 불공평함에 올바르게 대면하라. 모든 불만을 분노로 대응하지 않는 법을 배울 때 사물 사이의 본질적인 관계를 발견하고 자신이 앞으로 어떻게 해야 할지 알게 된다. 역경과 순경은 겨우 한 걸음 차이일 때가 많다. 휘황찬란한 영광 속에 있다고 착각하지만 뒤만 돌면 바로 천 길 나락으로 떨어질 수 있다.

분노를 잘 통제하는 사람이 바로 자신감 있는 사람이며 내면이 강한 사람이다. 이제부터라도 거인으로 성장하고 싶고, 자신만의 사업을 이루고 싶고, 성공한 사람이 되고 싶다면 기술과 경험을 쌓는 데만 열중하지 말라. 겸손한 자세로 내면을 강하게 만들어 당신의 마음을 사업과 함께 단단하게 성장시켜야 한다.

역경의 미로를 탈출하고 싶다면 '원망의 벽'부터 제거하라

여기서는 각기 다른 상태에서의 분노가 다양한 환경에 어떠한 영향을 미치는지를 집중적으로 분석해보려고 한다. 역경은 삶에서 가장 주의해야 하며 반드시 해결해야 할 문제이자 번거로운 일이다. 때때로 내면이 혼란하고 감정이 격해지면 역경에서 빠르게 탈출하지 못한다. 이럴 때 역경은 마치 미로처럼 온통 갈림길투성이라 잠깐의 방심으로 잘못된 선택을 하면 빙빙 돌고 돌아야 겨우 정확한 출구를 찾을 수 있다.

역경이 미로라면 원망의 마음은 미로를 이루는 벽과 같다. 원망이 깊을수록 미로의 벽은 두꺼워지고 규모는 커지며 길은 지나가기 힘들 정도로 좁아진다. 원망은 감정과 생각에서 비롯된다. 실패와 불공평함을 불평하면 원망이 생기고, 동료를 탓하면 원망이 생기며, 자신의 부족함을 한스러워하면 원망이 생긴다. 마음에 거슬리는 거의 모든 일이 원망의 마음을 일으킨다. 이러한 원망은 평소에는 별것 아닌 것처럼 보이지만 일단 역경과 결합하면 한 발 내딛기가 무척이나 힘겹게 느껴질 것이다. 또한 역경의 끝이 보이지 않아 마치 평생 벗어나지 못할 것만 같은 기분을 느낄 수도 있다.

역경 속에서 원망하는 것은 헛수고다. 에너지와 투지만 갉아먹을 뿐 아무런 도움도 되지 않는다. 따라서 성공을 원할 때 해야 할 일은 원망하지 않는 것이다. 원망하지 않아야 희망이 있고 마음이 호수처럼 고요해진다. 원망하지 않아야 새로운 깨달음을 얻고 감사할 줄 알게 되며 역경이 가져다주는 자산을 이해하고 인생의 최정상에 오를 수 있다.

약한 사람만이 역경 속에서 분노하고 원망한다. 자신감 있는 사람은 자리에서 일어나 손을 털고 앞으로 나아간다. 실패해도 걱정하지 않고 패배해도 부끄러워하지 않는다. 다시 일어설 수 있고 처음부터 시작할 기회만 있다면 절망할 필요가 없다고 생각한다. 실패해도 남을 탓하지 않는다. 실패는 자신이 초래한 것이니 원망할 것이 없다고 생각한다. 역경에서 벗어나기 위해, 역경에 다시 빠지지 않기 위해 그저 더욱 노력하고 더욱 심혈을 기울여서 더 빨리 성장하고 더 강해질 뿐이다. 진정으로 자신감 있는 사람만이 영예와 치욕에 흔들리지 않고 역경을 웃으며 바라본다. 그리고 예측할 수 없는 이 세상에서 태연자약하게 앞으로 나아간다.

원망하고 싶은 마음이 든다면 자신이 소유한 것을 떠올려라. 원망의 마음이 생기면 이 세상은 늘 음울하고 세상 사람들은 모두 적처럼 여겨지며 이해하고 믿어주는 사람이 없다고 느끼게 된다. 이럴 때는 일단 생각을 멈추고 곁에 있는 친구들의 다정한 눈빛을 바라보고 가족의 관심 어린 안부를 들어보라. 그러면 세상이 결코 당신을 버리지 않았으며 당신은 여전히 그 누구도 빼앗아갈 수 없는 것을 가지고 있음을 발견하게 될 것이다. 설령 가족을 잃었다고 해도 즐거웠던 추억이 남아 있을 것이다. 원망의 마음을 버리고 역경에서 용감히 벗어나는 데 이처럼 아름다운 것들로 충분하지 않은가?

원망하고 싶은 마음이 든다면 당신의 적이 무엇을 하고 있을지 생각하라. 적을 원망하면 당신의 적이 약해지는가? 당연히 아니다. 적은 당신이 역경 속에서 몸부림치는 모습을 바라보며 더 강해지기 위해 필사적으로 노력할 것이다. 그는 당신처럼 역경에 빠져서 원망만 일삼는 사람이 되고 싶지 않을 것이기 때문이다. 비교하는 마음은 괜찮다. 당신의 적과 당신보다 훨씬 뛰어나지만 더 열심히 노력하는 사람을 생각하라. 주저앉아 원망할 시간이 있다면 차라리 밖으로 나가서 변화하고 발전하라.

원망하고 싶은 마음이 든다면 성공한 이후의 삶을 생각하라. 인간이 환상을 사랑하는 동물인 이유는 동경이 있어야 더 많은 상상력과 꿈을 가질 수 있기 때문이다. 자신의 아름다운 미래를 그려보길 좋아하는 이유는 그것이 원동력이 되고 역경을 무너뜨릴 에너지를 주기 때문이다. 따라서 원망하고 싶다면 성공하고 나서의 장면을 떠올리며 자신에게 희망을 줘라. 약간의 환상을 가미해도 좋다. 원망의 마음이 당신의 삶을 전부 회색빛으로 물들이기 전에 자신의 삶에 색깔을 칠해보자.

원망하는 마음은 이상을 말살하고 영혼을 약하게 만들며 역경을 끝없이 확장한다. 원망을 버리면 다시 희망을 얻을 수 있고 재기할 용기와 힘을 얻을 수 있다. 분노로 가득 찬 사람이 되지 말라. 삶에 원한을 품은 사람이 되지 말라. 삶은 본래 변화무쌍하고 불공평하지만 감정과 분노를 통제하며 원망하는 데 시간을 낭비하지 않는 사람 앞에서는 무력해진다. 그들은 역경에 빠지더라도 자신에게 희망을 주고 등불을 켜서 앞길을 비출 것이며, 여러 번 실패하더라도 일어나서 다시 시작할 것이기 때문이다. 그들은 강한 내면과 흔들림 없는 의지를 갖고 있다.

우리가 해야 할 일은 이러한 능력을 얻고 마음속에 이러한 정신의 씨앗을 심는 것이다. 누구도 자신이 언제 역경에 빠질지 알 수 없다. 따라서 마음을 늘 자기 자신을 통제할 수 있는 상태에 두고 평온하게 유지하며 온 힘을 다해 이 세상을 이해할 준비를 하라.

Chapter 8

위기의식 자체가 가장 날카로운 예측이다

위험을 예측하는 것은 기업을 경영하는 데 있어
가장 중요한 능력이다.
그러나 현실 속 위기를 모두 예측하기는 불가능하다.
아무런 예고 없이 위기가 닥쳤을 때 역경 지수는
위기를 대하는 당신의 대처 능력을 결정한다.
평온하고 냉정한 심리 상태와 책임을 지는 용기는
역경 속에서 고치를 부수고 나오는 시간을 결정한다.

성공으로 가는 길에 은밀히 잠복해 있는 위기를 조심하라

우리는 날마다 북적대는 만원버스나 지하철을 타고 출퇴근하고 밥 먹고 잠자는 평범한 일상을 반복한다. 겉보기에 삶은 맑은 날 연못처럼 평온하다. 그러나 실제로 직장에서 분투할 때 자세히 관찰해보면 평온해 보이는 기업 환경이 순간순간 변화하고 있음을 알 수 있다. 순조롭게 보이는 승진 길에는 시시각각 도전과 함정이 도사리고 있다. 다시 말해 우리가 분투하는 사회 곳곳은 잠재적 위기로 가득하다. 그리고 이러한 위기가 존재하는 곳에는 대부분 빨간색 경고판이 걸려 있지 않다. 위기는 마치 존재하지 않는 것처럼 평온 아래 숨어 있다가 당신이 안심하고 잠들면 갑자기 튀어나와 가는 길을 가로막고 허둥대는 당신을 한입에 집어삼킨다.

사업을 성공으로 이끌기 위해 분투하고 노력할 때 평온 아래 숨어 있는 위기는 셀 수 없이 많다. 성공한 사람이라면 한 번쯤 이처럼 돌발적인 위기를 맞닥뜨려 크게 낙심한 적이 있을 것이다. 그러나 그들이 수많은 어려움을 극복하고 마침내 성공한 이유는 어떻게 해서든 위기를 이겨내고 잠재된 위기에서 경험과 교훈을 얻어 돌발적인 위기 발생 확률을 줄였기 때문이다. 결론적으로 사방에 위기가 잠복하고 있는 사회에서 해야 할 일은 경계심을 높이고 일시적인 평온함과 아름다움에 방심하지 않는 것이다.

삶의 아름다움을 제대로 발견하려면 기본적으로 감사하는 마음을 가져야 하지만 그와 동시에 경계심도 가져야 한다. 인생이란 한편으로 아름다우면서 동시에 위험하기 때문이다.

삶에서 어떤 위기는 충분히 알아챌 수 있는 것이다. 예를 들어 회사에서 성능과 포장이 독보적으로 뛰어난 제품을 개발했을지라도 경쟁사가 먼저 동일한 제품을 출시할 수 있다. 이럴 때 두뇌 회전이 빠른 경영자라면 시장을 선점할 기회를 빼앗겼으니 시장에서 일정한 지분을 확보하기 위해 제품을 보완해야 한다는 사실을 바로 깨달을 것이다. 이러한 위기는 미리 알 수 있고 겉으로 드러난 위기에 해당한다. 알아챌 수 있었으므로 쉽게 위기에 반응하고 보완 조치를 취해서 침착하게 위기를 제거할 수 있다.

그러나 모든 위기가 겉으로 드러나는 것은 아니다. 성공으로 가는 길에 잠재된 위기, 즉 주변에 조용히 잠복하고 있는 위기 또는 함정에 특히 주의해야 한다. 매출도 나쁘지 않고 기업 문화도 좋고 직원들도 소속감을 가지고 있어 줄곧 승승장구하는 기업이 있다고 치자. 그러나 아무도 이 기업에서 사용하는 기술이 구식이어서 더는 시장의 새로운 요구에 맞지 않다는 사실을 발견하지 못한다. 이처럼 제일 두려워해야 할 것은 '냄비 속 개구리' 같은 상황이다. 잠재된 위기는 만성적인 특징을 갖고 있다. 돌발적 위기는 만성적 위기가 쌓여 갑자기 폭발한 결과에 불과하다. 만성적 위기는 주의를 기울이지 않는 사이 아이에서 거인으로 성장하고 우리는 갑작스러운 위기의 출현에 허둥댄다.

수많은 돌발 위기가 실제로 오랜 기간 평온 속에서 진화한 것이라면 잠재된 위기를 처리하는 방법이나 새싹 상태에서 제거하는 방법이 한 개인과 기업을 멀리 나아갈 수 있게 하는 중요한 요소이자 역경 지수의 중요한 지표라고 할 수 있다.

설명서만 보고 수영을 배우거나 한 번도 넘어지지 않고 걷는 법을 배우는 사람은 없다. 즉 잠재된 위기를 예측하는 능력을 얻으려면 오랜 시간 역경, 고난과 도박을 해야 한다. 아무런 손해도 보지 않고 성장하기란 불가능하다. 자신의 이상을 포기하지만 않으면 역경이 나타나고 위기가 갑자기 공격해도 다시 일어설 수 있다. 아무리 처참하게 넘어지고 마음이 찢어질 듯 아플지라도 절망하지 않고 그 속에서 교훈을 얻어 끊임없이 성장한다면 만성적 위기를 감지하는 예리한 후각을 가질 수 있다. 뿐만 아니라 모두가 본받고 싶어 하는 성공한 사람이 될 것이다. 그러나 말했듯이 예리한 후각은 오랜 기간 역경과 사투를 벌이는 과정에서 얻어지는 것이다. 그렇다면 위기를 미리 알아보는 예민함을 아직 갖추지 못한, 이제 막 걸음마를 떼기 시작한 젊은 개척자가 평온 아래 숨겨진 위기에 대응하려면 어떻게 해야 할까?

우선, 현재 상황은 누구에게나 나타나는 일상적인 일이며 자신도 예외일 수 없다고 자신에게 말하라. 불안한 심리 상태를 안정시키고 자신을 억압하거나 원망하지 말라. 이러한 위기는 일반적인 일이고 성장 과정에서 반드시 대응해야 할 변화다.

다음으로, '만일 이러저러했다면'이라는 말을 달고 살지 말라. 돌발적인 상황을 만났을 때 후회하면서 이 말을 되풀이하는 사람이 있다. 현실에는 리허설이 없으며 되돌아갈 수 없다는 것을 이해해야 한다. 삶은 앞으로 흘러갈 뿐 되감을 수 없다. 따라서 이럴 때는 이미 일은 일어났고 고민하고 후회해봤자 아무런 도움이 안 된다는 사실을 깨달아야 한다. 그리고 경험을 교훈 삼아 빠르게 성장해서 다시는 같은 비극이 발생하지 않도록 해야 한다.

마지막으로, 좀 더 낙관적이고 좀 더 용감해져라. 용감하게 견디면 역경이든 뭐든 종이호랑이로 변한다. 자신을 향한 믿음을 버리지 말고 위기가 지나가면 무지개가 뜰 거라고 확신하며 좀 더 용감해져라. 세찬 바람과 파도를 보고 움츠리지 말고 정면으로 맞서라. 누가 승리하고 패배할지 아무도 알 수 없다.

다행히 우리는 전쟁이나 기아에 시달리고 있지 않으니 자신의 이상을 실현하기 위해 목숨을 걸지는 않아도 된다. 잠재된 위기는 삶이 주는 소소한 시련이고 역경은 성장을 돕는 과정에 불과하다. 비범하게 용기를 내어 자신의 돛단배를 바다에 띄우고 앞으로 나아가라. 풍랑이나 암초를 두려워하지 말라. 모든 위험에 익숙해지면 새로운 도전을 받아들일 수 있고 더욱더 성숙하고 경험이 풍부하고 자신감 있는 사람이 될 것이다.

소리 없이 당신을 실패로 이끄는 3가지 유형의 역경

중국 최대 동영상 서비스업체 러에코(LeEco)의 파산은 2017년 중국을 가장 뜨겁게 달군 기업 사건이다. 자웨팅(賈躍亭)은 막 러에코를 창업할 당시 동영상, 영화, 휴대폰, 텔레비전 심지어 자동차까지 자신만만하게 손을 뻗치며 거대한 제국의 청사진을 그렸다. 이에 수많은 추종자가 있는 돈을 다 털어 그에게 투자했으나 눈 깜짝할 사이에 모든 것이 무너졌다. 자웨팅은 미국에 숨어 있다가 홍콩으로 갔고 중국으로는 돌아오지 않았다. 결국 러에코에 투자한 사람들은 투자금을 날리고 말았다.

도대체 무슨 일이 벌어진 걸까? 경영이 실패한 걸까? 처음부터 사기극이었던 걸까?

살다 보면 이처럼 '급사'하는 일이 심심찮게 벌어진다. 경영 상태도 괜찮고 발전 전망도 좋은 기업이 작은 일로 무너지는 것이다. 한 기업이 갑작스럽게 재난을 만나듯 한 개인도 갑작스럽게 역경을 만난다. 매일 노력하는 우리는 이러한 일을 받아들이기 힘들다. 아무 이유 없는 실패나 아무 이유 없는 공격을 쉽게 받아들이는 사람이 있겠는가? 그러나 이때의 실패가 정말로 갑자기 나타난 것인지 고민해봐야 한다.

원인이 있기에 결과도 있는 법이다. 모든 일을 완벽하게 했는데 갑자기 실패하는 것은 거의 불가능하다. 만일 실패했다면 어떤 세세한 부분이나 문제를 고려하지 않았기 때문이다. 만반의 준비를 끝냈다고 생각했지만 사실은 그렇지 않은 것이다. 그렇다고 노력을 안 했다거나 멍청하다고 말할 수는 없다. 이는 사회 경험이 부족해서 벌어진 일이므로 나중에 노력해서 보완하면 된다. 따라서 갑작스러운 실패를 두려워할 필요는 없다. 인생의 어느 순간에 실패하든 그것이 인생의 마지막 싸움은 아니다. 믿음을 가지고 있다면 목표를 위해 계속 나아갈 수 있다.

역경도 같은 논리로 아무 이유 없이 당신에게 오지 않는다. 역경의 발생 원인은 일반적으로 다음의 몇 가지 유형으로 구분할 수 있다.

첫째, 자발적 역경: 당신 자신 때문에 발생한 역경이다. 즉 현실에 안주한 채 게으름을 피우고 동료와 잘 협력하지 않으면 결국 일자리를 잃게 된다. 이 역경의 원인은 바로 당신이다. 이 유형에서 벗어나고 싶다면 방법은 간단하다. 성실하고 노력하는 사람으로 변하면 된다. 다른 사람과 소통하고 교류하는 법을 배우며 자신을 변화시키면 역경도 변화한다.

둘째, 심리적 역경: 내면의 부정적인 감정이 끊임없이 증가하여 발생한 것으로 발생 속도가 상대적으로 느리다. 이러한 유형은 알아채기가 쉽지 않아 돌발적인 위기로 느껴진다. 이를테면 원망하기를 좋아하는 사람은 매일 조금씩 원망하고 비관하다 결국 자신의 심리 상태에 문제가 있음을 깨닫지만 마음속에 이미 부정적인 감정이 잔뜩 쌓인 상태다. 이러한 유형의 역경을 무너뜨리려면 자신에 대한 믿음으로 삶을 낙관적으로 바라보고 부정적인 감정이 뚫고 들어올 틈을 없애야 한다.

셋째, 환경적 역경: 말 그대로 환경의 변화로 발생한 역경이다. 앞에서 여러 차례 말했듯이 시대는 나날이 새로워진다. 신인 배우도 매일

한 무더기씩 쏟아져서 누가 누구인지 알 수 없는 지경인데 직장은 오죽하겠는가. 경험이 부족해서 변화하기 시작한 환경을 알아채지 못할 때 역경은 서서히 자라난다. 이 유형의 역경 앞에서 해야 할 일은 부단히 성장해서 위기를 알아채는 예리한 후각을 기르고 담담하게 위기에 맞서는 것이다.

아무 이유 없이 성공한 사람은 없듯이 아무 이유 없이 실패한 사람도 없다. 삶은 누구에게나 공평하다. 의기소침해지고 압박감을 느낄 때 절대로 이러한 감정을 당신만 느끼는 것이 아니라는 사실을 알아야 한다. 역경은 언제든지 모든 사람과 기업 앞에 나타난다. 성공한 사람이든 거대한 기업이든 예외 없다.

다가오는 위기를 미리 알아채려면 자기반성을 잘해야 한다. 매일 세 번 자기반성을 하는 사람은 모든 위기에 전조가 있고 모든 실패에 나름의 이유가 있음을 발견할 것이다. 매일 자기반성을 하는 사람은 나태해지지 않기 때문에 더 멀리 가고 더 오랫동안 성공을 유지할 수 있다.

사람이 쉽게 경솔해지는 순간은 자신이 대단해 보이고 주변 환경이 순조로워 보일 때다. 바로 이럴 때를 경계해야 한다. 겉모습이 강해 보일수록 내면에서 소리 없이 벌어지는 변화를 알아채기 어렵다. '속 빈 강정'이 이를 두고 하는 말이다. 겉으로 강해 보이는 사람이 자신의 강함을 확신할 때가 제일 위험하다. 그 사람은 별 것 아닌 소소한 물보라만 쳐도 무너질 것이기 때문이다.

자신이 엄청난 성공을 거뒀다고 느낄 때, 우쭐거리기 시작할 때, 더는 올라갈 곳이 없다고 느낄 때, 더 이상 노력하지 않아도 된다고 느길 때 위기가 다가오는 것도 알아채지 못할 만큼 나태해진 마음 상태를 경계해야 한다.

위와 같은 상황을 미리 방지하기 위해 매일 밤 앞으로 어떤 목표를 세울 수 있을지, 우리보다 훌륭한 사람은 누가 있는지, 우리가 배워야 할 자질은 무엇인지, 더 향상시킬 능력은 무엇인지 생각해보는 것도 좋은 방법이다. 달리기로 우리와 역경의 관계를 표현해보면 사실 역경은 줄곧 우리 곁에 있다. 우리가 빨리 달리면 잠시나마 역경을 뿌리칠 수 있지만 우리가 멈추면 역경에게 잡아먹힌다. 역경이 우리 삶을 잠식하지 않도록 끊임없이 앞을 향해 달리며 새로운 도전을 받아들이고 새로운 목표를 실현하며 노력을 멈추지 말아야 한다. 이 경주에 끝이란 없다.

좁은 길에서 적을 만나면
용감한 사람이 승리한다

사람들은 자신보다 백배는 강한 적과 싸울 때 "계란으로 바위 치기" 같다고 말한다. 보잘것없는 우리에게 역경은 무지막지하게 강한 적이다. 역경은 사람에 따라 다른 모습으로 나타나므로 역경을 깨뜨리는 고정불변의 공식은 없다. 또한 역경은 한 사람 인생의 각 단계에 따라 모습을 달리한다. 우리가 마주하는 위기와 역경의 모습은 이처럼 변화무쌍하다. 따라서 물방울로 바위 뚫기 같은 능력을 갈고닦지 않으면 역경을 쓰러뜨리고 승리할 방법은 영원히 없을지도 모른다.

위기란 우리가 삶에서 자주 마주치는 돌발적인 역경이다. 월급이 없는 재정 위기, 친구가 없는 우정 위기, 가족에게 오해받는 가족 위기 등등이 여기에 속한다. 이러한 돌발적인 위기는 모두 오랜 기간 변화의 과정을 거쳐 발생한다. "천 리나 되는 긴 둑도 개미굴에 무너진다"는 속담을 마음에 새겨두자. 돌풍 한 번에 거대한 다리가 갑자기 무너졌다면 그것은 아마도 다리 곳곳이 이미 무너지기 일보 직전인 상태이기 때문일 것이다. 돌풍은 그저 '낙타를 쓰러뜨린 마지막 지푸라기'에 불과하다.

돌발적인 위기에도 나름의 이유가 있다는 사실을 알고 나면 아마도 이러한 위기를 어떻게 해서든 피하고 싶겠지만 사실 위기를 피할 수 있는 사람은 거의 없다. 더 나이를 먹고 경험이 풍부하며 성공한 사람일지라도 그들의 삶 역시 위기로 가득하다. 그 이유는 간단하다. 1초 후에 무슨 일이 벌어질지 예측할 수 없기 때문이다. 100퍼센트 확신하는 일에도 늘 변수는 생기기 마련이다. 설령 경험이 풍부해서 익숙한 위험을 알아차렸다 해도 삶은 언제나 '뜻밖의 선물'을 가져다준다. 따라서 삶에 나타나는 위기를 완벽히 피하고 싶다는 생각을 품고 있다면 일찌감치 포기하길 바란다. 어쨌든 위기에는 기회도 내포되어 있다는 사실을 떠올리면 삶이 완벽히 평온해지는 것은 너무나 지루하고 재미없는 일이 아니겠는가.

피할 수 없다면 위기와 싸워 이기는 법을 배워라. "좁은 골목길에서 적을 만나면 용감한 쪽이 승리한다"는 말이 있듯이 우리에게 필요한 것은 용기다. 용기와 적극적인 태도는 위기와 싸워서 이기고 위기 속 위험을 없애고 위기 속 기회를 발굴하도록 돕는다. 이것이 바로 우리가 위기를 마주하는 올바른 태도다.

이미 성공했을 경우는 말하지 않겠다. 대다수의 사람이 성공의 길 위에서 분투하고 있을 테니 말이다. 그렇다면 수시로 등장하는 재난 앞에서 어떻게 해야 그 피해를 최소한으로 줄일 수 있을까? "물방울이 바위를 뚫는다"는 말처럼 평소에 조금씩 조금씩 노력하고 성실하게 성장하는 것만이 위기를 없애는 가장 좋은 방법이다. 현재 세상이 평화롭다고 군대가 필요 없는 것은 아니다. 오히려 거의 모든 국가가 군비 경쟁을 벌이며 긴장을 풀지 않고 매일 군사 훈련을 실시한다. 이는 전쟁을 원하고 전쟁을 일으켜 세상을 제패하고 싶어서가 아니다. 단지 어느 날 갑자기 나라에서 필요할 경우에 충분히 강한 힘으로 지키고 싶은 모든 것을 지키기 위해서다.

우리는 대부분 평범하다. 90퍼센트의 사람이 치명적인 사고를 당하지 않고 평범하게 살아간다. 우리는 그저 이따금 갑작스러운 곤경을 만나 힘들어하고, 성공을 향해가는 여정에서 갑자기 튀어나와 길을 가로막고 방해하는 장애물을 만나 역경의 골짜기로 빠지게 될 뿐이다. 우리의 인생에서는 날마다 소소한 전투가 벌어진다. 우리가 비록 평범하다 해도 평범한 일을 멋지게 해냄으로써 자신을 비범한 사람으로 만들어가야 한다. 그래야 최소한 우리 자신을 위해 승리를 획득하고 마땅히 가져야 할 존엄과 성공을 얻을 수 있다.

우리 사회는 모든 사람이 사회를 위해 위대한 공헌을 하고 전체 인류에게 유익한 사람이 되길 요구하지 않는다. 우리가 할 일은 단지 매일 자기 자신을 잘 경영하며 미약한 일이라도 꾸준히 해나가는 것이다. 위기와 마주했을 때 평소에 익힌 군건한 의지로 행복으로 가는 길을 가로막는 장애물과 싸워서 이기는 것만으로도 충분하다.

물방울로 바위를 뚫고 싶다면 먼저 자기 자신을 정확히 인식해야 한다. 무엇이 자신의 강점이고 무엇이 자신의 약점인지를 알아야 방향성을 갖고 성장해 전방위적으로 강해질 수 있다. 얼마나 멀리 갈 수 있는지를 결정하는 것은 강점이 아니라 약점이다. 자신의 약점을 최소한으로 줄이면 위기와 싸워서 승리할 수 있다.

다음으로, 끈기를 가지고 지속할 각오를 해야 한다. 사람마다 타고난 자질이 다르므로 어떤 면에서 다른 사람보다 느린 것은 상관없다. 충분한 인내심과 굳센 의지를 갖고 하루가 안 되면 이틀, 이틀이 안 되면 닷새 동안 하면 된다. 목표를 향해 나아가고 있다면 속도의 빠르고 느림은 승부의 관건이 아니다.

마지막으로 제일 중요한 부분은, 역시 마음가짐이다. 자신을 믿어라. 현재 자신이 약하다고 필요 이상으로 자신을 비하하지 말라. 사람은 모두 성장한다. 따라서 낙관적이고 어떤 공격에도 다시 일어설 수 있는 사람이 되려고 노력하라.

현재 자신의 회사를 경영하고 자신의 꿈을 경영하고 있다면 매일 발전할 기회를 포기하지 말라. 당신이 해야 할 일은 자신의 꿈을 조금씩 성장시키고 서서히 강해지는 것이다. 그 어떤 위기가 닥쳐와도 두려워하지 말라. 평소에 단련한 강함으로 더욱 자신감 있고 더욱 낙관적으로 위기에 맞설 수 있다. 생전 처음 맞닥뜨리는 위기이거나 내면에 큰 타격을 주는 배신일지라도 당신이 충분히 강하다면 조금도 걱정할 필요 없다. 물방울로 바위를 뚫는 사람이 되어라. 계란으로 바위치기는 더 이상 당신을 형용하는 말이 아니다.

원숭이에게 '골수'를 파 먹힌 어리석은 호랑이의 교훈

평소의 노력이 물방울로 바위를 뚫고 돌발적인 위기를 대처하는 데 도움이 된다면 위기의식을 기르는 것은 담담하게 위기에 맞설 수 있게 해주는 중요한 방법이다. 앞서 대부분의 위기는 예측할 수 없다고 말했다. 그러나 위기의식은 그 자체가 예측 능력으로, 현대 사회에서 반드시 갖춰야 할 중요한 자질이다.

명나라 학자 유원경(劉元卿)이 엮은 글에 다음과 같은 이야기가 나온다.

몸집이 작지만 나무를 잘 타고 손톱이 날카로운 원숭이 한 마리가 있었다. 머리가 가려웠던 호랑이는 이 원숭이에게 자신의 머리 위로 올라가 가려운 곳을 긁게 시켰다. 원숭이가 호랑이의 머리를 계속해서 긁자 호랑이의 머리에 구멍이 생기고 말았다. 그러나 호랑이는 기분이 좋은 나머지 머리에 구멍이 생긴 줄도 몰랐다. 원숭이는 조금씩 호랑이의 골수를 빼 먹었다. 그리고 자기가 먹다 남은 골수를 호랑이에게 바치며 말했다.

"힘들게 얻은 신선한 고기입니다. 제가 감히 먹을 수 없어 특별히 호랑이님께 바칩니다."

"자기가 얻은 먹이를 바칠 정도로 나를 생각하다니 아주 충성스러운 원숭이로구나."

호랑이는 자신의 골수를 먹으면서도 미처 알지 못했다. 그렇게 시간이 흘러 골이 거의 사라지며 머리가 깨질 듯 아파오자 호랑이는 뒤

늦게 사실을 깨닫고 원숭이를 쫓아갔다. 그러나 원숭이는 이미 높은 나무 위로 도망간 뒤였다. 호랑이는 미친 듯이 날뛰며 포효하다가 결국 죽고 말았다.

이 이야기는 편안한 순간에 경계심이 약해진다는 사실을 알려준다. 만일 호랑이가 약간의 위기의식을 갖고 왜 원숭이가 계속 머리를 긁어주는지 생각했다면 호랑이는 죽지 않았을 것이다.

삶도 마찬가지다. 평소에 꾸준히 위기의식을 길러야 위기가 나타났을 때 담담하게 맞설 수 있다. 이것이 바로 심리적 준비다. 예를 들어 평소에 서류가 없어지는 일을 대비해 항상 여분의 서류를 챙겨뒀다고 치자. 그러면 어느 날 갑자기 상사가 오래 전 서류를 요구해도 식은땀을 흘리며 급히 서류를 찾느라 고생하지 않고 곧바로 상사에게 건넬 수 있다.

무슨 일이든지 마음의 준비를 해두면 돌발적인 공격이 닥쳐도 그 파급력은 크게 줄어든다. 직장 생활에서 동료들끼리 서로 속고 속이는 일이 잦다고 말할 수는 없지만 시시비비를 따지는 일은 늘 존재한다. 더 많은 이익을 얻기 위해 동료들 간의 선순환 또는 악순환의 경쟁은 비일비재하며 이는 직장 생활에서 피할 수 없는 일이다.

따라서 위기의식을 길러 내면을 강하게 성장시키고 위기가 닥쳐왔을 때 담담하게 맞서야 한다. 역경이 갑작스럽게 나타났을 때 평온한 심리 상태는 판단력과 결정 능력에 직접적인 영향을 준다는 사실을 명심하라.

그렇다면 어떻게 해야 위기의식을 가질 수 있을까? 혹은 어떻게 위기의식을 기를 수 있을까? 우선 위기의식을 테스트해보자.

송아지가 밖으로 나가 풀을 뜯어 먹으려고 한다. 어디로 가야 먹이를 구할 수 있을까?

A. 산자락

B. 큰 나무 아래

C. 시냇가

D. 농가의 울타리 옆

결과는 다음과 같다.

A: 당신은 위기의식이 아주 강한 사람이다. 그러나 때때로 걱정이 지나쳐서 간단한 일을 복잡하게 만들고 쉬운 일을 어렵게 만든다. 당신에게 필요한 것은 낙관적인 마음이다. 매사 모든 일을 걱정하지 말라. 살아가면서 긴장을 풀어야 할 때도 있다.

B: 당신은 낙천주의자에 속한다. 위기의식이 없는 것은 아니지만 모든 일은 해결할 수 있으니 걱정할 필요가 없다고 생각한다. 당신은 낙관적일 뿐 아니라 만족할 줄 알아서 스스로 할 수 있는 만큼 하면 된다고 생각한다. 또한 고난이 나타나도 언제나 방법을 찾아서 해결할 수 있다고 생각한다. 당신은 자신감 넘치는 낙관적인 사람이라고 할 수 있다.

C: 당신은 위기의식이 약한 편으로, 다른 사람이 옆에서 자주 당신에게 주의를 줘야 한다. 또한 당신은 기억력도 좋지 않다. 따라서 평소에 자신의 행동에 더욱 주의하고 다음에 해야 할 일을 많이 생각해서 계획적인 사람으로 변해야 한다. 평소에 위기의식을 길러야 한다. 어려움이 닥쳤을 때 당황하지 않도록 항상 행동

하기 전에 세 번은 생각하고 행동해야 한다.

D: 당신은 위기의식이 강한 사람으로, 모두가 위기의식을 가져야 한다고 생각한다. 그래서 다른 사람들도 당신처럼 강한 위기의식을 갖고 행동하길 원한다. 그러나 당신은 사람마다 가치관이 다르다는 사실을 이해할 필요가 있다. 다른 사람의 일에 쓸데없이 걱정하지 말라. 자기 일만 예방하는 것으로 충분하다.

위기의식을 기를 때에도 정도를 지켜야 한다. 일상생활에서 위기의식을 기르기 위해서는 첫째, 계획적인 사람이 되어 자기 주변에서 발생 가능한 일에 하나씩 계획을 세워라. 둘째, 낙관적인 마음으로 무슨 일이든 해결할 방법이 있음을 이해하라. 셋째, 위기를 두려워하지 말라. 또한 자기 자신이나 주변 사람에게 매일 신경을 곤두세우고 있으라고 지나치게 요구하지 말라. 낙천적이고 적극적인 사람도 위기의식을 가질 수 있으며 이 둘은 절대로 충돌하지 않는다.

위기의식을 기르기 위해 무슨 일을 하든지 늘 앞뒤를 살피며 신경을 곤두세울 필요는 없다. 단지 자기 인생에 전향적인 전략적 시야를 가지고 계획적인 사람이 되기만 하면 된다. 동시에 평소에 자신의 단점을 보완하고 성숙한 사람이 되기 위해 끊임없이 노력한다면 위기가 닥쳐왔을 때 침착하게 대처할 수 있다. 사물은 그 자체로 예측 불가능한 법칙을 일정 정도 포함하고 있다. 따라서 예측할 수 없는 돌발 사건에 담담히 맞설 수 있게 된다면 당신은 이미 매우 성숙한 위기의식을 갖춘 사람이 된 것이다. 매 순간의 위기를 성공적으로 해결할 수 있으면 당신은 이미 마음까지도 성숙한 사람이 된 것이다.

위기를 피하려고 하기보다 차라리 평소에 위기의식을 길러 자신을 성숙하고 강하게 만드는 것이 낫다. 위기의식은 발전에 방해가 되는 장애물을 제거하여 당신을 성공의 피안으로 데려가줄 것이다.

인내도 재능이다

위기는 늘 우리를 역경 속에 빠뜨리지만 역경은 우리를 진정으로 강하게 만든다. 전쟁이 한창일 때 진정한 영웅이 나오고 난세에 뛰어나고 야심에 찬 인물이 등장한다. 만일 당신이 야심이 있는 사람이라면 역경에 감사해야 한다. 왜냐하면 역경만이 가장 빠르게 성장시키고 가장 효율적인 방식으로 부족한 점을 찾아낼 수 있게 해주기 때문이다. 실패가 성공의 어머니라면 역경은 당신을 강하게 만드는 지름길이다. 앞서 말했듯 위기는 글자 그대로 위험과 기회를 가리킨다. 우리는 위험을 피하고 싶어 하지만 대부분 기회와 도전은 함께 존재한다. 위험을 맞닥뜨리고 싶지 않다면 그 곁에 있는 기회도 영원히 발견할 수 없다. 만일 곁에 있는 기회를 발견했다면 모험해야만 변화할 그 기회를 얻을 수 있다는 사실도 발견할 것이다. 이것이 삶이다. 삶은 언제나 당신에게 100퍼센트 확신을 주지 않는다. 삶은 언제나 당신에게 위험을 가져다주는 동시에 이른바 기회라는 것도 선사한다.

우리는 '재벌 2세', '정치인 2세'라는 말을 부정적인 의미로 사용한다. 혹은 최소한 좋은 의미로 생각하지 않는 것만은 분명하다. 그들이 얻은 훌륭한 성적이나 부는 그들 자신의 노력이 아닌 부모의 성취를 그대로 물려받은 것이니 불공평하게 느껴질 수밖에 없다. 그들이 아무런 노력 없이 얻은 것은 우리가 모든 것을 다 바쳐서 얻고자 했던 것이다. 반면 우리가 감탄하고 존경하는 사람들은 자신의 두 손으로 노력해서 성공한 '평범한' 귀족이다. 그들의 모습을 통해 우리처럼 평범한 사람도 성공할 수 있다는 희망을 가질 수 있기 때문이다. 물론 이른바 '2세'라고 불리는 사람들도 똑같이 노력하고 분투했을지 모른다. 그러나 우리가 보기에 그들은 이미 다른 사람들보다 훨씬 앞에서 시작해 인생에서 별다른 역경을 겪지 않고 성취한다. 따라서 그 누구도 '재벌 2세'나 '정치인 2세'를 긍정적으로 바라보지 않는다.

그렇다면 위기 혹은 역경 속에서 우리만의 기회 또는 우리의 것이 될 기회를 얻으려면 어떻게 해야 할까? 스스로 강해지려면 어떻게 해야 할까?

첫째, 기다려라. 프랑스의 작가이자 사상가인 볼테르는 "끊임없이 인내하는 것은 재능이다"라고 말했다. 나타날 위기 앞에서 인내심을 갖고 기다리는 것도 능력이며 재능이다. 많은 사람이 성질을 억누르지 못하고 떠날 때 인내가 당신에게 보답할 것이며, 모두가 포기할 때 견지하며 앞으로 나아가면 당신이 제2의 리우샹(劉翔, 올림픽에서 아시아 선수 최초로 트랙 경기에서 금메달을 딴 중국의 육상 영웅. — 옮긴이)이 될 수도 있다. 세상 만물은 오묘해서 한 번만 보고 그 안에 담긴 깊은 뜻을 알 수 없다. 반복해서 관찰하고 계속해서 갈고닦아야 그 속에 있는 기회를 발견할 수 있다. 이것이 바로 기다려야 할 이유다.

둘째, 용감하게 모험하라. 확실히 모험은 어느 정도 위험을 내포하고 있지만 모험해야만 다른 사람은 얻을 수 없는 기회를 얻을 수 있다. 당신에게 가까운 기회는 다른 사람에게도 똑같이 가깝다. 사람들이 쉽게 시도하지 못하는 기회만이 당신을 돋보이게 해준다. 이것이 바로 위기가 가져다주는 것이다. 역경에 처해 있을 때 시도하고 모험하기를 두려워하지 말라. 이미 패배했는데 뭐가 두려운가. 대담하게 한번 부딪쳐보면 때때로 뜻밖의 결과에 도달할 수 있다.

셋째, 고집부리지 말라. 사람들은 각각 다른 위기를 맞닥뜨리고 누군가는 위기 속에서 경험을 얻는다. 당신이 위기에 처했을 때 언제나 당신에게 건설적인 조언을 해주는 사람이 있을 것이다. 이럴 때 고집부리지 말라. 교만하거나 다른 사람의 의견을 무시하지 말라. 역경 속에서는 노력도 중요하지만, 만일 방향을 제시해주는 사람이 있다면 그것 역시 좋은 일이다. 조언해준 사람에게 감사하는 마음을 갖고 유익한 조언을 잘 구분해서 그 조언을 따라라. 이는 위기 속 기회를 예리하게 포착하는 데 도움이 될 것이다.

내면을 강하게 단련하고 잠재된 위기를 예측하는 법을 익히고, 위기가 발생하기 전에 해결 방법을 찾다 보면 정말로 위기를 맞닥뜨렸을 때 내면이 받는 충격은 크게 줄어든다. 그렇다면 일상생활에서 어떻게 해야 자기 자신을 더 강하게 만들 수 있을까?

첫째, 언제든지 돌발 상황을 받아들일 마음의 준비를 하면 놀랄 일도 없다.

둘째, 친구와 인맥을 언제든 잃을 수 있다는 마음의 준비를 해라. 삶이란 원래 그런 것이다. 변화는 늘 계획보다 빠르다. 사람의 일은 예측하기 어려우며 내일의 삶을 예측할 수 있는 사람도 없다.

이 밖에도 성공하려면 역경을 두려워해서는 안 되며 역경에서 도망쳐서도 안 된다. 위기가 곳곳에 도사리고 있는 사회에서 어려움에 굴복하지 말고 전진해야만 한다. 우리 모두는 역풍 속에서 비상하고 있고 바람에는 늘 보이지 않는 장애가 있다. 도망치고 물러나면 영원히 높이 날아오를 수 없고 짙은 안개를 건널 수도 없다. 누군가는 방향을 바꾸면 된다고 말할지도 모르지만, 어떤 분야와 일이든 위기와 도전이 곳곳에 도사리고 있다. 위기를 완전히 피하고 싶다면 제자리에 멈춰서 성장하지 않고 강해지지도 않으면 된다. 그러나 사실 제자리에 멈춰 있는 것이 훨씬 더 큰 모험이다. 멈춰 있기 때문에 당신이 가져야 할 멋진 인생을 잃어버릴 수도 있다.

어느 상황에서든 역경을 두려워하지 말라. 갑자기 당신을 습격하는 위기를 두려워하지 말라. 마음이 충분히 강하고 평소에 그 어떤 것에도 흔들리지 않을 만큼 스스로 단련했다면 그 어떤 일도 당신 앞에서는 힘없이 흩어질 것이다.

Chapter 9

믿음이 성공의 씨앗이다. 다 놓쳐도 믿음만은 놓치지 말라

역경 지수와 긍정 에너지는 미묘한 관계다.
역경에 처했을 때 긍정 에너지는 더욱더 중요해진다.
적극적이고 낙관적인 마음가짐은
현실을 평온하게 받아들이도록 도와주고
침착하고 냉정한 분석 능력은
역경에서 벗어날 더 큰 기회를 준다.
좌절 속에서 연마한 역능력(逆能力)은
당신의 삶을 훨씬 풍요롭게 해준다.

천재 고흐, 베토벤, 데카르트가 공통으로 가진 재능, 포기할 줄 모르는 근성

천재를 흠모하듯이 성공한 사람을 부러워하는 이유는 그들에게는 따라 할 수 없는 무언가가 있기 때문이다. 혹은 그들은 평범한 사람은 할 수 없는 일을 해냈기 때문이라고도 말할 수 있다. 그러나 성공한 사람들이 지닌 자질이 어떻게 만들어졌는지 생각해본 사람은 거의 없을 것이다. 왜 평범한 사람과 천재로 나뉠까? 천재가 천재인 이유는 두뇌 발달 과정에서 평범한 이들은 받지 못한 자극을 받았기 때문이다. 같은 논리로 성공한 사람이 성공한 이유는 성장 과정에서 상상할 수 없는 좌절을 겪었기 때문이다.

성공한 사람들은 좌절을 겪을 때 죽을힘을 다하는 의지력으로 자신의 길을 꿋꿋이 걸어가고 무너뜨릴 수 없는 자신감으로 계속되는 위기를 벗어났다. 패배에 굴복하지 않고 자기 자신을 굳게 믿은 것이 성공한 사람들의 공통점이다. 성공한 사람들은 모두 천재다. 자기 자신을 믿는 천재, 끝까지 지속하는 천재, 노력하는 천재, 패배에 굴복하거나 포기를 모르는 천재다.

천재와 미치광이의 연관성을 찾기 위해 킹스칼리지런던 정신의학 연구소 교수 제임스 매케이브는 스웨덴 스톡홀름의 카롤린스카 의학 연구소와 손을 잡고 실험을 진행했다. 실험은 1988년에서 1997년 사이 스웨덴에서 의무 교육을 마친 15~16세 학생의 졸업 시험 성적과 그들의 17~31세 사이 정신병 기록을 비교하는 방식으로 진행했다. 그 결과 가정교육과 수입의 영향을 배제하면 성적이 우수한 학생이 조울증을 앓을 확률이 4배나 높은 것으로 나타났다. 《영국 정신의학저널(British Journal of Psychiatry)》에 발표한 연구 결과에 따르면 조울증은 지능과 학술적 표현력을 향상시켜 인간을 천재에 가깝게 만든다. 가벼운 조울증을 앓고 있는 환자는 보통 기지가 넘치고 창의력이 풍부해 '언어 구사력과 기억력이 좋고 다른 인지 능력도 우수'한 것으로 드러났다. 그들의 과장된 감정 반응은 종종 '예술과 문학, 음악 분야에서 재능을 발휘'하는 데 유리하게 작용했다. 미친 상태에서 사람은 '비범한 인내력과 지속적인 집중력'을 갖는 것이다.

천재와 미치광이는 한 걸음 차이라고 말하는 이유도 바로 이 때문이다. 대뇌를 형성하는 객관적인 원인을 제외하고 천재는 종종 편집증적인 고흐와 고집불통인 베토벤, 방랑벽이 있는 데카르트처럼 사람들이 이해하기 힘든 부분을 지니고 있다. 그러나 천재에게는 평범한 사람에게 없는 자질이 있는데 그것은 바로 견지하는 능력이다. 그들의 대뇌는 오랜 세월 한 가지 일만 지속함으로써 포기를 모르는 정신을 연마한다. 이처럼 멈추지 않고 지속하는 사람을 우리는 '미치광이'라고 부른다.

평범한 사람들이 역경을 마주했을 때 필요한 것은 약간의 '광증'과 '집착'이다. 역경 속에서는 그 어떤 두려운 일도 생길 수 있으며 언제나 비관까지 동반하여 우리를 뒤흔든다. 이때 만일 '광적'인 견지와 어떤 상황에서도 자기 자신을 믿는 '광증'을 지니고 있다면 천재는 되지 못하더라도 성공한 사람들에게 존재하는 불굴의 정신은 얻을 수 있다. '광증'이 있으면 역경은 때때로 그렇게 무서워할 것이 못 된다.

한 농장 주인이 곡식 창고를 둘러보다가 잘못해서 손목에 차고 있던 귀한 금시계를 잃어버렸다. 창고 전체를 뒤져도 찾지 못하자 그는 다음과 같은 공고를 붙였다.

'금시계를 찾는 자에게 100달러를 사례하겠음.'

많은 사람이 사례금을 손에 쥐기 위해 적극적으로 수색에 나섰다. 그러나 곡식 창고를 수없이 뒤졌지만 아무것도 나오지 않자 하나둘씩 포기하고 떠나기 시작했고 남은 사람은 점점 줄어들었다. 그중 한 아이가 있었는데 그는 한 마디 말도 없이 시종일관 시계 찾는 일만 계속했다. 가족에게 100달러가 꼭 필요했기에 아이는 절대로 포기할 수 없었다.

날이 어두워졌어도 아이는 여전히 곡식 창고 곳곳을 뒤졌다. 밤이 되자 시끌벅적했던 곡식 창고가 조용해졌다. 그리고 '째깍째깍'하는 시계 소리가 들려왔다. 아이는 벅차오르는 기쁨을 억누르며 소리가 들리는 쪽의 짚더미를 뒤적여 마침내 시계를 찾았다.

어른에 비해 지혜와 힘이 부족한 아이가 어른도 하지 못한 일을 해낼 수 있었던 것은 그가 어른보다 더 굳은 의지를 가지고 있었기 때문이다.

누차 강조했듯이 자기 자신을 정확히 인식하고 평가해야 한다. 역경은 자신을 다시 인식하도록 도와준다. 좌절을 마주하면 자신이 얼마나 연약하고 배워야 할 것이 많으며 성공과 얼마나 멀리 떨어져 있는지 알게 된다. 역경은 자신을 재평가하고 자신이 얼마나 '미치광이'가 될 수 있는지 알아보기 위해 삶이 주는 기회다. 평소에는 자신을 평범한 사람이라고 여기지만 때때로 역경 속에서 온 힘을 다해 버티다 보면 자기도 몰랐던 거대한 잠재력을 지니고 있음을 발견하게 된다. 이것이 바로 "사지에 몰려야 비로소 살 수 있다(置之死地而後生)"는 말의 의미다.

사람이라면 누구나 좌절을 겪는다. 역경에 빠지면 두려워하지 말고 오히려 기뻐하고 감사하라. 역경은 잠재력을 방출할 수 있는 가장 좋은 기회이니 역경을 사랑하는 법을 배워라. 역경 속 좌절이 주는 가장 큰 선물은 당신을 코너로 몰아서 자기 자신을 재인식하도록 만드는 것이다.

누구나 나쁜 패를 손에 쥘 수 있다. 그러나 나쁜 패를 손에 쥐더라도 그것을 잘 쓰는 법을 배워야 한다. 성장하는 법을 배우려면 역경을 성장의 계기로 바꾸는 법을 배워야 한다. 직장에서 좌절과 불만스러운 상황을 피하기란 쉽지 않다. 많은 사람이 좌절을 맞닥뜨리면 그대로 주저앉아 좌절의 그림자에서 벗어나지 못하고 끌어안고 있는데, 사실 좌절을 맞닥뜨릴 때 우리는 다음 몇 가지를 이해해야 한다.

첫째, 좌절에서 승리하면 마음의 힘이 더욱 강해진다. 개방적인 태도로 스펀지처럼 무엇이든지 학습해서 흡수하라. 그래야 계속해서 발전하고 자신의 능력을 향상시킬 수 있다. 치열한 경쟁에서 도태되는 사람은 과거의 좌절에서 벗어나지 못하는 사람이다. 그들은 항상 좌절을 등에 짊어지고 실패의 그림자 속에서 벗어나지 못한다. 좌절에 억눌려서 쓰러지지 않는 사람만이 좌절과 싸워 이겨서 더욱 자신감 있고 침착해질 수 있다. 태어날 때부터 강한 사람은 없다. 강한 사람이 강한 것은 끊임없이 마음을 갈고닦았기 때문이다. 좌절은 마음을 갈고닦는 가장 좋은 기회다.

둘째, 좌절은 능력을 향상시킬 수 있는 가장 좋은 스승이다. 좌절은 자신의 부족한 점을 직시하게 해준다. 또한 성공이라고 생각한 것이 성공이 아니고 다 되었다고 생각한 것이 아직 갈 길이 멀었음을 깨닫게 해준다. 이처럼 부족한 부분을 보완하고 새로 배우면 능력은 크게 향상된다.

셋째, 한 번의 실패는 더 큰 무대로 나아가는 발판이 된다. 많은 사람이 좌절을 두려워하는 이유는 한 번의 실패가 평생의 실패라고 생각하기 때문이다. 다시 시작하려는 마음만 있다면 좌절은 더 큰 기회가 될 수 있다. 역경을 맞닥뜨렸을 때 자기 자신을 새롭게 인식해야만 역경 속에서 되살아난다. 그러나 역경을 마주해 누구나 자기 자신을 새롭게 인식할 용기를 가지는 것은 아니다. 이는 고통스러운 과정이기 때문이다. 자신을 새롭게 인식하려면 먼저 자신을 부정하고 과거에 자랑스러워하고 좋다고 생각한 것을 버려야 한다. 그런 후 낯설고 거부하고 싶은 것을 알아가고 배워가야 한다. 보통 내면과 외부 환경이 충돌해 모순과 불협화음이 생길 때 새로운 인식이 필요하다. 이때 잘못된 방식을 고수하며 반성하려고 하지 않으면 모순은 더욱 커져서 결국 역경에서 빠져나올 수 없게 된다.

천재와 미치광이는 겨우 한 걸음 차이다. 역경 속에서 미치광이가 되는 법을 배워야 한다. 좌절과 실패, 불가능을 모르는 미치광이가 되어라. 견고하고 강한 마음을 가져라. 더 이상 자신의 무능력함을 두려워하지 말고 역경을 사랑하라. 그래야 역경이 우리의 '광증' 앞에서 속수무책이 되어 무시무시한 파급력을 잃는다.

역경을 뚫고 나가는 가장 좋은 돌파구,
긍정 에너지

《뉴욕 타임스》의 전 편집국장 질 에이브럼슨은 2014년 웨이크포레스트대학 졸업식에서 연설을 맡았다. 이미 오래전에 잡혀 있던 이 연설은 그가 갑작스럽게 해고된 이후 처음으로 공개 석상에 서는 자리였다. 연설에서 그는 어떻게 하면 고난에서 일어설 수 있는지 이야기했다.

관중의 박수와 환호를 받으며 11분가량 진행된 연설에서 질 에이브럼슨은 좌절을 마주하는 것이 성공을 손에 넣는 것만큼 중요하다는 메시지를 전했다.

"간절히 바라던 일자리를 얻지 못하거나 상급 과정으로 진학하지 못한 모든 버려진 이들에게 저는 이렇게 말해주고 싶습니다. 여러분은 갈구하던 것을 상실하거나 얻지 못했을 때 희망이 산산조각 난 것 같은 기분을 잘 알 것입니다. 바로 그때가 당신이 어떤 사람인지 보여줄 순간입니다."

역경 속에서 우리는 자주 부정 에너지로 가득 찬 기분을 느낀다. 이는 좌절을 겪을 때 답답함을 느끼는 것처럼 지극히 정상적인 상태다. 그러나 만일 최대한 빨리 역경에서 벗어나 가장 효율적인 방식으로 출구를 찾고 싶다면 자신을 믿고 견지해나가야 한다. 이러한 믿음과 견지는 긍정 에너지를 불어넣는다. 사실 역경을 뚫고 나갈 가장 좋은 돌파구는 바로 긍정 에너지다.

그렇다면 긍정 에너지란 과연 무엇일까? 나는 낙관이라고 생각한다. 낙관은 삶의 희망과 아름다움을 견지하고 믿을 수 있도록 해준다. 어떤 상황에서도 한 줄기 희망과 믿음을 가지고 있으면 긍정 에너지는 당신을 버리지 않고 역경의 출구를 찾도록 돕는다. 따라서 좌절을 겪더라도, 공격으로 만신창이가 되더라도 자신감과 굳은 의지만 있다면 긍정 에너지의 씨앗은 자라난다. 그리고 이 씨앗은 무한한 힘을 불어넣어줌으로써 역경 속에서 패배하거나 쓰러지지 않게 해줄 것이다.

자신을 믿는 것이야말로 좌절과 싸워 승리하는 가장 좋은 방법이다. 또한 가장 기본이지만 가장 효과적인 긍정 에너지는 역경을 쳐부술 수 있게 도와준다. 반대로 만일 좌절을 마주할 때 원망과 절망만 품으면 패배하는 것은 결국 자신이다.

인생의 분투는 그 형식이 어떠하든 '승리 또는 패배'의 결과로 나뉜다. "승리하면 왕이 되고 패배하면 도적이 된다"는 말은 오랜 세월이 지나는 동안 일반화된 역사적 정설이다. 예로부터 지금까지 이 정설을 뒤집은 사람은 거의 없었다. 앞에서 '노력이 아직 부족하다'고 말한 것은 분투의 강도와 깊이에 관한 문제다. 말만 하고 행하지 않으면 말하지 않은 것과 같다. 언행일치는 그 자체가 미덕이다. 개인의 분투에서 언행일치는 기본적으로 갖춰야 할 도덕적 소양으로, 여기서 가장 중요한 것 역시 이상을 향한 집념과 추구다. 실천의 핵심은 끝까지 견지하는 것이기 때문이다. '견지가 곧 승리다'라는 간단하지만 복잡하고 평범하지만 비범한 말은 분투하는 사람들이 영원히 떠받드는 신조다.

왜 좌절 또는 역경에 공포심을 느낄까? 그것은 바로 실망과 절망이 불러오는 부정적인 감정을 두려워하기 때문이다. 부정 에너지는 역경 속에서 틈만 있으면 파고든다. 스스로 연약하다고 느낄수록, 자신을 못 믿을수록 부정 에너지는 눈덩이처럼 점점 커진다. 그러나 견지와 자신감을 이해하고 비통함을 역량으로 전환하면 부정 에너지는 서서히 긍정 에너지로 변하기 시작한다. 자신의 위치를 새롭게 정립하고 견지해나가면 좌절은 당신을 두려워하게 되고 당신은 새로운 희망을 얻을 수 있다.

미국의 테레사 수녀는 일생 동안 수많은 일을 겪었지만 한 번도 고난에 쓰러지지 않았다. 그녀는 그 비결을 이렇게 말했다.

"세상에는 고난이 비일비재합니다. 하지만 고난을 대할 때 누군가는 고통스러워하고 누군가는 기뻐하는 것은 사람의 마음가짐과 중요한 관련이 있다고 생각합니다. 고난을 하늘이 베풀어준 특별한 선물로 여기면 슬픔은 사라지고 행복은 늘어납니다……."

'하늘이 베풀어준 특별한 선물'은 '물방울로 바위 뚫기'처럼 내 마음에 잔잔한 물결을 일으켰다. 앞으로 즐겁지 않은 일을 만났을 때 어떻게 해야 할지 알 것 같다.

얼마 전 회의에 참석하기 위해 뉴욕에 가게 되었다. 그런데 기상 악화로 비행기가 중간에 불시착해 네 시간이나 대기해야 했다. 당시 나는 답답하고 조급한 마음에 짜증이 나기 시작했지만 테레사 수녀의 말을 떠올리자 마음이 훨씬 편해졌다. '그래, 짜증 내봤자 소용없지. 하늘이 베풀어준 특별한 선물이라고 생각 못 할 이유가 뭐야? 평소에 쉬는 날이 없을 정도로 바빠서 네 시간의 휴식은 꿈도 못 꿨으니 이것이야말로 하늘이 베풀어준 선물이 아닌가?' 이렇게 생각하자 미소가 지어졌다. 나는 가방에서 잡지를 꺼내 찬찬히 읽기 시작했다.

이 일 이후 고난과 좌절을 만날 때마다 항상 나 자신에게 말한다. "또다시 특별한 선물을 받았구나." 그렇게 점점 미소는 나의 습관이 되었다.

매 순간의 좌절은 당신의 인생길에 심은 성공의 씨앗이고 매 순간의 역경은 그 씨앗을 더욱 강하게 성장시킬 기회다. 그리고 자신감과 견지는 성공의 씨앗을 자라게 하는 가장 좋은 영양분이다. 조건이 아무리 열악해도, 토양이 아무리 척박해도 자신감을 갖고 견지해나가면 서서히 씨앗은 자라난다. 눈앞의 성공과 이익에만 급급해하지 말고 한 걸음에 모든 것을 이루려는 욕심을 버려라. 당신의 성공이 다른 사람보다 천천히 오고 다른 사람보다 늦더라도 계속 견지해나가야 한다. 견지해야만 성공할 수 있고 자기 자신을 믿어야만 역경에서 벗어날 수 있다.

믿음 이외에 좌절이 주는 매 순간의 경험을 잊어서는 안 된다. 당신이 언제 성공할지 알 수 없지만 뜻을 이루어 원만한 보상을 받게 될지라도 감동적이고 감격적인 순간에 아름다운 꽃과 달콤한 술에 취해 과거에 겪은 역경을 잊어서는 안 된다.

무수한 역경을 이겨내고 무수한 좌절을 겪고 다양한 실패를 겪었다면 성공은 그저 하나의 결과에 지나지 않는다. 당신의 인생은 이미 충분히 멋지고 다채롭기 때문이다. 살아가며 좌절에 감사하고 역경이 가져다준 절망에 감사해야 한다. 그들이 견지와 자신감의 가치와 성공의 기쁨을 알게 해주며 자신이 얼마나 강한지 알게 해주기 때문이다. 역경이 시작될 때마다 기뻐하라. 칠흑같이 어두운 밤이 지나면 서광이 눈앞에 나타나듯 역경이 지나가면 성공은 머지 않았다.

"나는 이등병이다. 여기는 등대다!"

사람은 때때로 상상도 못 했던 에너지를 폭발시켜 절망적인 순간에 화려한 반전을 이룬다. 학창 시절에 "자신을 물러날 곳 없는 벼랑 끝으로 모는 것은 자신에게 반격할 기회를 주는 것과 같다"는 글을 보고 깊은 감명을 받았다. 당시 나는 처음으로 역경을 인식하고 있었다. 역경에 처했을 때 자신의 신념을 포기하지 않고 여전히 자신의 능력을 믿는 사람이 있다면 그 사람은 엄청난 능력을 발휘하여 대담하게 역경과 싸울 것이다. 어떤 상황에서 우리의 투지는 넘쳐나고 피가 들끓는다. 감정이 한껏 고양되면 신념도 전례 없이 강해진다. 이럴 때는 무엇도 그 사람을 무너뜨릴 수 없다. 그리고 이러한 순간이 역경에 반격할 가장 좋은 시기다.

믿음은 가장 기본적인 긍정 에너지로 역경 속에서 우리에게 희망을 주는 원천이다. 그렇다면 아무런 근거 없는 자신감이나 무작정 견지하는 것도 좋은 걸까? 자신감과 거만함을 어떻게 구분해야 할까? 어째서 누군가의 견지는 불굴의 정신이고 누군가의 견지는 자기 의견만 고집하는 고집불통인 걸까?

거만함과 자신감 사이의 경계는 명확하지 않지만 둘 사이에는 확실한 차이점이 존재한다. 거만한 사람은 항상 다른 사람을 깎아내리는 방식으로 자신을 높이지만 자신감 있는 사람은 자신의 능력을 믿음으로써 이상을 실현할 용기를 갖추고 있다. 그렇다면 역경 속에서 어떻게 해야 거만한 사람이 아닌 자신감 있는 사람이 될 수 있을까?

첫째, 당신의 장점을 이해하고 인정하라. 자신감을 높이려면 자신의 능력과 장점을 이해하고 믿어야 한다. 자신의 장점을 인정하는 것은 자신을 대단하게 여기는 행동이 아니라 자신을 향한 객관적인 긍정이다. 여기서 주의할 점은 자신의 장점뿐 아니라 남의 장점도 있는 그대로 바라보며 이중 잣대를 사용하지 않는 것이다.

둘째, 대화할 때는 눈빛을 교환하라. 다른 사람과 대화할 때 눈빛 교환은 자신감의 상징이다. 눈빛이 풀어지고 집중하지 않으면 거만할 뿐 아니라 예의 없어 보인다. 다른 사람이 말할 때 상대의 눈을 뚫어지게 노려봐서도 안 된다. 이러한 행동은 상대를 불편하게 한다. 자연스럽고 온화한 눈빛으로 상대의 얼굴 전체를 주목하라.

셋째, 완벽한 사람은 없고 누구나 실수한다는 사실을 명심하라. 실수해도 괜찮다. 그보다 실수를 어떻게 바라보고 처리하는지가 중요하다. 자신감 있는 사람은 종종 자신의 잘못을 겸허하게 받아들이고 고치려고 노력한다. 잘못을 인정하지 않고 무슨 일이든 다른 사람을 비난하는 경향이 있는 사람은 영원히 존중받지 못하고 제자리에 머물러 있다.

넷째, 자신감 부족의 원인과 문제의 핵심을 찾아내라. '사교적이지 못하고 낯선 사람과 접촉할 때 불편함을 느낀다', '자신의 얼굴 또는 몸매가 아름답지 않다고 느낀다', '실수할까봐 사람이 많은 장소에서 말하지 못한다' 등등 자신의 문제점을 대담하게 인정하는 것이 문제 해결의 첫걸음이다.

다섯째, 타인을 존중하고 주변 사람을 얕잡아 보지 말라. 자신의 능력을 믿되 타인을 얕잡아 봐서는 안 된다는 사실을 명심하라. 거만한 사람은 자신의 약점과 타인의 장점을 보지 못하고 종종 타인의 잘못을 지적하며 자신의 훌륭함을 증명하려고 한다. 그러나 이러한 행동은 오히려 자신의 부족함을 드러낼 뿐이다.

여섯째, 타인과 비교하지 말라. 당신이 아무리 훌륭해도 누군가는 어떤 방면에서 당신보다 뛰어나다. 당신이 맹목적으로 타인과 비교할 때 당신의 기준은 종종 객관적이지 않다. 자신의 장점과 다른 사람의 단점만 바라보는 것은 아무 의미가 없다. 이 세상에는 더 나은 사람도, 더 못난 사람도 없다. 노력해서 이상을 실현하고 시간을 헛되이 보내지 않고 자신의 잠재 능력을 실현했다면 당신은 성공한 것이다. 맹목적인 비교는 자신감을 잃게 하는 근원이다.

거만하지 않고 자신감 있는 사람이 되면 역경 속에서 더욱 성숙해지고 지혜로워질 뿐 아니라 사업과 인생 역시 활기차고 멋지게 변한다.

어느 날 밤 미국 항공모함 한 척이 항해하고 있었다. 그런데 별안간 짙은 안개를 만났고 함장은 사고를 예방하기 위해 곧장 조종실로 뛰어가 자리를 지켰다. 얼마 후 멀리서 희미한 불빛이 반짝이는 것이 보였다. 함장은 곧장 탐조등 신호병에게 모스부호로 상대에게 경고하도록 지시했다. “여기는 USS 케네디호. 위험하니 동쪽으로 15도 돌리길 바란다.” 몇 분 후 상대쪽 불빛이 대답했다. “USS 케네디호는 주의하라. 서쪽으로 15도 돌리길 바란다.”

함장은 상대의 신호를 보고 불같이 화를 냈다. 미국 해군의 항공모함은 전 세계에서 가장 큰 선박인데 감히 누구보고 길을 비키라고 한단 말인가! 함장은 신호병을 통해 상대에게 지시했다. “반복한다. 여기는 USS 케네디호. 우리는 항공모함이고 나는 함장이다. 충돌을 피하기 위해 즉시 동쪽으로 15도 돌리길 바란다.” 곧이어 상대의 불빛이 대답했다. “나는 이등병이다. 여기는 등대다. 서쪽으로 15도 돌리길 바란다.”

자신감 있는 사람은 자신의 강점을 잘 알고 있으며 동시에 자신이 가치 있는 사람이라는 것도 정확히 인식하고 있다. 그들은 항상 더 잘하려고 하기 때문에 타인에게 배우려고 한다. 또한 즐겁게 지낼 줄 알고 타인을 돕고 격려할 줄 안다.

그러나 위의 일화에서 알 수 있듯이 역경 속에서는 자신감도 정도를 지켜야 한다. 과하게 충전하면 건전지가 망가지는 것처럼 자신감이 지나쳐 거만해지면 역경에서 벗어나는 데 도움이 되기는커녕 오히려 잘못된 길로 인도해서 성공에서 더욱 멀어지게 한다. 자신을 믿어야 하는 것은 맞지만 남의 말은 무조건 듣지 않는 '독재자'가 되어서는 안 된다.

적절한 자신감이 생겼다면 이제 할 일은 자신의 피를 들끓게 만드는 것이다. 다른 사람의 주목을 받고 역경 속에서 분투할 에너지를 얻고 싶다면 먼저 자신의 피를 들끓게 만들어라. 스스로 해낼 수 있다고 믿고 맹목적이거나 거만하지 않은 자신이 나아갈 목표를 정하라. 이것이 역경에서 벗어나는 가장 좋은 방법이다.

역경 속에서 피를 들끓게 하기 위해 가장 중요한 것은 자신이 가야 할 방향을 아는 것이다. 목표가 없으면 정확한 판단을 내릴 수 없고 믿음을 가질 만한 근거도 찾지 못한다. 그러면 마치 '머리가 없는 파리'처럼 이리저리 부딪치며 역경의 깊은 곳에서 길을 잃는다.

인생은 넓은 바다를 항해하는 것과 같다. 키잡이인 당신은 방향을 정해야 한다. 이 세상에 꿈이 없는 사람이 어디 있으며 길 위를 딛고 있지 않은 발이 어디 있으며 방향이 없는 길이 어디 있겠는가? 확실히 인생이라는 바다에서 방향의 결정적인 역할은 그 무엇도 대신할 수 없다. 방향이 없거나 방향을 잃으면 영원히 동경하는 세계에 도달하지 못한다. 따라서 반드시 항해하는 노선을 확실히 정해야 한다. 어디로 갈 것인지, 어떠한 목적지에 도달할 것인지 등의 질문에 명확한 답을 갖고 있어야 한다. 답이 있어야 충만한 긍지와 의욕을 품고 출항할 수 있다.

자신감과 거만함은 한 걸음 차이다. 절대로 그 경계선을 넘지 말라. 역경 속에서 목표를 세우고 항해할 길이 어딘지 파악했다면 방황하지 말고 발걸음을 멈추지 말라. 자신을 믿고 자신에게 에너지를 불어넣어 성공의 조건을 갖춰라. 믿음과 명확한 목표, 정확한 위치가 확립되었다면 당신만의 멋진 길을 걸을 수 있다. 역경 속에서 투지를 얻고 용감하게 앞으로 나아갈 수 있다.

유리병에 갇힌 꿀벌과 파리

중국 고대의 4대 발명품 중 나침반은 우리를 더 멀리 나아가게 하고 더 많은 것을 볼 수 있게 해주었다. 나침반 덕분에 항해할 때 길을 잃지 않고 안개 속을 드나들면서도 출구를 찾을 수 있게 되었다. 인류 역사상 가장 위대한 발명품으로 나침반과 견줄 수 있는 것은 아마 없을 것이다. 나침반이 있었기에 다른 지역 사람들과 교류하고 자신의 생활 반경 밖의 세상을 보고 더 먼 곳에서 부를 얻고 희망을 찾을 수 있었기 때문이다. 나침반은 생존 희망을 의미한다. 또한 미지의 세계를 향한 인류의 굴복하지 않는 탐색과 견지, 믿음, 행복을 대변한다.

역경에 맞닥뜨렸을 때 희망을 가지려면 자신을 믿어야 한다. 그렇다면 무엇을 근거로 자신을 믿을 수 있을까? 출구가 있다는 것을 어떻게 알 수 있을까? 이럴 때 필요한 것이 바로 가야 할 방향을 확실히 알려주는 나침반이다. 어디로 갈지 알아야 안심하고 걸어갈 수 있고 명확한 목표가 있어야 끈기와 믿음을 갖고 지속할 수 있는 동력이 생긴다.

역경 속에서 자신감을 갖는 것은 어렵지 않다. 역경이 막 닥쳤을 때는 자신이 역경을 견뎌서 최후의 승자가 될 수 있다고 믿기 때문이다. 그런데 왜 차츰 자신감과 희망을 잃는 걸까? 바로 방향이 없기 때문이다. 역경은 마치 안개와 같아서 눈앞의 길이 제대로 보이지 않는다. 심지어 앞에 길이 있는지조차 알 수 없어서 앞으로 나아가지 못한다. 어쩌면 한참을 걸어가도 끝이 보이지 않아서 어떻게 해야 할지 모르는 것일 수도 있다. 암벽을 등반할 때 끝까지 지속할 수 있는 이유는 정상이 있음을 알기 때문이다. 정상을 볼 수 있기 때문에 굳은 의지로 나아가기만 하면 도달할 수 있다고 믿을 수 있다. 그러나 아무것도 보이지 않는 상태에서 죽을힘을 다해 등반하다가 기운이 다 빠졌을 때 정상까지 얼마나 남았는지 알지 못하면 심하게 절망하게 된다. 이처럼 방향은 신념에 중요한 영향을 미친다.

한 생물학자가 다음과 같은 실험을 진행했다.

뚜껑이 열린 유리병을 거치대에 두고 유리병 바닥에 빛을 비췄다. 그런 다음 꿀벌 몇 마리를 유리병 안에 집어넣었다. 1분이 지나고 위험에 처한 것을 깨달은 꿀벌들은 하나둘씩 출구를 찾기 시작했다. 그리고 자연스럽게 유리병 아래에 빛이 있는 방향으로 날아가 한 차례 또 한 차례 벽에 부딪쳤다. 고집스러운 꿀벌들은 계속해서 죽기 살기로 밝게 빛나는 '출구'를 향해 맹렬히 부딪쳤다. 30분이 지난 뒤 꿀벌들은 날개를 반만 펼친 채 숨이 곧 끊어질 것 같은 모습으로 유리병 바닥에 모여 있었다.

생물학자는 가련한 꿀벌들을 풀어주고 실험 대상을 파리로 바꾸었다. 꿀벌처럼 파리도 위험을 깨닫고 즉시 밝게 빛나는 유리병 바닥으로 돌진했다. 그러나 계속해서 벽에 부딪치자 똑똑한 파리는 밝게 빛나는 유리병 바닥이 아닌 위, 아래, 오른쪽 등 다른 곳으로 돌진하기 시작했다. 3분이 지나고 파리 한 마리가 위험에서 벗어나는 데 성공했다. 그리고 10분 뒤에는 예닐곱 마리가 모두 유리병에서 탈출해 자유를 얻었다.

가만히 앉아서 죽음을 기다리는 것보다 좌충우돌이 훨씬 현명하다. 행동해도 성공하지 못할 수 있지만 행동하지 않으면 반드시 실패한다. 이미 정한 목표를 끈질기게 견지하는 것도 중요하지만 상황에 따라 융통성 있게 대처하는 것이 훨씬 중요하다.

믿음이 역경 속 긍정 에너지의 근원이라면 방향은 믿음의 지렛목이다. 아무것도 보이지 않는 역경에서 어떻게 앞으로 나아갈 길을 선택해야 할까? 어둠 속에서 어떻게 모색해야 할까? 어떻게 해야 자기만의 나침반을 가질 수 있을까?

첫째, 앞으로 나아갈 길이 보이지 않는다면 일단 발걸음을 멈춰라. 정확한 방향이면 출구에 점점 가까워지지만 반대 방향이면 출구에서 멀어져 쓸데없이 체력을 소모하게 된다. 따라서 침착하게 생각하고 판단할 시간을 갖는 것이 방향을 찾을 때 가장 중요하다.

둘째, 안개 속에서는 많이 시도하고 많이 의심하라. 수많은 갈림길에서 어떻게 해야 할지 모르겠다면 일단 시도해보는 것도 나쁘지 않다. 하지만 절대로 직접 벽에 부딪칠 때까지 시도하지 말라. 모든 잘못된 길에는 그것만의 표시가 있어서 신중히 살피면 발견할 수 있다. 체면 때문에 혹은 괜히 민망해질까봐 잘못된 길인 줄 알면서도 고집스럽게 그 길을 가는 것은 멍청한 행동이다. 대담하게 시도하되 신중하게 그 길이 맞는 길임을 증명하는 것은 방향을 정하는 중요한 원칙이다.

셋째, 방향을 결정할 때는 최대한 타인의 의견에 귀를 기울여라. 나이가 많거나 비슷한 역경을 경험한 사람들의 의견은 정확한 판단을 내리는 데 도움을 준다. 따라서 다른 사람에게 가르침을 청할 기회를 절대 포기하지 말라. 때로는 상대의 무심한 말 한마디가 헛걸음하는 일을 줄여준다.

목표를 정하는 것과 더불어 중요한 것은 자신의 선택을 믿는 것이다. 어떤 일은 끝까지 가봐야 맞았는지 틀렸는지 알 수 있다. 또한 좋고 나쁨은 언제든지 바뀔 수 있다. 모두가 보기에 불가능하고 이해할 수 없는 일도 끝까지 견지하면 당신이 옳았다는 것을 증명할 수 있다. 모두가 옳다고 여기는 길을 가면 당신이 돋보일 기회는 줄어든다. 따라서 다른 사람의 의견에 귀를 기울일 때 자기만의 관점이 있어야 한다. 다른 사람의 의견은 단지 당신의 길을 수정하는 데 참고할 뿐 방향을 선택했다면 자신을 믿고 용감히 나아가야 한다.

두 여자가 회사를 그만두고 집 근처에 가게를 열어 만두와 유차(油茶, 밀가루에 소고기 기름, 참기름, 설탕과 참깨 등을 넣고 볶은 가루를 뜨거운 물에 풀어서 걸쭉하게 먹는 음식으로 달걀을 넣어 먹기도 한다. — 옮긴이)를 팔았다. 한 달이 지나자 한 곳은 장사가 잘되었지만 다른 한 곳은 폐업했다. 어떻게 된 일일까? 알고 보니 모든 원인은 달걀에 있었다.

장사가 잘되는 가게는 고객이 유차를 주문하면 항상 "달걀을 한 개 넣어드릴까요, 두 개 넣어드릴까요?"라고 물었지만 폐업한 가게는 "달걀을 넣어드릴까요?"라고만 물었다. 이처럼 미묘하게 다른 질문으로 인해 첫 번째 가게는 두 번째 가게보다 하루 수입이 20~30위안 더 많았다. 이러다 보니 첫 번째 가게는 각종 비용 부담이 상대적으로 줄어서 계속해서 장사를 할 수 있었지만 두 번째 가게는 점점 부담이 심해져서 결국 가게를 접을 수밖에 없었던 것이다. 또한 두 가게의 거리가 멀지 않아서 두 번째 가게가 망하자 손님들이 전부 첫 번째 가게로 갔고 첫 번째 가게는 장사가 더욱 잘되었다.

세상사의 성공과 실패는 때때로 이처럼 사소한 것으로 결정된다. 그것은 겨우 달걀 하나일 때도 있고 1퍼센트의 다른 요소일 때도 있다. 성공의 비결은 이처럼 아주 사소한 것에 달려 있다. 수많은 사람이 무수한 실패를 겪은 후 '사소한' 무언가를 바꿔서 성공으로 나아간다. 따라서 어떤 상황에서든 작은 일이라고 얕보거나 소홀히 해서는 안 된다.

"쏜 화살은 되돌릴 수 없다"는 말이 있다. 이미 방향을 정했고 목표를 명중하고 싶다면 뒤돌아보지 말아야 한다는 뜻이다. 역경도 이와 같다. 한번 시도해보라는 말은 확실한 목표를 정하기 전에 하는 말이다. 그러나 일단 길을 선택했다면 끝까지 그 길을 견지해야 한다. 오늘 어떤 목표를 선택해놓고 내일이 되어보니 그 목표가 너무 어려울 것 같아서 선택을 포기한다면 영원히 역경에서 빠져나가지 못한다. 물러서는 방법은 역경 속에서 통하지 않는다. 역경 속에서 겨루는 것은 누가 더 잘 견지하는지, 누가 더 자신감이 있는지다. 만일 자주 목표를 바꾸는 사람이라면 그런 연약한 의지로는 절대로 성공한 사람이 될 수 없다.

앞이 보이지 않는 길은 위험하며 절망감을 안겨준다. 이 세상은 변화무쌍해서 우리가 결정할 수 있는 것은 아무것도 없다. 따라서 눈앞의 자욱한 안개에 겁먹거나 길흉을 예측할 수 없다고 앞으로 나아가려는 생각을 포기해서는 안 된다. 아무것도 알 수 없기 때문에 희망이 있는 것이다. 앞에 무엇이 있을지 알 수 없는 신비감은 인생을 훨씬 다채롭게 해준다. 당신 인생의 키잡이가 되어 나침반을 들어라. 암초에 부딪치는 것이 두려워 인생이라는 배가 출항하지 못하고 제자리에 머물러 있게 하지 말라.

신의 없는 부자에게 멋지게 복수한 가난한 화가

이런 사람이 있다.

열네 살에 권투 연습 경기에서 상대 선수에게 얼굴이 피범벅이 될 정도로 얻어맞고도 다음 날 상처에 붕대를 감은 채 체육관에 나타났다. 권투 훈련을 하다 다친 왼쪽 눈의 시력은 영원히 회복되지 않았다. 열아홉 살에는 전쟁에 나갔으며 전투 중 중상을 입어 전신에 폭탄 파편 200여 조각이 박혔다. 이 파편 중 일부는 영원히 그의 몸속에 남았다. 그는 스무 살에 작가가 되기로 결심하고 끊임없이 글을 썼지만 출판사에게 계속 퇴짜를 맞았다. 드디어 스물네 살에 첫 번째 작품을 출간할 수 있었지만 겨우 300부만 제작되었다. 당시 그는 너무나 가난해서 한 가족의 생계를 유지하기 어려웠기에 결국 아내는 막 태어난 아이를 데리고 그의 곁을 떠났다.

이 사람은 바로 1954년에 노벨 문학상을 받은 어니스트 헤밍웨이다. 그의 유명한 소설에는 이런 문장이 등장한다. “인간이 태어난 것은 패배하기 위해서가 아니다."

필라멘트 실험을 1,200번이나 실패한 에디슨을 누군가가 비웃었을 때 "난 이미 1,200가지 재료로 필라멘트를 만들 수 없다는 사실을 알아낸 거야"라고 에디슨이 반박한 것처럼 실패를 두려워하지 말라.

믿음은 역경에서 벗어나기 위해 갖춰야 할 심리적 조건이다. 믿어야 태연하고 정확하게 매 순간의 좌절과 실패를 바라볼 수 있다. 명심해야 할 것은 역경은 사람의 일생에서 절대로 단 한 번만 오지 않으며 한 번의 성공으로 평생의 성공을 얻을 수 없다는 것이다. 단 한 번 넘어진 것으로 달리기를 배울 수 없듯이 말이다.

역경에 직면했을 때 약하기만 한 사람은 없고 역경에 갇혀 있길 바라는 사람도 없다. 생각하기만 하면 해낼 수 있고 믿기만 하면 희망이 생긴다. 넘어진 아이가 원하기만 하면 다시 일어나서 해맑게 웃으며 계속 걸어갈 수 있듯이 말이다. 여러 번 넘어져야 달리는 법을 배울 수 있고 힘차게 달릴 때의 상쾌한 기분을 느낄 수 있다. 삶도 똑같다. 모두가 위대한 사람이 되어야 하는 것은 아니며 사회를 위해 혁혁한 공을 세워야 하는 것도 아니다. 그저 좌절로 인해 쓰러졌을 때 스스로 일어나서 미소를 짓고 남은 길을 끝까지 걸어가는 것으로 충분하다. 이것이 바로 자신을 향한 최고의 신뢰다.

한 젊은 화가는 무명이었을 때 좁은 지하실에서 살며 매일 초상화를 그려서 먹고살았다. 그러던 어느 날, 길을 지나가던 한 부자가 이 화가의 섬세하면서도 부드러운 화풍에 반했다. 그는 화가에게 반신상을 그려달라고 부탁하며 사례금으로 5,000위안을 주겠다고 말했다. 일주일 후 그림을 가지러 간 부자는 화가가 사는 누추한 집을 보고 자신이 금액을 너무 높게 불렀다고 생각했다.

'이런 가난뱅이한테는 1,000위안도 큰돈이지.'

부자는 화가에게 말했다.

"당신이 그린 그림은 내가 생각했던 모습과 다르군. 그래서 1,000위안 밖에 줄 수 없소."

화가가 즉시 손을 내저었다.

"안 됩니다. 그 금액으로는 재료비도 안 나옵니다."

"1,000위안이 당신한테는 적은 돈이 아니잖소? 더구나 이 그림은 나를 그린 것이니 내가 아니면 누가 이 그림을 사겠소? 이 점은 당신이 더 잘 알고 있을 텐데."

부자가 뻔뻔스럽게 말했다.

화가는 부자가 자신의 초라한 형편을 얕잡아 봤다는 것을 깨닫고 분개하며 부자의 제안을 거절했다. 부자가 화가를 노려보며 말했다.

"마지막으로 묻지. 1,000위안에 팔겠소, 안 팔겠소?"

화가도 부자를 쏘아봤다.

"저도 마지막으로 말하겠습니다. 절대로 그 돈에는 안 팝니다. 하지만 만일 당신이 오늘 약속을 어기면 나중에는 지금 가격의 20배를 내고 이 그림을 사야 할 겁니다!"

"20배? 10만 위안?" 부자가 숨넘어갈 듯이 웃었다. "내가 바보도 아니고 10만 위안이나 주고 이 그림을 살 거라니 말이 돼?"

"두고보십시오!"

화가가 부자의 뒤에 대고 크게 소리쳤다.

이 일로 화가는 크게 상심했지만 반드시 성공해서 그 부자가 어떤 표정을 짓는지 보고야 말겠다고 맹세했다.

10년이 흐른 어느 날, 부자의 친구 한 명이 그를 찾아와 말했다.

"이상한 일이 있네. 한 유명한 화가의 전시회가 열렸는데 거기에 자네 초상화가 있지 뭔가. 그런데 작품 가격이 엄청나게 높아. 10만 위안! 더구나 그 그림의 제목이 '도둑'이라니, 정말 이상하지 않은가?"

부자는 예전 기억이 떠올랐다. 뒤통수를 얻어맞은 기분이었다. 그는 자신의 명예를 지키기 위해 당장 전시회로 달려가 10만 위안을 지불하고 그림을 구입했다.

자기 자신 이외에 자기를 무너뜨릴 수 있는 사람은 없다. 낙담하지만 않으면 좌절은 오히려 성장을 돕는 계단이 되어 원하는 곳으로 데려다준다.

믿음이 있어야 일어설 수 있고 수차례 실패를 겪어야 비로소 성공할 수 있다. 이처럼 케케묵은 이치는 모두 알고 있지만 넘어지면 아픈 것처럼 누구도 반복되는 실패와 계속 이어지는 공격을 원하지 않는다. 만일 좌절로 인해 발걸음을 멈췄다면 실패의 원인을 다른 곳에서 찾을 필요 없다. 연약함이 곧 실패의 가장 큰 이유이기 때문이다.

연약한 사람은 패배를 두려워하고 넘어지면 다시 일어서지 못한다. 이러한 사람은 애초에 성공에 어울리지 않는다. 누군가는 좌절을 맞닥뜨려도 두려워하지 않고 끝까지 자신의 길을 나아간다. 만일 평온한 삶에 무료함을 느낄 정도로 자신을 단련한다면 그 무엇도 당신을 무너뜨릴 수 없을 것이다.

자신의 연약함을 변명하지 말라. 자신이 멈춘 것을 원망하지 말라. 역경 속에서의 모든 결정은 전부 스스로 내린 것이고 모든 길 역시 스스로 선택한 것이다. 자기 자신을 믿지 못한다면 삶이 주는 것은 실망과 무료함뿐이다.

그렇다면 무수한 실패를 어떻게 마주해야 할까?

첫째, 행동하고 실패를 두려워하지 말라. 첫발을 내딛는 것이 중요하지만 그보다 더 중요한 것은 첫발을 내딛기 전에 결심하는 것이다. 두려움과 의심이 아니라 행동으로 사실을 직면하라.

직장에서 어떤 임무를 맡으면 어떤 사람은 계획을 세우고 곧바로 실행함으로써 마지막 결과를 검증한다. 그러나 어떤 사람은 머뭇거리며 머릿속으로 아무런 근거도 없는 결과를 상상하기만 한다. 그는 생각만 하고 포기하거나 자신이 상상한 결과를 상사에게 보고한다. 이러한 사람들로 구성된 조직은 적극성이 부족하고 혁신이 불가능하다. 그들은 새로운 일을 시작하는 것을 두려워하기 때문에 미지의 요소를 마주할 수 없다. 성공한 회사는 성공한 구성원으로 이루어진 조직 위에 만들어진다. 명심하라. 어떠한 임무나 업무를 마주할 때 모든 구성원의 실질적인 행동이 곧 회사가 성공으로 가는 출발점이다.

둘째, 대담하게 자신의 단점을 마주하라. 자신의 단점을 충분히 알고 있는 사람만이 진정으로 자신감 있는 사람이다. 왜냐하면 그들은 자신의 부족함을 회피하지 않기 때문이다. 먼저 직면하고 고치면 된다. 자신의 단점을 인정하려고 하지 않으면 변화와 향상은 기대하기 어렵다.

셋째, 남을 탓하지 말라. 항상 책임을 다른 사람에게 떠넘긴다면 실패에서 그 어떤 교훈도 얻지 못한다. 실패에서 배울 수 있어야 한다. "실수는 값을 매길 수 없는 보물이다. 실수 속에서 유익함을 얻는 법을 배워야 한다"는 말처럼 실수로부터 배우는 것은 쉽게 얻을 수 없는 교훈이다. 분노와 파산을 겪었다면 그대로 주저앉아 좌절할 것이 아니라 다시 일어나 그 속에서 교훈을 얻어야 한다.

역경은 정말로 두려워할 것이 못 된다. 좌절 역시 절대로 이길 수 없는 것이 아니다. 비록 이 세상에는 100퍼센트 확신할 수 있는 것도 없고 절대로 무너지지 않는 것도 없지만, 최소한 자기 자신을 패배하는 사람으로 만들어서는 안 된다. 믿음을 가지면 그 무엇도 당신을 쓰러뜨릴 수 없다. 믿음을 가지면 당신은 더 많은 희망을 가질 수 있다. 믿음을 가지면 자신에게 더 많은 기회를 줄 수 있고 믿음을 가지면 역경이 당신 앞에서 위세를 부리지 못할 것이다.

Chapter 10

당신을 쓰러뜨린 사람에게 한 수 배워라

영원히 실패하는 사람은 없고
영원히 성공하는 사람도 없다.
실패는 경험과 교훈을 가져다주고
성공은 자신감과 부를 가져다준다.
이 둘 사이의 거리는 종종 한 걸음 차이다.
패배가 결코 나쁜 일만은 아니다.
최소한 자신의 부족한 점을 알 수 있기 때문이다.
실패자의 논리로 성장하는 것 역시
일종의 역경 지수다.

실패를 막는 사람이 되기보다 실패에 의연히 맞서는 사람이 돼라

앞에서 수없이 역경과 좌절을 이야기했다. 역경과 좌절로 점철된 인생을 두 글자로 설명할 수 있는데, 그것은 바로 실패다. 이미 앞에서 실패를 어떻게 대면해야 하는지, 실패 속에서 어떻게 교훈을 얻어야 하는지 알아보았다. 수천 년 동안 인류는 다양한 교훈을 정리해 미래의 발전 과정에서 실패를 피하고자 했지만 단 한 번도 성공하지 못했다. A 유형의 실패를 피하면 B 유형의 실패를 맞닥뜨리고 충분한 경험을 얻었다고 생각하면 그다음의 역경은 우리가 너무나 순진했음을 일깨워준다. 실패는 항상 틈만 있으면 파고든다.

그래서 나는 무척이나 궁금했다. 왜 이 세상에는 실패가 존재해야만 할까? 레시피와 한 치의 오차도 없이 요리해도 여전히 실패할 가능성이 존재하는 것처럼 말이다. 배우기만 하면 실패하지 않는 어떤 법칙이나 지식은 없을까? 실패하지 않는 인생이란 얼마나 멋진 일인가. 내 생각이 너무나 단순하다고 여길 것이다. 아무리 완벽하게 준비하고 여러 번의 경험에서 교훈을 얻는다고 해도 계속 발전하고 새로워지고 싸우기를 선택하면 실패는 일상적인 일이 될 수밖에 없기 때문이다. 실패를 막을 방법을 생각하느니 차라리 실패에 의연하게 맞서는 사람이 되는 것이 낫다.

의연하게 실패하는 사람이 되려면 먼저 용감하게 시도하는 사람이 되어야 한다. 우리는 태어난 순간부터 매일 끊임없이 시도한다. 시도하기를 멈추면 인생은 성장하지 않는다. 마치 수능을 보고 대학에 합격한 학생이 계속해서 공부하지 않으면 지식이 쌓이지 않을뿐더러 시간이 흐르면서 이미 배웠던 각종 함수와 고문을 잊어버리는 것처럼 말이다. 따라서 용감하게 시도하는 사람이 되어야 한다. 시도한 이후의 결과가 마음에 들지 않을까봐 걱정하지 말라. 일단 시도해야 성공할 수 있는지 없는지 알 수 있다.

의연하게 실패하는 사람이 되려면 관찰하는 법을 배워야 한다. 논리적 사고 없이 주먹구구식으로 시도하면 노력에 비해 적은 성과를 얻는다. '신농씨(중국 신화에 등장하는 농업과 의약의 신으로, 100가지 풀의 성질을 알기 위해 직접 풀을 씹어 그 효능을 가렸다고 전해진다. — 옮긴이)가 100가지 약초의 맛을 보았다'는 말은 당시의 환경적 제약 때문이다. 오늘날 직접 깊은 산속으로 가서 풀을 하나씩 먹어봤다는 의과대학 교수가 없는 이유는 이미 관련 서적이 있기 때문이다. 책을 통해 많은 것을 얻을 수 있기에 옛사람들의 시도를 다시 반복할 필요가 없다. 따라서 시도하기 전에 관찰하는 법을 배워야 한다. 주변에 이용할 자원이 있는지, 바로 결과를 얻을 수 있는 경로는 없는지 관찰해야 한다. 그리고 만일 찾는 것이 있다면 직접 위험을 무릅쓸 필요 없이 다른 사람에게 물어서 급한 일을 해결하면 된다.

의연하게 실패하는 사람이 되려면 자세를 낮추는 법을 배워야 한다. 많은 사람이 실패한 뒤 체면을 잃고 난처한 상황에 처하게 될까봐 두려워한다. 이러한 두려움은 작은 성공을 거둔 사람들에게서 두드러지게 나타난다. 작은 회사의 사장은 아랫사람에게 체면을 잃기 싫어서 자신의 실패를 인정하지 않는다. 실제로 "도를 듣는 것에는 먼저와 나중이 있고 기술과 학업에는 전공이 있다(聞道有先後 術業有專攻)"는 말처럼 어떤 분야에서 많은 사람을 이끌고 있을지라도 반드시 남들보다 못한 부분이 있기 마련이다. 따라서 실패하는 것은 당연한 일이다. 자신의 성장과 발전에 도움이 된다면 체면은 넣어두어라. 다음 일화를 살펴보자.

제크: 왜 선원이 됐습니까?

선원: 바다를 좋아해서요. 저희 집안은 조상 대대로 바다를 동경했습니다.

제크: 네? 그렇다면 당신의 조상도 선원이었나요?

선원: 네. 저희 할아버지는 바다에서 돌아가셨습니다.

제크: 그럼 당신 아버지는요?

선원: 아버지도 바다에서 돌아가셨습니다.

제크: 이런, 그럼 당신도 조심해요. 당신은 외동입니까?

선원: 아니요. 형이 하나 있습니다. 하지만 3년 전 바다에서 죽었지요.

제크: 세상에. 만일 제가 당신이었다면 저는 바다 근처에도 안 갔을 겁니다!

선원이 고개를 돌려 제크를 바라봤다.

선원: 당신 할아버지는 어디서 돌아가셨습니까?

제크: 침대에서 돌아가셨습니다.

선원: 그럼 아버지는요?

제크: 아버지도 침대에서 돌아가셨지요.

선원: 제가 만일 당신이었다면 저는 다시는 침대 근처에도 안 갈 겁니다!

말을 마친 선원이 몸을 돌려 떠났다. 제크는 멍하니 그 자리에 서 있었다.

몇 년이 지난 후 제크는 그 선원과 재회했다.

선원: 안녕하세요. 잘 지냈어요?

제크: 저야 똑같죠. 당신은요? 다행히 위험한 일은 안 만난 모양이군요.

선원: 많은 위험이 있었죠. 하지만 그로 인해 다양한 경험을 쌓아서 지금은 선장이 되었습니다.

선원은 말을 마치고 먼저 떠났다. 제크는 또다시 멍하니 그 자리에서 있었다.

실패를 두려워하면 영원히 실패한다. 세상에는 실수 한 번 없이 성공할 수 있는 길이 존재하지 않는다. 성공하고 싶다면 반드시 실패를 두려워하지 않는 용기와 모험 정신을 지녀야 한다. 그렇지 않으면 당신의 일생은 이룩한 것 없이 끝나고 말 것이다.

"성공한 사람들은 공통점이 있지만 실패한 사람들은 다양한 이유로 실패한다"는 말이 있다. 이는 결코 틀린 말이 아니다. 성공한 사람들의 보편적인 공통점은 절대로 쉽게 성공을 얻지 않았다는 것이다. 반면, 실패한 사람들은 다양한 이유로 자신의 목표에 도달하지 못했거나 여러 가지 부족함으로 인생의 승자가 되지 못했다.

평범한 사람들이 지금까지 한 번도 실패한 적이 없다는 것은 결코 기뻐할 만한 일이 아니다. 한 번도 실패해보지 않은 사람이 있다면 그 사람의 내면은 한없이 연약할 것이다. 아무리 유능해 보여도 일단 아주 작은 좌절이라도 맞닥뜨리면 감당하지 못한다. 마치 한 번도 고추를 먹어본 적 없는 사람이 어쩌다가 고추를 조금 먹고 매워서 눈물을 흘리는 것처럼 말이다. 이러한 현상은 대부분 청소년기에 나타난다. 어릴 때 영재로 판명된 아이는 학부모의 지극정성한 보호를 받는다. 그러나 자라면서 한 번도 실패한 교육을 받은 적 없는 영재는 그 내면이 거만함으로 가득 차고 심지어 잘못된 세계관을 갖기도 한다. 그래서 성인이 되어 좌절을 겪으면 마치 온 세상이 무너진 듯한 기분을 느낀다.

자라면서 수많은 실패를 경험한 것에 감사해야 한다. 한 번도 실패하지 않은 것은 결코 좋은 일이 아니다. 청소년이나 직장인이나 실패의 중요성은 아무리 강조해도 지나치지 않다.

진심으로 실패를 받아들이고 그 속에서 가치를 발견하는 사람이 되고 싶다면 실패자의 논리로 이 세상을 바라보는 법을 알아야 한다. 실패자의 논리란 모든 것에는 위로 올라갈 여지가 있다는 논리다. 실패했다면 처음부터 시작하면 된다. 실패자의 논리는 비관적이고 염세적이지 않다. 노력하지 말고 자포자기하라는 말이 아니다. 삶 속에서 자신을 실패자의 위치에 놓고 배워야 할 것이 무엇인지 발견하는 것이다. 이런 겸손함을 수많은 성공한 사람에게서 찾아볼 수 있다. 흔히 거만하며 횡포를 부리는 성공한 기업가는 졸부라고 불린다. 반면 이미 성공했지만 여전히 자기 자신에게 부족함이 많다고 여기는 사람은 존경받는다. 그들의 겸손함은 우리 자신과 그들의 진정한 차이를 알게 해준다.

마윈은 다음과 같은 일화를 소개한 적이 있다.

마윈이 중국 무협소설의 대가 김용 선생을 찾아뵙고 자신이 누구인지 소개하자 김용 선생이 이렇게 인사했다. "안녕하세요. 저는 김용입니다. 제가 읽은 책은 얼마 안 됩니다." 마윈은 김용 선생의 서재에 다양한 분야의 책이 가득한 것을 보고 너무 겸손한 것 아니냐고 말했다. 그러자 김용 선생은 책은 평생 읽어도 부족하기 때문에 언제나 자신은 책을 많이 읽지 않았다고 생각한다고 했다. 이런 겸손함 덕분에 김용 선생의 문학적 조예는 점점 더 높아질 수 있었던 것이다. 이것이 바로 실패자의 논리로 자신을 바라보고 실패자의 논리로 세상을 바라보는 법이다.

실패자의 논리로 세상을 바라보려면 실패한 사람의 이야기에 귀를 기울일 줄 알아야 한다. 다른 사람의 실패가 당신의 상황과 완전히 똑같지는 않겠지만 이 세상에는 경험이라 불리는 것이 있다. 경험은 스스로 얻기도 하고 다른 사람의 실패를 관찰하고 사고하여 얻기도 한다. 이미 실패한 사람이나 이제 막 실패한 사람이 당신을 찾아와 하소연하거나 원망할 때 인내심을 갖고 귀 기울여 듣고 진지하게 사고하라. 필요하다면 자세히 물어라. 그의 하소연을 당신의 상황과 비교하며 그와 동일한 문제에서 자신에게 부족한 점은 없는지, 그와 똑같은 실패를 할 가능성은 없는지 살펴야 한다.

실패를 두려워하면 반드시 실패한다

사람들은 '인과'를 믿는다. 이미 발생한 어떤 결과는 반드시 그전에 한 일에서 그 원인을 찾을 수 있다. 모든 일은 대단히 복잡하게 얽혀 있기 때문에 아무런 이유 없이 일어나는 일은 없다. 그렇다면 삶에서 마주하는 실패에도 원인이 있는 걸까? 나아가 모든 실패에는 필연적인 원인이 있는 걸까? 우연히 발생한 실패도 실은 어떤 객관적인 원인 때문에 일어난 것은 아닐까?

실패의 필연성은 쉽게 이해할 수 있다. 아리스토텔레스의 3단 논법에 따라 어떤 일의 발생은 반드시 대전제, 소전제, 결론이 있다. 논리학에서는 모든 일은 3단 논법에 부합해야 하며 부합하지 않으면 비과학적이라고 본다. 실패의 경우 대전제는 새로운 일을 시도한 것이고, 소전제는 완벽히 고려하지 않았거나 시도하는 과정에서 예상과 다른 일이 일어난 것이다. 그래서 결론적으로 실패한 것이다. 거의 모든 실패는 고려하지 못한 상황 때문에 벌어진다. 레시피대로 요리할 때 조미료와 식재료를 정확히 사용했음에도 맛이 제대로 나오지 않는 이유는 불 조절을 제대로 못 했기 때문이다. 불 조절은 요리책에서 자세히 설명할 수 없는 부분으로 오랜 시간 연습을 통해서만 얻을 수 있다. 이것이 실패의 필연성으로, 즉 성숙하지 못해서 실패했다고 말할 수 있다.

그러나 실패의 우연성은 돌발 상황 때문에 벌어지는 것이다. 결혼식을 준비할 때 만약의 상황에 대비해 소방서에도 미리 연락해뒀을 만큼 만반의 준비를 끝냈다고 치자. 그런데 전혀 예상치 못하게도 '전 애인' 또는 '현재의 애인'이 나타나 결혼식을 엉망으로 만들 수 있다. 이러한 것이 돌발적인 상황이고 우연성에 의해 발생한 실패다. 우연성이란 누구도 예측할 수 없으며 보편적인 반복성을 지니지 않는다. 이는 마치 삶이 우리를 깜짝 놀라게 하는 것처럼 불시에 벌어진다.

실패에 필연성이 있다면 최대한 그러한 필연성을 피할 수는 없을까? 원인을 안다면 그 원인을 완벽히 제거할 수 있지 않을까? 이론적으로는 가능하지만 문제는 그 원인이 셀 수 없이 많고 결과가 나오기 전까지 수면 위로 드러나지 않는다는 것이다. 과학 실험을 진행할 때 반드시 다양한 재료로 시험해봐야 한다. 어떤 재료로 시험해서 실패해야 그 재료가 적합하지 않다는 것을 알 수 있고 다음 단계로 나아갈 수 있다. 이처럼 소거법을 사용해야 정확한 결론에 이를 수 있는 일들이 삶에서 매우 흔하다. 다시 말해서 실패를 피하려고 하면 반드시 실패를 겪게 된다.

더욱이 예측할 수 없고 반복적이지 않은 실패는 피할 방법이 없다.

그래서 우리는 실패와 인생 사이에 모종의 연관성이 존재한다고 생각한다. 실패를 두려워하면 반드시 실패하지만 실패를 두려워하지 않으면 실패 여부는 아무것도 아니기 때문이다.

실패를 두려워하면 무슨 일을 하든지 몸과 마음을 다할 수 없다. 걱정하는 데 에너지를 쏟기 때문이다. 실패가 두려워서 시도조차 하지 않으면 실패하지 않을 수 있을까? 틀렸다. 시도하지 않으면 처음부터 실패한 것이나 다름없다. 실패할 기회조차 자신에게 주지 않았는데 어떻게 성공할 수 있단 말인가? 필연적인 실패를 두려워하면 한 걸음도 나아가지 못하고, 우연한 실패를 두려워하면 정신이 붕괴하여 망상증 환자로 변한다.

실패에 대한 공포가 여지없이 실패를 불러온다면 어떻게 해야 그 공포를 극복할 수 있을까?

우선, 최대한 많이 실패해봐야 한다. 물론 그렇다고 일을 대충 처리해서 실패하라는 말이 아니다. 최대한 다양한 실패의 쓴맛을 봐야 한다는 말이다. 처음에는 입에 안 맞아도 먹다 보면 좋아지는 음식이 있듯이 실패를 즐기게 되면 다른 사람의 칭찬에 오히려 무기력해지고 다른 사람의 공격에는 기운이 나게 된다. 그러면 반드시 성공할 수밖에 없다.

다음으로, 실패는 무슨 대단한 일도 아니고 사람이 죽고 사는 문제도 아니라고 생각을 전환하라. 현대 사회에서 우리가 종사하는 대부분의 일은 실패한다고 목숨의 위협을 받지 않는다. 투자에 실패하면 기껏해야 돈을 빚지는 것뿐이다. 돈이야 다시 벌면 그만이고 자격증 시험에 떨어졌다면 다시 공부하면 된다. 계약을 따내지 못했다면 상사에게 욕 몇 마디 얻어듣거나 해고당하는 게 전부다. 해고당했다면 다시 직장을 구해서 재기하면 그만이다. 그 어떤 실패도 당신을 단번에 지옥으로 떨어뜨릴 수 없다.

마지막으로, 실패에 감사하는 마음을 가져야 한다. 누차 강조했듯이 언제나 마음가짐이 제일 중요하다. 인생은 거울과 같아서 당신이 거울을 마주하고 웃으면 거울도 당신에게 미소를 지어주고, 당신이 거울을 마주하고 욕하면 거울도 당신에게 욕을 되돌려준다. 당신이 실패에 감사하는 마음을 가지면 실패는 당신의 눈에 더는 위협적이지 않을뿐더러 오히려 당신에게 무한한 부와 지혜를 가져다줄 것이다.

실패를 즐기는 사람, 실패자가 되기를 좋아하는 사람이 되면 당신에게 실패는 필연적이든 우연적이든 아무 의미도 없어진다. 왜냐하면 실패를 두려워하거나 피하려는 생각 없이 그저 모든 일에 성실히 임하고 매일 더 완벽해지려고 노력하기 때문이다. 또한 이미 벌어진 실패를 일상으로 여길 뿐만 아니라 오히려 실패할 때마다 하늘이 준 발전의 기회임을 깨닫고 감사하는 마음으로 삶 속의 모든 실패를 대한다. 그 어떤 실패도 이러한 당신을 무너뜨릴 수 없다.

아주 진부한 말로 이야기를 마무리하겠다. "인생이 여행이라면 실패는 인생을 장식하는 아름다운 풍경이다." 실패를 겪을 때는 고통스럽다. 하지만 실패를 통해 성장하고 발전하면 나중에 되돌아봤을 때 실패는 인생의 매 순간을 이루는 즐거운 추억이 된다. 실패는 경험일 뿐이니 무서워할 것 없다. 모두가 한 번쯤은 앓는 감기처럼 감기에 걸리면 아픈 것이 정상이다. 그러나 우리 몸은 끊임없이 성장하고 끊임없이 항체와 저항력을 키우고 있다. 언젠가 실패를 마주하게 될 때 스스로에게 빙그레 미소 지으면 말하라. "별일 아니야. 이젠 익숙한 일이야."

못생긴 외모와 장애를 딛고
애벌레가 멋진 나비가 되듯
캐나다 총리가 된 장 크레티앙

실패를 인생의 경험이라고 한다면 이 경험의 과정은 시간으로 완성된다. 우리는 시간 속에서 성장한다. 시간이 흐르는 과정에서 조금씩 조금씩 성장하며 나이에 걸맞은 경험과 지혜를 얻는다. 시간의 단련을 겪어야 비로소 미숙함에서 벗어난다. 시간이 가져다주는 것은 성장이자 성숙이다. 실패를 마주할 때 시간은 가장 좋은 친구가 될 수도 있고 가장 잔인한 적이 될 수도 있다.

매번의 실패는 우리 몸에 낙인을 남긴다. 실패가 얼마나 큰 영향을 주었는지에 따라 낙인의 깊이가 결정된다. 우리는 '실패한 이후', '그 일을 겪은 이후', '시도한 이후'라는 말로 어떤 사물에 대한 경험을 표현하곤 한다. '이후'는 시간의 누적과 형형색색의 성장 흔적을 나타낸다.

세상의 불확실성과 곳곳에 존재하는 역경은 삶의 일상적인 상태다. 피하려고 해도 피할 수 없다면 주목해야 할 것은 역경에 빠지지 않는 방법이나 피할 수 없는 것을 피하는 방법이 아니다. 그 '이후'의 이야기에 주목해야 한다. 실패를 겪은 이후에 어떻게 경험을 정리했는지,

타격을 받고 난 이후에 어떻게 성장했는지, 쓰러지고 난 이후에 눈앞에 펼쳐진 길에 어떠한 새로운 인식이 생겼는지를 주목해야 한다. 성장하고 싶다면 현재를 완전히 망친 '과거'의 잘못을 원망하거나 후회할 것이 아니라 '이후'에 주목하라.

역경의 시련을 겪은 사람, 실패를 겪은 사람은 어떤 모습이어야 할까? 그의 인생은 어떻게 될까? 시련에서 교훈을 얻어 빠르게 성장한 이의 태도를 우리는 반드시 가져야 한다.

1993년 10월, 캐나다 총리 경선에 나선 장 크레티앙은 상당한 실력을 지닌 후보였으나 호감을 주지 않는 외모 때문에 노골적인 공격을 받았다. 확실히 크레티앙은 못생겼다. 더욱이 태어날 때부터 장애가 있어서 왼쪽 얼굴이 마비되어 말을 더듬었고 입술도 기울었으며 한쪽 귀는 소리가 들리지 않았다. 그러나 크레티앙의 경쟁 상대는 스스로 절묘하다고 생각한 외모 비하 공격이 오히려 대다수 유권자의 반감을 일으킬 거라고는 예상하지 못했다. 특히 크레티앙의 이야기를 알고 난 유권자들은 장애를 가지고 있지만 의지가 굳센 영웅을 선택했다.

그렇다면 장 크레티앙의 무엇이 대중을 사로잡았을까? 단순한 것이다. 바로 열등감을 극복하고 승리하는 과정이다. 태어날 때부터 크레티앙과 같은 모습으로 태어났다면 누구라도 심각한 열등감에 빠질 수밖에 없을 것이다. 어릴 때의 크레티앙도 마찬가지였다. 당시 그는 조용히 구석에 숨어서 자신이 다른 얼굴이라고 상상하며 슬픔에 잠겨 훌쩍였다.

열등감에 사로잡혀 나아가지 못하는 아들의 모습을 본 어머니는 크레티앙을 격려하며 말했다.

"아름다운 나비도 못생긴 고치 껍질을 빠져나와야 비로소 아름다운 미래를 갖게 된단다."

크레티앙의 어머니는 일부러 시간을 들여 고치에서 빠져나오려는 번데기를 구해 아들에게 보여주었다. 애벌레가 고치에서 빠져나와 나비가 되는 모습은 크레티앙의 마음에 큰 울림을 주었다. 그는 어머니의 희망을 위해서라도 강건하고 자신감 있고 긍정적으로 변하기 시작했다. 그는 수백 수천 번씩 얼굴 근육 운동을 하고 돌을 입에 물고 말하는 연습을 했다. 오랜 시간 피나는 연습 끝에 크레티앙은 달변가가 되었을 뿐 아니라 우수한 성적으로 학업을 마쳤다. 수년 후 선거에서 승리한 그는 국민과 국가를 이끄는 아름다운 나비가 되겠다고 약속했다.

실패의 고통을 겪은 사람은 실패의 의미를 더욱 잘 이해한다. 기아로 힘들어본 사람이 식량의 소중함을 더 잘 이해하듯이 말이다. 동화 『망아지가 강을 건너다(小馬過河)』(망아지가 엄마의 심부름을 가던 중 생전 처음 강을 만나 겁을 먹고 망설이다가 마침내 강을 건너는 데 성공한다는 이야기의 동화. — 옮긴이)에 나오듯 기술과 경험을 얻으려면 한탄만 하고 있을 것이 아니라 직접 시도하고 실험해봐야 한다. 역경 이후 당신이 어떤 사람인지 어떠한 마음가짐을 가졌는지에 따라 인생의 방향이 결정된다.

생활에서 그리고 직장에서 우리는 엄청난 생존 압박을 받는다. 우리는 모두 빈손으로 시작해 분투하며 언젠가 성공과 부를 거머쥐기를 희망한다. 그러나 얻어맞지 않고 싸움을 배울 수 없고 기보만 봐서는 바둑 두는 법을 배울 수 없다. 진정으로 강해지고 싶다면 자신을 내던져 단련해야 한다. 무수한 시련을 겪어야 굳은살 같은 보호막이 생긴다. 무수한 실패를 겪어야 성공할 수 있다. 시련을 겪은 이후에 비로소 성공할 수 있으니 성공하고 싶다면 '이후'를 기다려라. 처음부터 두려움 때문에 경험하기를 포기하면 '이후'는 영영 오지 않으며 당신의 성공은 환상으로 끝나고 말 것이다.

한 교수가 학생 열 명을 데리고 칠흑같이 어두운 작은 방으로 들어갔다. 교수가 학생들에게 말했다. "오늘 우리는 이 방에서 실험을 하나 할 겁니다. 우선 나를 따라 방의 반대편으로 갑시다."

말을 마치고 교수가 맨 앞에서 학생의 손을 잡고 조심스럽게 걸어갔다. 그러자 뒤의 학생들도 각자 자기 앞에 있는 학생의 손을 잡고 차례로 걸어갔다. 모두가 성공적으로 방의 다른 쪽으로 이동하자 교수가 등불 한 개를 켰다. 그 순간 모든 학생들이 헉하고 숨을 들이켰다. 학생 몇몇은 깜짝 놀라서 비명을 질렀다. 알고 보니 바닥에 큰 구덩이가 있고 그 안에 독사 여러 마리가 눈을 빛내고 있었다. 독사 몇 마리는 구덩이 밖의 사람들을 향해 혀를 날름거렸다. 방금 교수와 학생들은 구덩이 위에 놓인 외나무다리를 건너온 것이었다.

"여러분 중 다시 반대편으로 건너갈 사람이 있나요?" 교수가 학생들에게 물었다. 아무도 대답하지 않았다. 한참이 지나고 두 학생이 일어났다. 첫 번째 학생은 조심스럽게 외나무다리를 건너갔지만 속도가 눈에 띄게 느렸다. 두 번째 학생 역시 벌벌 떨면서 외나무다리를 건넜는데 반쯤 갔을 때 심한 공포를 이기지 못하고 결국 외나무다리에 엎드려서 기어갔다.

두 사람이 건너편으로 모두 건너가자 교수는 등불 몇 개를 더 켜서 방 안을 환하게 밝혔다. 그제야 학생들은 외나무다리 아래에 아주 촘

촘촘한 안전망이 쳐 있는 것을 발견했다. 망의 색깔이 옅어서 방금 전에는 안 보였던 것이다.

"이제 누가 저쪽으로 건너가겠습니까?" 교수가 다시 물었다.

잠시 후 세 학생이 자리에서 일어났다.

"여러분은요?" 교수가 남은 다섯 명을 향해 물었다. "여러분은 왜 가만히 있나요?"

"저 그물이 저희의 안전을 책임질 수 있을까요?"

남은 학생 다섯이 입을 모아 말했다.

실패는 능력이나 역량 부족과 관련이 없다. 가장 큰 원인은 자신감 부족이다. 공포 또는 걱정에 이미 패배해서 시작조차 못 하는 것이다.

경험을 받아들였다면 이제 해야 할 일은 간단하다. 끊임없이 반복해서 생각을 정리하는 것이다. 경험을 정리하지 못하고 인과 관계를 사고하지 못하는 사람은 아무리 많은 경험이 쌓여도 성장하지 못한다. 우리는 항상 "똑같은 곳에서 두 번 넘어지지 말라"고 강조한다. 이미 한 번 실패했다면 경험을 정리해서 교훈을 얻고 다시 똑같은 실수를 반복해서는 안 된다는 뜻이다. 실패를 두려워하지 말라는 것은 같은 지점에서 똑같은 실수를 반복해도 된다는 말이 절대 아니다. 이는 명백히 실패를 낭비하고 존중하지 않는 행동이다.

실패한 다음 해야 할 일은 원망과 절망, 걱정이 아니라 실패의 원인을 제대로 정리하는 것이다. 필연적인 실패는 피할 도리가 없지만 최소한 실패에서 성장을 배우고 다음 실패를 마주할 때 더 많은 경험을 얻을 수 있다. 무수한 실패를 맛보고 나면 그다음에는 성공할지도 모른다. 그러나 만일 경험을 정리할 줄 모르고 경험을 통해 교훈을 얻을 줄 모른다면 실패를 겪더라도 그 이후의 인생은 여전히 혼돈의 도가니일 것이다.

실패와 시간은 아주 긴밀한 관련이 있다. 실패할 때마다 실패 속에서 경험과 교훈을 정리할 시간이 필요하기 때문이다. 어떤 실패는 처음에는 그 원인을 찾지 못하지만 시간이 흘러 마음이 더욱 성숙해지면 당시에는 알 수 없던 원인을 깨닫기도 한다. 부모의 설교에 반항심을 갖고 듣지 않던 자녀가 시간이 흐르면서 점점 부모의 말이 옳았음을 발견하는 것과 같다. 이것이 바로 당신이 겪은 세월에 걸맞은 지혜이자 실패를 겪은 이후에 얻는 성장과 발전이다.

실패를 겪어본 적 없는 사람의 인생은 단조롭고 고난을 겪어보지 못한 사람의 인생에는 깊이가 없다. 이들은 영원히 미숙함에 머물러 있다. 세상에는 본래 형언하기 어려운 수많은 고통이 있다. 강해지고 싶다면 감당하는 법을 배워라.

곡예 기술이 뛰어난 줄타기꾼이 조수를 끌어안으며 말했다.

"정말 고맙네. 방금 공연에서 악마의 장난처럼 가벼운 바람에 지붕 위의 먼지가 내 눈에 들어가고 말았지. 16미터 높이에서 앞이 전혀 보이지 않았어. 그때 나는 마음속으로 1초 1초를 세며 반드시 견뎌야 한다고 스스로 되뇌었어. 그 순간 눈물이 났지. 그리고 그 눈물은 마치 구원의 성수처럼 먼지를 씻어줬어. 만일 그때 자네가 소리 지르며 나를 불렀다면 나는 틀림없이 마음이 흐트러졌거나 자네에게 의존했을 거야. 그랬다면 그 이후의 결과는 안 봐도 뻔하지……."

줄타기꾼이 줄을 끝까지 탈 수 있었던 이유는 높은 허공에서 '실명'의 압박감을 견뎌냈기 때문이다. 이는 단순히 공연을 성공적으로 마치게 한 것뿐 아니라 안전줄 하나 없던 그를 죽음 직전에서 구해낸 의미가 있다.

이백의 시 <행로난(行路難)>에 등장하는 "황하를 건너려니 얼음장이 강을 막고 태항산에 오르려니 온 산에 눈이 가득하다(欲渡黃河冰塞川 將登太行雪滿山)"는 구절처럼 삶은 예상치 못한 수많은 일로 가득하다.

비교 대상이 없으면 발전이 없듯 인생에 적수가 없으면 성취도 없다

일생의 성패는 '적수'와 중요한 관련이 있다. 우리는 태어나는 그 순간부터 경쟁한다. 경쟁을 통해 가능한 한 많은 자원을 획득하고 자신의 생활 조건을 다른 사람보다 더 좋게 만들려고 한다. 이것은 생물의 본능이다. 중국에서 이러한 경쟁은 수많은 시험과 직장 곳곳에서 벌어진다. 좋은 대학에 진학하기 위해 전국의 청소년들과 경쟁해야 한다. 그런 다음에는 좋은 직장과 좋은 일자리를 얻기 위해 경쟁하고 더 높은 연봉을 받기 위해 경쟁해야 한다. 더 좋은 배우자를 얻기 위해 경쟁하고 우수한 자손을 얻기 위해 경쟁하는 등 경쟁은 한도 끝도 없다. 경쟁은 삶의 모든 단계에 존재하며 적수는 각 단계에서의 경쟁 파트너다.

친구가 없고 가족이 없다고 할지라도 함께 어울려 살아야 하는 인간인 이상 이 사회에서 생존하고 있다면 적수는 반드시 존재한다. 적수는 자신의 가치와 자기 능력의 가치를 나타낸다. 당신에게 어떤 수

준의 적수가 있느냐는 곧 현재 그 수준의 인생을 살고 있다는 의미다.

시장 경제는 경쟁 경제이기에 기업 간의 경쟁을 비난할 수 없다. 비즈니스계 거물들 간의 경쟁이 점차 가열되다 결국 피 튀기게 싸우는 것 역시 발전이다. 중국의 시장 경제 발전이 빠르다는 것은 곧 중국의 비즈니스 경쟁이 새로운 단계에 진입했음을 의미한다. 계획 경제와 물자가 부족하던 시절 경쟁이 얼마나 터무니없는 소리였는지 한번 생각해보라. 동물원에 갇혀 자란 호랑이는 온종일 경쟁할 필요 없이 무위도식하며 살지만 그러는 와중에 자연에서 도태되고 만다. 호랑이를 자연으로 되돌려 보내 야생성을 회복시키려 할 때 사람들은 그제야 그것이 얼마나 힘든 일인지 깨닫게 된다.

경쟁은 발전을 위해 반드시 거쳐야 할 길이다. 상대적으로 공정한 경쟁은 크게 권장할 만한 긍정적인 경쟁 방식이다. 하지만 서로 죽일 듯이 싸우고 나서는 반드시 냉정하게 생각해봐야 한다. 경쟁의 목적은 무엇이었나? '경쟁을 위한 경쟁'인가 아니면 '발전을 위한 경쟁'이었나?

경쟁 상대의 자원을 자신을 위해 사용해야 한다. 최근 중국의 주방 전기제품 제조업체 화디(華帝)는 에너지 절약과 환경 보호 신기술을 사용한 가스레인지를 출시했다. 이 기술의 핵심은 합금 PTC 발열체 기술을 사용한 것으로, 열에너지를 적외광파로 전환해 가열함으로써 열에너지 손실을 줄였다. 또한 가스 효율의 60퍼센트에 해당하는 고에너지 광파를 불씨와 함께 이중 가열함으로써 에너지를 37퍼센트나 절약했다. 화디는 천연가스를 큰 폭으로 절약하고 탄소 배출을 크게 줄였다. 전 세계 가스레인지 분야에서 자주적 지식재산권 신기술을 보유한 화디는 이제 가만히 앉아서 자신들이 고생해서 이룬 성과를 누리기만 하면 되었다. 그러나 화디는 동종 업계와 협력하여 이 분야의 시장을 함께 육성하고 업계 전체의 발전을 촉진하고 싶다는 의사를 밝혔다. 이는 업계 전체의 이익을 중요하게 생각함과 동시에 화디의 부족한 생산 능력 문제를 보완하고 동종 업계 기업의 장점을 적극적으로 활용한 행동이다.

맥도날드와 KFC도 마찬가지다. 우열을 가릴 수 없는 이들의 경쟁은 시시각각 진행 중이지만 그들 사이의 악의적인 경쟁이나 서로를 헐뜯는 모습은 찾아보기 어렵다. 이는 맥도날드와 KFC뿐만 아니라 코카콜라와 펩시콜라도 마찬가지다. 이처럼 세계적인 기업은 적수와의 경쟁이 선순환 방식이어야 한다는 사실을 잘 알고 있다. 자신의 적수에게 치명상을 입히는 행위는 실패의 먹구름을 자기 머리 위에 올리는 것과 같다.

적수가 뛰어나서 실패하는 것은 결코 재난이 아니다. 진정한 재난은 적수가 없고 경쟁이 없는 상태다. 이러한 상황은 마치 냄비 속 개구리와 같다. 영원히 자신의 부족함을 발견할 수 없고 자신의 실패 경험을 정리할 수 없다. 왜냐하면 애초에 자신의 실패를 인식할 수 없기 때문이다. 비교할 대상이 없으면 발전도 없듯이 한 사람의 인생에 적수가 없으면 성취도 없다.

수년간 수련하여 극한의 경지에 오른 무림의 고수가 있다. 그는 실력을 뽐내기 위해 강호로 나갔으나 싸울 상대가 없어서 홀로 상상 속의 전투를 벌인다. 궁극의 실력을 갖추었으나 갈채를 보내줄 사람이 없는 상황에서 그는 결국 강호에서 물러나 은거할 뿐이다. 이것이야말로 얼마나 큰 비극인가!

태어나면서부터 강한 사람은 없다. 따라서 어릴 때 최대한 많이 실패해봐야 한다. 사회에 첫발을 내딛거나 새로운 환경으로 갔을 때 강한 적수를 발견하게 되더라도 두려워하거나 위축될 필요 없다. 그들은 전진을 돕는 디딤돌일 뿐이다. 당신을 괴롭히고 공격한 사람들, 손에서 승리를 빼앗아간 사람들에게 원망을 품지 말라. 분노와 원망은 마음이 성숙해지는 것을 가로막는다. 마음을 평온하게 갖고 그들의 공격을 전진의 동력으로 삼아라. 당신을 쓰러뜨린 사람에게서 배워라. 그들이 당신을 쓰러뜨릴 수 있었던 이유는 당신보다 강하기 때문이다. 다만 오늘의 약함이 앞으로의 약함을 의미하는 것은 아니라는 사실을 명심하라. 적수의 강함을 배우기만 한다면 언젠가 그보다 훨씬 강해질 것이다.

좋은 적수는 승리로 가는 계단이자 실패를 정리하도록 돕는 가장 좋은 본보기다. 아무것도 없는 상태에서 실패의 교훈을 정리하는 것은 쉽지 않은 일이다. 하지만 적수가 곁에 있으면 이 일은 아주 쉬워진다. 적수가 성공하고 당신이 실패했다면 당신과 적수의 차이점만 비교하면 실패의 원인을 쉽게 찾을 수 있다. 이러한 적수라면 존중하고 감사할 만한 가치가 충분하지 않을까?

이 세상에 당신보다 당신을 더 잘 이해하고 알아주는 사람이 있다면 그는 당신의 적수일 가능성이 크다.

조조와 유비의 일화를 다룬 「술자리에서 영웅을 논하다(煮酒論英雄)」에서 사람들은 조조가 도량이 부족하고 고집불통이라고 말하지만, 조조는 유비가 적수가 될 상대임을 알았을 때도 먼저 손을 써서 유비를 제압하지 않았다. 그는 심지어 이렇게 말했다.

"천하의 영웅은 이 조조와 그대뿐이오."

비록 당시 그들은 아직 적수가 아니었지만 적수를 인정하는 조조의 태도는 대단하지 않은가.

현실에서 적수를 이런 태도로 대할 수 있는 사람이 있을까? 조조처럼 적수를 이해하고 인정하는 사람은 과연 얼마나 될까? 질투와 비방 같은 저급한 수단은 경쟁에서 매우 흔한 일이다. 인류의 삶은 경쟁으로 가득하고 적수와의 관계는 상상하기 어려울 만큼 복잡하다. 곳곳에 방어진을 치고 안절부절못하며 살아가는 삶은 얼마나 피곤한가?

중국 기업들 간에는 치열한 경쟁이 심심찮게 벌어진다. 그리고 이 경쟁은 생사를 건 육탄전으로 점점 변질되고 있다. 이러한 경쟁으로 피해를 보고 수모를 당하는 것은 해당 기업과 관련 업계뿐 아니라 무고한 소비자와 국가 이미지다. 100년 동안 이어질 글로벌 기업이 되고 싶다면 착실하고 진실하게 자신의 브랜드 이미지와 품질, 서비스 수준을 향상시켜야 한다. 그래야 참혹한 시장 경쟁에서 각종 풍파를 견디며 불패의 자리를 차지할 수 있다.

글로벌 기업인 벤츠, BMW, 아우디는 물론 아디다스, 나이키, 푸마 등 스포츠 브랜드도 치열하게 경쟁한다. 하지만 오랜 세월 경쟁하는 가운데 그들이 뒤에서 상대의 뒤통수를 쳤다는 뉴스는 본 적이 없다. 오히려 그들은 싸울수록 강해지고 그 위상이 나날이 높아졌다. 그 이유는 뭘까? 그들이 경쟁하는 것은 브랜드 이미지와 기술, 품질이기 때문이다. 그들은 상대를 악의적으로 비방하지 않는다. 선의의 경쟁만이 싸울수록 더 용감하고 강하게 만든다.

사실 적수가 되는 것도 인연이다. 생각해보라. 이렇게 넓고 수많은 사람이 모여 사는 가운데 같은 환경에서 살아간다는 것은 얼마나 어려운 일인가.

적수는 서로를 중시한다. 적수는 시시각각 당신을 주목한다. 이 역시 행복이라면 행복이다.

쏜살같이 빠른 인생에서 적수는 항상 당신 곁에서 짧은 인생을 다채롭게 해준다. 뿐만 아니라 한번 흘러가면 되돌아오지 않는 시간을 낭비하지 않고 인생의 이상과 포부를 실현할 수 있게 촉구한다. 적수가 없고 경쟁이 없으면 한없이 무료해진다. 적수를 존중하며 겸허하고 고귀한 품격을 내보여라! 이는 경쟁을 위해, 삶을 위해 꼭 필요한 태도다.

끝내 성공하고 싶다면 '연전연패'를 '연패연전'으로 바꿔라

삶에서 겪는 매 순간의 실패는 상처와 같다. 줄곧 얻어맞을 수도 있고 어떤 단계에서 실패를 반복할 수도 있다. 어쩌면 아주 긴 시간 동안 자신을 역경의 비애와 절망 속에 놔둬야 할지도 모른다. 이처럼 절망스러운 인생에서 할 수 있는 일이라곤 수없이 실패하고 다시 싸우고 쓰러지면 다시 일어서는 것이다. 당신이 언제 성공할지 누구도 예언할 수 없고 얼마나 실패를 겪어야 재기할 희망이 생기는지 알지 못한다. 그러나 확실한 것은 쓰러졌더라도 일어서지 않으면 더 아름다운 풍경을 볼 수 없다는 것이다. 쓰러져서 아프고 비참한 기분이 들더라도 다시 일어서라. 슬픔에 빠져 성공할 기회를 놓치지 말라.

아직 어리고 경험이 부족할 때 얻어맞고 실패하는 것은 결코 두려워할 것이 못 된다. 오히려 성장할 줄 모르고 실패의 의미를 이해하지 못하는 것을 두려워해야 한다. 얻어맞는 것보다 넘어져서 다시 일어서지 못할 것을 두려워해야 한다. 만일 마음에 투지가 없다면 아무리 객관적인 조건이 순조롭다고 해도 결코 큰 나무로 성장하지 못한다. 그러나 반대로 강한 비바람을 맞아도 낙담하지 않고 계속해서 실패의 경험을 정리해 성장의 밑거름으로 쓴다면 누구도 실패자라고 부르지 않는다.

예전에 한 기자가 중국과 한국의 축구 경기를 보도하며 중국 남자 축구팀은 20년간 한 번도 한국을 이기지 못한 연전연패(連戰連敗)로 '한국 공포증'을 갖고 있다고 했다. 그러자 한 현명한 사람이 '연전연패'라는 말을 '연패연전(連敗連戰)'으로 바꿔야 한다고 지적했다. 똑같은 글자라도 순서를 살짝 바꾸면 의미가 완전히 달라진다. 전자는 낙담을 의미하지만 후자는 강인한 정신을 의미한다.

한 아버지가 몸이 허약한 아들을 장로에게 데려가 사내대장부로 키워달라고 부탁했다. 그러자 장로가 말했다.

"알겠소. 그럼 3개월 뒤에 아들을 데리러 오시오. 하지만 3개월 전에는 절대로 오면 안 되오. 지킬 수 있겠소?"

아버지는 고개를 끄덕였다. 3개월 후 아버지가 아들을 데리러 오자 장로가 경기 하나를 보여주었다. 알고 보니 아들과 태권도 고수와의 대결이었다. 아들은 애초에 태권도 고수의 상대가 되지 않았고 몇 합만에 쓰러지고 말았다. 그러나 아들은 다시 일어나서 대결을 계속했다. 하지만 상황은 갈수록 참담했다. 아버지가 부끄러운 얼굴로 장로에게 말했다.

"죄송합니다. 제 아들이 참 쓸모없군요. 면목 없습니다."

"아들이 사내대장부가 된 것 같지 않소? 바닥에 쓰러졌는데도 다시 일어나서 계속 싸우는 모습을 보시오. 이것이 바로 사내대장부에게 필요한 정신 아니겠소?"

깨달음을 얻은 아버지는 장로에게 감사의 인사를 전하고 아들을 데리고 떠났다.

쓰러졌다고 두려워하지 말라. 진정으로 두려워할 것은 쓰러져서 다시 일어서지 못하거나 일어서서 감히 싸우지 못하는 것이다!

미국계 화교 물리학자이자 현재 홍콩과학기술대학교 교장인 주징우(朱經武)는 중국 후난에서 태어났다. 그는 타이완 국립성공대학교에서 이학 학사, 뉴욕 포드햄대학교에서 석사, 캘리포니아주립대학교 샌디에이고캠퍼스에서 박사 학위를 받은 인물이다. 그는 실패에 대해 아주 멋진 해답을 내놓았다.

"오늘날의 저는 부모님 덕분에, 특히 부모님이 해준 말 덕분에 이 자리에 있을 수 있습니다. 부모님은 제게 '언제나 두 눈을 떠라'라고 말씀하셨어요. 이 말이 제 인생 대부분을 지탱해주었습니다. 이 세상에는 우리가 붙잡기를 기다리는 수많은 기회가 있으며 우리가 연구하기를 기다리는 수많은 현상이 존재합니다. 언제나 두 눈을 똑바로 뜨고 주변을 세심히 관찰하면 이들을 발견해 성과를 얻을 수 있을 것입니다. 어머니는 분명히 말씀하셨습니다. '바닥에 쓰러지면 모래라도 움켜쥐어라.' 어머니는 아주 작은 기회라도 잡을 가치가 있다고 말씀하셨습니다. 저도 그 말이 옳다고 생각합니다."

물론 경쟁하는 적수가 무척 강할 수도 있다. 우리는 적수를 선택할 수 없고 환경도 바꿀 수 없다. 우리가 유일하게 할 수 있는 일은 자기 자신을 강하게 만드는 것뿐이다. 어떠한 공격을 받더라도 용감히 일어서라. 한 번 또 한 번 일어설 때마다 갈수록 쉽게 쓰러지지 않는다는 것을 발견하게 될 것이다. 이것이 바로 실패와 공격이 가져다준 발전이자 적수가 당신에게 준 경험이다.

어느 과학자가 실험을 하나 진행했다. 유리컵에 귀뚜라미를 넣고 귀뚜라미가 뛰어오를 수 있는 높이에 유리 덮개를 덮었다. 귀뚜라미는 여러 번 뛰어올라 유리 덮개에 부딪친 후 다시는 뛰어오르지 않았다. 과학자는 이 귀뚜라미를 다른 유리컵에 넣고 이번에는 덮개를 덮지 않았다. 그러나 귀뚜라미는 원래 유리 덮개가 있던 높이까지도 뛰어오르지 않았다. 여러 번 덮개에 부딪친 귀뚜라미는 다시 '부딪칠' 용기가 나지 않았던 것이다. 귀뚜라미는 다시 덮개에 부딪칠 것이 겁나서 더는 그 높이까지 뛰어오르지 못했다.

순발력이 강하고 속도가 쏜살같이 빠른 표범은 사냥을 나갔다가 일곱 번 연속해서 먹이를 구하지 못하면 자신감을 잃고 우울해하다가 죽는다고 한다. 반면에 악어는 공격에 실패해도 절대로 실의에 빠지지 않고 다음 목표가 나타날 때까지 조용히 기다린다.

연전연패로 귀뚜라미와 표범은 자신감을 잃었지만 연패연전으로 악어는 마침내 성공한다. 우리는 악어의 연패연전 정신을 배워야 한다. 실패는 달갑지 않지만 실패 속에서 교훈을 얻어 목표와 기회가 나타났을 때 그것을 꼭 손에 쥐어야 한다. 귀뚜라미와 표범처럼 연전연패로 자신감을 잃고 투지를 잃고 심지어 자신의 능력을 의심하며 자포자기해서는 안 된다. 중국 축구팀이 연전연패로 '한국 공포증'에 걸려 겁을 낸다면 중국 축구팀은 영원히 반전 신화를 쓰지 못한다. 만일 실패에서 교훈을 얻고 겸허한 자세로 상대 팀의 장점을 배우고 축구를 할 수 있는 좋은 분위기를 만들기 위해 힘쓰고, 어릴 때부터 축구 실력을 키우고 노력을 게을리하지 않으며, 지더라도 계속해서 싸운다면 중국 축구팀은 언젠가는 한국을 꺾고 아시아를 벗어나 세계로 나아갈 것이다.

연전연패는 두려워할 것이 못 된다. 두려워해야 할 것은 실패했다고 포기하는, 즉 연패연전하지 못하는 상황이다. 수많은 과학 성과기 연패연전에서 나오지 않았는가? 어떠한 실패를 겪더라도 자신감을 잃지 말고 굳은 의지로 나아가야 한다. 승리는 종종 다시 견지하며 노력하는 과정에서 생긴다.

경쟁 과정에서 마음 상태는 매우 중요하다. 마음을 잘 다스려야 적수를 정확히 대면하고 적수에게서 당신에게 없는 능력과 지혜를 찾을 수 있다. 이를 통해 더 강해지고 성공에 더 가까워질 수 있다. 경쟁 속에서는 영원한 승자도 영원한 강자도 없다. 그저 최후의 순간까지 견지한 승자만 있을 뿐이다. 승리하고 싶다면 얻어맞는 것을 피해서는 안 되지만 맹목적으로 맞아서는 더욱 안 된다. 얻어맞는 과정에서 자신만의 무술을 연마해야 마음속 '거인'에게 더 가까워질 수 있다.

Chapter 11

당신 앞에 놓인 '시한폭탄'을 무력화시켜라

모든 사물에는 일정한 패턴이 존재한다는
통계학의 논리를 사회에 적용하면,
아무리 혼란스러운 상황이라도
그것만의 발전 패턴이 있다고 말할 수 있다.
성공하는 데 있어 시기와 환경, 사람의 노력이
조화를 이루어야 하는 것은 물론 중요하다.
그러나 만일 혼란한 상황에서 성공할 수 있는 조건을
스스로 만들어낼 수 있다면 인생은
완전히 자기 손안에 있는 것이나 다름없다.
그때부터는 두려울 것이 없다.

소크라테스가 성공 비법을 묻는 젊은이를 강물에 빠뜨린 이유

삶은 계속해서 변한다. 그 어떤 정권이나 조직도 천년만년 흥성할 수 없다. 이는 세대교체가 이루어지는 원인이기도 하다. "천하대세는 나뉜 지 오래되면 반드시 합쳐지고 합쳐진 지 오래되면 반드시 나뉜다(天下大勢 分久必合 天下大勢 分久必合 合久必分)"는 말은 옛사람이 깨달은 시대 발전의 법칙이다. 모든 것은 발전하고 변화하기 때문에 각기 다른 시기에는 각기 다른 기회와 각기 다른 업계, 각기 다른 사람들이 생긴다. 이것이 바로 시대의 특징이다.

우리는 혁신과 기회를 갈망하며 자신의 포부를 펼칠 수 있기를 간절히 바란다. 나날이 변화하는 사회에서 기회는 도처에 존재하는 것처럼 보여도 막상 잡으려고 하면 그렇지 않다. 때로 성공을 거의 손에 거머쥐었다고 생각했을 때 마지막에 변수가 생겨 헛수고가 되고 말기도 한다. 그렇다면 어떻게 해야 변화 속의 법칙을 찾을 수 있을까? 변화 속에서 변하지 않는 것은 무엇일까? 변화무쌍한 세상에 더 잘 적응할 수 있는 규칙 같은 것은 없을까?

변화 속에서 유일하게 변하지 않는 것은 성실과 신용, 진심 같은 사람됨의 태도다. 시대가 아무리 변해도 사람 마음의 품성은 변하지 않는다. 우리가 추구하는 우아한 성격과 믿음이 있는 우정도 변하지 않는 것들이다. 하지만 시대에 따라 이러한 품성의 표현 방식과 이를 얻는 방식은 변화한다. 따라서 변화무쌍한 세상에서 더욱 멋진 인생을 살기 위해 유일하게 할 수 있는 일은 끊임없이 자신을 단련해 시대의 변화에 발맞춰 발전해나가는 것이다. 이것이 바로 시대와 더불어 발전한다는 말의 진정한 의미다.

혼란이 발생했을 때, 약속했던 규칙이 깨졌을 때 사람들은 당황한다. 이는 마치 신호등이 없는 사거리가 차와 사람으로 뒤죽박죽되는 것과 같다. 습관적으로 지키던 규칙이 효력을 잃으면 사람들은 어떻게 해야 할지 모르게 되고 혼란이 발생한다. 직장에서나 생활에서나 똑같다. 혼란이 나타났을 때 제자리에서 가만히 생각하기를 선택하면 일의 발전 양상이나 혼란 속에서 사람과 일이 향하는 방향을 발견할 수 있다. 반대로 극도로 초조해하며 우왕좌왕하면 자신이 처한 환경을 더욱 혼란스럽게 만들 뿐이다. 혼란을 마주해서 가장 먼저 정신을 차리는 사람이 가장 빨리 혼란에서 벗어날 수 있으며, 가장 먼저 사물의 본질을 꿰뚫는 사람만이 혼란 속에 존재하는 기회를 잡을 수 있다.

따라서 혼란 또는 변화를 대면할 때는 자신만의 전략이 있어야 한다. 이러한 전략이 바로 떠오르려면 평소 생활에서 변화에 대응하는 능력을 단련해야 하는데, 단련 방법은 다음과 같다.

첫째, 심리적 준비를 하라. 사전 대비는 심리적 준비에서 가장 중요하다. 세상에 혼란을 원하는 사람은 없다. 따라서 좋은 시기를 보내고 있다면 그 누구도 자신이 어느 날 갑자기 일자리를 잃고 사랑하는 사람을 잃을 것이라고 생각하지 않는다. 그러나 생각하지 않는다고 이런 일이 발생하지 않는 것은 아니다. 평소에 변화에 대비해야 한다. 어떤 일을 할 때 가능한 한 다음에 발생할 최악의 상황을 고려하라. 그러면 통제할 수 없는 일이 발생해도 최소한 침착한 마음을 유지할 수 있다.

둘째, 평생 끊임없이 배워라. 이 말은 절대로 빈말이 아니다. 이 세상의 모든 지식을 머릿속에 지닌 사람은 아무도 없다. 더는 배우고 발전할 필요가 없는 사람도 없다. 인생의 매 단계에서 꾸준히 발전하고 성장하도록 쉼 없이 지식을 쌓아야 한다. 계속해서 발전한다면 시대에 뒤떨어지거나 과학 기술에 의해 대체될까봐 걱정하지 않아도 된다. 회사의 고위급 임원이 어느 정도 위치에 올랐다고 착각하고 근심 걱정 없이 모든 것을 낙관하기만 하면 언젠가는 지식의 부족함을 깨닫게 될 것이며 또한 언젠가는 더욱 우수한 사람들에 의해 밀려날 것이다. 변화가 닥쳤을 때 도태되고 싶지 않다면 변화가 닥치기 전에 먼저 스스로 발전하는 사람이 되어라.

셋째, 평소에 시합이나 단체 전략 활동에 많이 참여하라. 시합에 참여함으로써 돌발 사건이 벌어지는 경우에 대비하는 사고 능력을 단련하고 전략 활동을 통해 관찰과 분석 능력을 단련하라. 평소에 이러한 능력을 쌓아두면 갑작스러운 변화가 닥쳐도 안정을 유지할 수 있다. 본능적으로 사고하고 관찰하고 분석할 수 있게 되면 변화 앞에서 당황하는 일은 없을 것이다.

혼란스러운 세상에서 모든 불확실성은 기회를 가져다준다. 너무 오랫동안 안정적인 기업은 개혁에 불리하듯이 지나치게 포화한 시대에는 새로운 피의 수혈이 필요하다. 이 때가 바로 변화의 시대다. 관찰하고 사고하는 법을 충분히 익혔다면 불확실한 세상만이 불확실한 기회를 가져다준다는 사실을 발견하게 될 것이다.

인생의 길에는 언제나 예측할 수 없는 수많은 위기가 잠복하고 있다. 위기와 대면했을 때 두려워하든 두려워하지 않든 위기는 늘 생각하지 못한 순간에 조용히 다가온다. 사실 가장 두려워해야 할 것은 외부 세계의 위기가 아니라 바로 위기에 대한 우리의 무관심과 무지다. 그러한 무관심과 무지 때문에 내리막길을 걷기 시작했음에도 여전히 과거의 소소한 영광에 도취되어 눈앞의 위기에 대항할 수 없는 것이다.

한 젊은이가 소크라테스에게 성공하는 방법을 물었다. 소크라테스는 말없이 젊은이를 강가로 데려가 물속으로 확 밀어버렸다. 깜짝 놀란 젊은이가 강둑으로 기어오르려 하자 소크라테스가 강으로 뛰어들더니 젊은이를 힘주어 물 아래로 눌렀다.

젊은이는 당황해 발버둥 치다가 강력한 생존 본능으로 소크라테스를 밀쳐버리고 강둑으로 올라왔다. 젊은이가 소크라테스의 이해할 수 없는 행동을 따졌다. 소크라테스가 이렇게 대답했다.

"무슨 일을 하든 죽을 고비에서 반드시 살아나겠다는 확고한 결심이 서 있어야 성공할 수 있다는 걸 깨닫게 해주고 싶었소."

이 책의 시작에서도 말했듯이 변화무쌍한 세상에서 고정불변의 법칙은 없다. 평생 적용할 수 있거나 모든 상황에 적용할 수 있는 규칙도 없다. 따라서 우리가 할 수 있는 일은 자기의 마음을 지키며 계속 발전하는 사람이 되어 시대와 함께 나아가는 것이다. 변화를 두려워하지 말고 끊임없이 배워라. 자기 안에 열정을 가득 채우고 새로운 경험을 쌓아라. 그러면 어떤 일이 발생한다 해도 자유롭게 대처할 수 있을 것이다. 이 사회가 변하든 변하지 않든 두려워할 필요가 없다는 것을 깨닫게 될 것이다.

불확실한 요소를 지혜롭게 관리하여 삶을 안전하게 만들어라

국제통화기금(IMF) 연구에 따르면 전 세계의 실질 국내 총생산(GDP)은 40년 전보다 4배 성장했고 전 세계 무역액은 11배 증가했다. 무역이 전 세계 GDP에서 차지하는 비중은 40년 전의 약 9퍼센트에서 오늘날 25퍼센트로 증가했으며 은행업의 자산은 14배 증가했다. 그러나 가장 흥미로운 것은 전 세계 화폐 총액이 40배나 증가했다는 사실이다.

"따라서 오랜 세월에 걸친 세계 경제의 성장은 대부분 금융과 무역이 촉진한 글로벌화의 발전이 이끌었다. 글로벌화의 발전은 지대한 변화를 가져왔다."

IMF의 주민(朱民) 부총재는 이렇게 말했다.

주민 부총재는 세계 지도를 기준으로 실질 GDP와 전 세계 무역 그리고 금융 분야에서 각 나라가 차지하는 비중을 지도에 표시해 그 크기를 비교했다. 그는 세계 지도와 가장 큰 변화를 보인 것은 실질 GDP라고 설명했다. 러시아는 크기가 작아졌고 중국은 커졌다. 미국은 전 세계의 최대 경제체답게 GDP의 경제량을 나타내는 크기가 미국의 영토를 초월했다. 물론 미국은 영토적 개념으로도 대국이지만 말이다.

무역량의 경우 러시아와 미국은 크기가 작아진 반면 유럽과 중국은 커졌다. 각국 금융 분야의 국제 무역(비금융자산) 수치는 예상치 못한 결과가 나타났다. 룩셈부르크의 금융 지도는 지리적 지도보다 훨씬 커졌고 홍콩도 커졌다. 그러나 중국은 그 크기가 작아졌다. 주민 부총재는 그 이유를 "글로벌 금융계에서 중국의 위상이 작기 때문"이라고 분석했다.

국제 정세에서 변화는 훨씬 거시적이지만 우리의 삶과 일에도 똑같은 이치가 적용된다. 모든 것은 변화하고 있고 다음에 무엇이 발생할지 정확히 예측할 수 있는 사람은 없다는 것이다. 이는 마치 그 누구도 중국 경제가 어떤 상태가 될지 예측할 수 없는 것과 같다. 국가는 시장에 대한 거시 경제 관리 계획만 세울 뿐이다. 세세한 것까지 정확히 예측하는 것은 불가능하기 때문에 전부 '계획'하지 않고 큰 틀에서 경제의 발전 방향을 파악한다.

기업 경영 또는 조직 관리에도 수많은 불확실한 요소가 있다. 대부분은 객관적인 조건이 일으킨 불확실성이기 때문에 그간 쌓은 경험으로 이를 피할 수 있다. 그러나 사람이 일으킨 주관적인 변화는 예측하고 방지하기가 쉽지 않다. 예를 들어 실외 배드민턴 경기를 준비한다고 할 때 비가 올 때를 대비해 사전에 천막을 준비한다거나 실내 경기장을 예약해둘 수 있다. 이는 통제할 수 있는 불확실한 요소다. 반면 갑자기 어떤 사람이 판정이 불공정하다며 대판 싸움을 벌일 수 있는데, 이는 통제할 수 없는 불확실한 요소다. 생활 속에 존재하는 수많은 통제 불가능한 요소는 사람에 의해 일어나는 것으로, 조직을 관리할 때 늘 이를 주목해야 한다.

조직을 관리할 때 우리가 접촉하는 사람들은 각자만의 행동 능력과 사고 능력을 갖춘 사람들이다. 모든 조직에는 각기 다른 유형과 성격을 가진 사람들이 존재한다. 이러한 상황에서 어떻게 해야 최대한 사람 때문에 발생하는 불확실성을 피할 수 있을까? 아래에서 제시하는 방법은 기업 경영뿐 아니라 그 어떤 형식의 단체 조직 활동에도 적용할 수 있다.

먼저 조직의 구성원을 이해하라. 모든 구성원의 성격을 이해하는 것은 리더에게 매우 중요한 덕목이다. 사람을 적재적소에 배치하려면 먼저 부하를 이해해야 한다. 그래야 각자의 잠재력을 최대한 발휘할 수 있는 자리에 부하를 배치할 수 있다. 반면 부하를 이해하려고 하지 않거나 부하와의 관계가 무척 소원한 리더는 조직을 제대로 관리할 수 없다. 대화, 소통, 관찰은 가장 빠르게 한 사람을 이해할 수 있도록 해줄 것이다.

다음으로, 최대한 공평하라. 한 조직 안에서 대부분의 충돌은 불공평함에서 시작된다. 일부 직원이 차별대우를 받고 있다고 느끼면 부정적인 정서가 생기기 시작한다. 그리고 이러한 부정적인 정서는 조직의 능력 발휘에 영향을 미치곤 한다. 사람이라면 기호가 있기 마련이라 완벽히 공평하게 대하는 것은 불가능하지만 한 조직을 이끌 때는 가능한 한 모든 사람의 감정을 보살펴야 한다. 최소한 무작정 통솔하고 억압하기보다 구성원이 서로 견제하며 균형을 이룰 수 있도록 이끌어야 한다.

마지막으로, 소속감을 느끼게 해줘야 한다. 한 조직 안에서 모두가 소속감을 느끼고 모두가 회사 일이 자신의 일이라고 여기면 모든 구성원의 투지는 그러지 않을 때와 확연히 달라진다. 만일 어떤 부하가 스스로 존재감이 없고 능력을 인정받지 못한다고 느낀다면 그는 자연스레 전심전력으로 당신을 위해 일하지 않는다.

평온했던 원래의 삶이 깨졌다면 기존에 삶을 처리했던 방식과 방법만으로는 충분치 않다. 새로운 누군가를 알게 되는 일이든 긍정적이거나 부정적인 일이든 반드시 새로운 전략으로 예전에는 없던 것을 처리해야 한다.

경영자도 마찬가지다. 기업을 경영하는 과정에서 일어날 수 있는 수많은 변화를 파악했다면 이에 대처할 적절한 방안을 마련해야 한다. 그리고 새로운 변화를 마주했을 때 계속해서 전략을 업데이트해야 한다. 이러한 전략은 조직에 있는 모든 구성원에게 매우 높은 능력을 요구한다. 효율적이고 창의적인 조직은 새로운 변화에 더욱 잘 적응할 수 있다.

불확실한 요소는 평소에는 하찮아 보인다. 어쩌면 애초에 그러한 변화를 무시했는지도 모른다. 그러나 일단 상황에 변화가 나타나거나 혹은 새로운 도전이 나타나면 이러한 불확실한 요소가 오히려 승부를 결정하는 핵심이 된다. 그리고 그것이 때때로 한 기업의 존망을 결정하기도 한다.

따라서 리더든 평범한 이든 불확실한 요소를 포착해 곁에 두면서 삶을 안전하게 만들어야 한다. 그러면 사소한 변화로 인해 삶이 와장창 무너지는 일은 없을 것이다.

불확실성이 흥미진진한 인생을 만든다

앞에서 말했듯이 크게는 한 국가의 흥망에서부터 작게는 한 개인의 삶까지 완벽히 확신할 수 있는 일은 없다. 어떤 상황에서든 자신의 삶을 100퍼센트 확신하지 말라. 삶에서 벌어지는 수많은 일은 불확실하다. 마치 모두 시한폭탄을 안고 살아가는 것처럼, 유일하게 확신할 수 있는 일은 '확신할 수 있는 일이 없다는 것'뿐이다.

불확실성을 대면하는 방식은 상반된 두 가지 유형으로 나뉜다. 한 유형은 공포를 느낀다. 이 유형에게 불확실성은 위협을 의미한다. 그래서 모든 것이 불확실하면 늘 근심 걱정하며 살아간다. 확실히 언제나 걱정이 태산인 사람은 삶에서 일어날 수 있는 혹은 절대로 일어나지 않을 다양한 일로 잠을 설치고 병이 나고 직장도 잃고 결혼 생활도 잃는다. 그들은 잘 살기 위해서가 아니라 수시로 발생할 위험을 방비하기 위해 살아간다. 예를 들어 어떤 사람은 과연 심리 상담이 자신에게 도움이 될지 안 될지로 고민한다. 불확실성은 그를 '시작할지 말지', '계속할지 끝낼지', '이 상담사를 선택할지 저 상담사를 선택할지' 등으로 끊임없이 갈등하게 만든다. 그의 관심은 완수해야 할 일과 목표에 관한 상담이 아니라 불확실성이 가져온 불안과 걱정에 쏠려 있다. 이런 경우 그를 기다리는 결과는 실패뿐이다. 다른 한 유형은 불확실성을 수용한다. 이 유형에게 불확실성은 더 많은 가능성이자 선택이며 경험과 수확을 의미한다. 이를테면 이 유형은 여행의 불확실성을 다음과 같이 이해한다.

"모든 것이 확실하면 재미없다. 여행에서는 누구를 만나고 어떤 일이 생기고 어떤 이야기가 펼쳐질지 알 수 없기에 기대와 설렘으로 가득한 것이다. 다른 사람의 여행이 아무리 멋질지라도 그것은 그 사람의 여행일 뿐이다. 내 여행이 그의 여행과 똑같을 거라고 확신할 수 없다. 멋진 여행이란 불확실성과 더 많은 가능성으로 충만한 여행이다."

어느 방문자가 상담실 앞에서 상담을 마치고 나온 사람에게 물었다.

"효과는 있어요? 이 상담사는 어때요? 상담이 유용한 것 같나요?"

재미있는 것은 상대의 대답이다.

"그건 제가 해줄 수 있는 대답이 아니군요. 저한테 유용하다고 반드시 당신한테 유용한 것은 아니며 저한테 유용하지 않아도 당신한테는 유용할 수 있으니까요. 저는 당신이 아니니 당신에게 유용할지 안 할지 어떻게 알겠어요?"

늘 불확실한 일을 마주하는 사람은 점점 인내심과 자신감을 잃고 올바른 선택과 결정을 할 수 없을 것 같은 기분을 느낀다. 그의 삶은 활기 없는 교착 상태에 빠진다. 아마도 그는 상담사에게 어떤 선택을 해야 하느냐고 물을 테지만 실제로 그는 잠시 결정 능력을 잃은 것뿐이다. 상담을 통해 결정 능력을 회복하면 그는 자연히 상담사가 옳다고 말해준 선택에 의지하지 않고 자신이 직접 여러 가지 선택을 수월하게 할 수 있을 것이다. 자신보다 자신을 더 잘 아는 사람은 없으며 상담사도 예외는 아니다.

결정 능력은 자신감과 밀접한 관계가 있는데, 자신감은 불확실성에 대한 포용 능력에서 생긴다. 정신분석에서는 전문용어로 '버텨주기(Holding)'라고 부른다. 버텨주기란 불확실성이 불러오는 극도의 불안감에 대한 용인과 인내 및 충분한 호기심과 개방적 태도, 그리고 불확실성이 불러오는 감정의 강렬한 충격을 견딜 용기, 이러한 감정에 함몰되지 않는 능력을 가리킨다. 버텨주기는 마치 부드럽고 강한 모성의 힘과 같다. 아이가 밤새도록 큰 소리로 울 때 언제 끝날지 알 수 없는 '고통'에 대한 어머니의 견디는 능력과 포용력 말이다. 어머니는 아이의 울음이 언제까지 지속될지, 어떻게 아이를 달래야 효과가 있을지 모른다. 하지만 어머니는 인내심을 갖고 아이를 안아주며 아이가 울음을 멈출 때까지 계속해서 달랠 방법을 찾는다. 버텨주기는 불확실성에 대한 지속적인 포용 능력으로, 이러한 포용은 개방적이고 용감하며 자발적이고 호기심과 창의력으로 충만하다. 재미있는 점은 불확실성을 환영하고 자발적으로 불확실성을 대면하는 사람일수록 더 많은 확신과 자신감을 얻는다는 것이다. 또한 자신감 있는 사람일수록 불확실성을 환영하는데, 그 이유는 이러한 사람의 눈에 불확실성은 활력과 끊임없이 새롭게 바뀌는 생명을 의미하기 때문이다.

불확실성을 가지고 여정을 시작하라. 여정은 언제든지 시작할 수 있다. 외적인 여정이든 내적인 여정이든 충분히 개방적이고 호기심과 인내심, 용기가 있다면 틀림없이 삶을 향한 다른 관점을 갖게 될 것이다.

성공한 사람들은 종종 불확실성을 유난히 좋아한다. 자신의 힘으로 불확실성 속에서 성공의 기회를 찾을 수 있기 때문이다. 불확실성을 마주할 때 그들은 언제나 조심스럽고 신중하지만 필요한 경우 대담하게 시도하기도 한다. 멋진 인생을 살고 싶다면 삶 속의 불확실성에 감사하며 비바람이 세차게 몰아치는 바다에서 승리로 향하는 등대를 찾을 줄 알아야 한다.

인류는 낙관적이고 적극적으로 자신을 인식하고 세상과 미래를 인식하는 독특한 사유 방식을 가지고 있다. 긍정적인 환상과 낙관, 희망, 통제, 환각 등은 모두 이러한 사유 방식의 표현으로, 예측 가능한 미래에서 적극적이고 낙관적인 사유 방식은 여전히 인류에게 영향을 미친다. 어떤 상황에서든 감정에 휩싸여 삶에 존재하는 폭탄에 불을 붙이지 말고 위기를 넘기는 데 불확실한 혼란을 이용하는 법을 배워라.

비즈니스에서 불확실성을 대처하고 이용하는 방법

비즈니스에서 불확실성은 먹음직스러운 고기와 같다. 그러나 이 고기는 벼랑 끝에 걸려 있어서 누구나 이것을 얻을 능력과 용기가 있는 것은 아니다. 성공한 사람이 거인의 어깨 위에 서는 것은 물론 중요한 일이지만, 그보다 훨씬 더 중요한 것은 자신만의 능력을 갖추는 일이다. 혼란이나 위기 속에서 우뚝 설 수 있는 사람들이 훨씬 지혜롭고 용기 있는 사람들로, 그들의 성공은 더욱 빛나며 때론 아주 오랫동안 지속된다.

전략적 계획은 처음에 취한 행동을 두고 시장과 경쟁자가 내보일 반응을 예측해서 세워야 하지만, 일반적으로 시장과 경쟁자의 반응이 예측과 일치할지 여부를 정확히 알 수는 없다. 전략은 그 자체로 엄청난 불확실성을 포함하고 있기 때문이다.

그러나 불확실성은 기회의 개발과 포착, 전통적 관리 모델과 평가 도구의 업그레이드 등의 옵션 가치로 전환할 수 있다. 이러한 옵션은 전략에 경쟁자가 보일 반응에서 직접 만들어지는데, 그중에는 유리한 반응도 있고 불리한 반응도 있다. 결정자는 이용 전략과 확률 분포를 기반으로 각각의 전략적 선택에 따라 예측되는 경쟁자의 반응을 가치 평가해서 최상의 전략을 설계해야 한다.

누구나 태평성대와 먹고살 걱정 없는 날을 꿈꾼다. 우리는 시장이 호황일 때 우리의 삶도 순조로울 거라고 생각한다. 그러나 발전의 본질은 평온해 보이는 표면 아래에 있다. 원하든 원하지 않든 이 사회는 끊임없이 변화하고 있지만, 회사가 커지고 수입이 안정될수록 혁신 의식은 점점 낮아진다. 불확실한 변화가 닥쳤을 때 서 있는 판이 거대할수록 움직이기가 어렵다. 이것이 바로 커질 만큼 커진 기업을 변화시키기 어려운 이유다. 만일 오랫동안 번영을 누리고 싶다면 계속해서 발전하는 수밖에 없다. 기존의 방식 중 나쁜 것은 버리고 좋은 것만

취해서 새로운 방향으로 발전함으로써 기업을 시대의 최전방에 놓는 것이다. 그래야 도태되지 않는다.

전략적 불확실성이란 기업의 전략 결정에 중대한 영향을 미쳐서 기업의 생사존망에 영향을 주는 불확실성을 가리킨다. 따라서 기업은 전략적 불확실성에 관심을 가지고 진지하게 연구해 이익이 되는 것은 따르고 손해가 되는 것은 피해야 한다.

그러기 위해서 기업은 먼저 심각한 피해를 일으킬 가능성이 있는 불확실성을 모든 방법을 동원해 제거하고 극복하여 손실을 최소한으로 낮춰야 한다. 다른 한편으로, 기업은 중대한 전략적 기회를 얻어 전략적 추월을 실현하기 위해 불확실성을 장악하고 이용하고 심지어 일부러 만들어야 한다.

수많은 불확실성 가운데 중점적으로 주목해야 할 것은 경쟁의 불확실성이다. 전략을 세울 때, 특히 외부 환경 분석 단계에서 경쟁의 불확실성은 가장 주요하고 가장 근본적인 부분이다. 따라서 기업가는 사고 모델을 과거의 실체적 사고에서 게임적 사고로 전환함으로써 자기중심적인 협소한 사고방식에서 벗어나 다양한 요소와 주체, 시대를 고려해 전략을 세워야 한다.

일방적 사고는 게임적 사고의 최대 적이다. 게임적 사고는 양자 및 다자적 사고를 숭상하고 역지사지적 사고와 역방향 사고를 추앙한다. 게임적 사고의 핵심은 타인의 가치에 주목해서 자신을 상대의 입장에 놓고 문제를 고려하는 것이다. 또한 경쟁자가 보일 모든 반응의 조치를 최대한 사전에 준비한다. 이러한 사고방식을 실천하다 보면 상대와 함께 상생하는 것이 내가 살기 위해 상대를 죽이는 것보다 자신의 기업이 성공할 가능성이 더욱 커진다는 사실을 발견하게 된다. 바꿔 말해서 기업은 전략을 세울 때 반드시 경쟁 요소를 고려해야 하며 동시에 협력과 동맹의 가능성도 고려해야 한다. 그리고 한 발 더 나아가 협력과 경쟁이 공존하는 상태에서 전략을 세우는 방법도 고려할 필요가 있다. 그렇다면 구체적으로 어떻게 해야 할까?

첫째, 원칙을 가지고 변화에 대처해 불확실성을 소홀히 하지 않아야 한다. 불확실성은 일정 정도 객관성을 지닌다. 아무리 주관적으로 제거할 수 있는 불확실성이라도 정보 비용이 너무 높거나 투자 대비 수익이 떨어지는 등의 상황에서는 제거할 수 없다.

주식 투자에서 실패하는 일이 거의 없어 '주식의 신'으로 불린 워런 버핏의 투자 신조는 매우 단순하다. 주가는 결국 주식을 대표로 한 자산 수익 가치로 결정되는 것이므로 그는 투자 가치가 저평가된 주식을 사들였다. 그러고는 주식 시장이 아무리 요동쳐도 흔들리지 않고 장기간 그 주식을 보유했다.

누군가는 워런 버핏이 마이크로소프트사의 주식을 매입하지 않아서 큰돈을 벌 기회를 놓쳤으니 실수한 것 아니냐고 의문을 제기할 것이다. 물론 지금에 와서 보면 워런 버핏이 당시에 마이크로소프트사의 주식을 매입했다면 틀림없이 큰돈을 벌었을 것이다. 그러나 당시에 워런 버핏은 자신의 투자 신조를 따랐다. 만일 그가 마이크로소프트라는 벤처기업을 그의 투자 포트폴리오에 포함했다면 똑같이 다른 벤처기업도 포함했을 것이다. 워런 버핏은 자신이 가장 확신할 수 있는 포트폴리오 방식을 선택했을 뿐이다.

워런 버핏의 사례에서 알 수 있듯이 확신할 수 있는 부분이 아주 작더라도 계속 뿌리를 내리다 보면 외부의 변화무쌍한 위험을 막을 수 있는 능력이 생겨서 기반을 견고하게 닦을 수 있다.

둘째, 실력으로 시간을 따라잡아 불확실성을 낮춰라. 인터넷이 막 등장했을 때 빌 게이츠는 인류 사회를 완전히 뒤바꿔 놓을 인터넷의 파급력을 알아보지 못했다. 인터넷이 구글의 핵심 사업이 되고 넷스케이프가 주목을 받고 나서야 빌 게이츠는 인터넷의 혁명적 의미를 인식했다. 그러나 마이크로소프트는 소프트웨어에서의 강력한 실력으로 빠르게 브라우저를 개발하고 패키지로 판매하면서 넷스케이프를 제쳤다.

투자는 늦게 시작할수록 환경적 변수로 인한 불확실성이 낮아지지만 이미 시장을 선점한 기업이 있기 때문에 시장에서 한 자리를 차지하거나 성공하기 위해서는 경쟁자라는 진입 장벽을 물리쳐야 한다. 따라서 기업은 이에 상응하는 실력을 쌓아 시간을 따라잡고 불확실성을 낮춰야 한다.

실력으로 시간을 만회하며 확실성을 추구하는 전략을 '독고구검'(獨孤九劍, 김용의 소설 『신조협려』에 등장하는 검술. — 옮긴이) 모델이라고 부른다. 이 모델의 핵심은 후발 주자지만 실력으로써 시장을 제압하는 것에 있다.

레노버(Lenovo)가 인터넷 시장에 진입할 때 적용한 방식도 독고구검 모델이다. 1990년대 중반 무렵, 인터넷이 중국에서 싹을 틔우자 시나(新浪), 왕이(網易), 소우(搜狐) 등 포털 사이트는 1990년대 중후반부터 인터넷 시장으로 진군했으나 레노버 그룹은 2001년에야 겨우 증시 융자로 포털 사이트 FM365를 출시했다. 그러나 안타깝게도 인터넷 업계가 불황으로 접어들면서 레노버는 더 버티지 못하고 빠르게 시장에서 퇴출되었다.

비록 실패한 사례지만 레노버가 선택한 진입 시기와 방법은 주목할 만하다. 규모적인 면에서 레노버는 시장의 리스크가 비교적 큰 시기에 막무가내로 시장에 진입해 위험을 감수할 수밖에 없었다. 그래서 인터넷의 발전 방향이 확정되고 나서 후발 주자로서 실력으로 시간을 만회하며 불확실성을 낮춘 것이다.

셋째, 통찰력을 길러서 불확실성을 감지하라. 한 조직이 불확실성을 낮추기 위해 통찰력을 기르는 방법은 두 가지 단어로 요약할 수 있다. 하나는 '성실'이고 다른 하나는 '소통'이다.

기업이 미래를 위해 내리는 결정은 많든 적든 리더와 직원의 감정과 멘털 모델(mental model, 세상을 이해하고 행동하는 방식에 영향을 미치는 우리 안에 깊이 각인된 이미지. — 옮긴이), 기업의 역사에 영향을 받는다. 객관적인 시각으로 사물 자체의 발전을 바라보는 경우는 매우 드물다. 따라서 성실하고 겸손한 마음으로 사물 자체의 발전을 바라보는 법을 배워야 하며 이것이 바로 '성실'이다.

그리고 조직 전체를 구축하는 시각에서 필요한 것은 '소통'이다. 기업이 제대로 운영되려면 반드시 각 부처 간의 협력과 원활한 소통이 필수적이다. 그러나 대부분 기업은 명령이 막힘없이 통하고 정보가 위에서 아래로 관통(사실 대부분의 기업은 위에서 아래로도 제대로 통하지 않는다)하기만을 강조할 뿐 정보가 아래에서 위로도 막힘없이 흘러야 한다는 사실은 소홀히 한다. 정보가 아래에서 위로 막힘없이 흘러야 기업이 외부 세계의 미세한 변화를 정확히 감지하고 정확한 판단을 내릴 수 있다.

넷째, 유연성을 높여 불확실성에 적응하라. 정보 체계의 강화와 통찰력 있는 지시, 강한 실력은 불확실성을 효과적으로 낮춘다. 그러나 모든 기업이 이렇게 할 수 있는 것은 아니다. 따라서 대부분의 기업에게 더욱 필요한 것은 시장의 변화 속에서 기회를 발견하고 유연성을 발휘하여 환경의 불확실성에 대처하는 것이다.

유연성을 높이는 두 가지 방법이 있다. 하나는 고정 비용을 가변 비용으로 전환해 업무의 유연성을 높이는 것이고, 나머지 하나는 기계적 조직을 유기적 조직으로 바꿔서 조직의 유연성을 높이는 것이다. 기업의 유연성을 높이기 위해 고정비용을 최소한으로 낮추는 것은 필수적이다. 오늘날 유행하는 외주와 기업 간의 전략적 제휴도 이러한 성질의 모델에 속한다.

기계적 조직이란 기계화 및 구조화된 조직으로, 각각의 일자리를 유닛으로 한 협업과 분업으로 이루어진다. 이러한 조직은 유연성이 떨어진다. 반대로 이른바 유기적 조직은 환경 변화에 적응하는 조직의 임기응변 능력이 강한 조직이다. 유기적 조직은 명확한 직무 내용을 정의하는 방식이 아닌 기업의 가치를 주입하는 방식으로 구성원을 관리한다. 구성원은 상부의 지시를 받아 수동적으로 업무를 조정하는 것이 아니라 회사의 청사진에 따라 스스로 업무를 정하고 변동이 생기면 자발적으로 관련 내용을 조정한다.

다섯째, 비대칭성을 찾아서 불확실성을 제거하라. 경쟁의 비대칭성은 경쟁에서의 환경, 법칙, 상황 등 객관적 요소가 경쟁하는 쌍방에게 평등하지 않은 것을 말한다. 기업이 자신의 발전에 영향을 미치는 대부분의 불확실한 요소를 제거해서 전략적 수행의 예측 가능성을 높이는 방법은 크게 두 가지 모델을 참고할 수 있다. 하나는 내선 작전 모델이고, 다른 하나는 농촌의 도시 포위 모델이다. 내선 작전 모델은 경쟁을 자신에게 유리한 환경으로 이끈 다음 자신에게 익숙한 환경을 이용해 일부 경쟁에서 우위를 점하는 방식이다. 2004년 휴대폰 시장의 경쟁에서 한국과 일본 기업은 트렌드와 정밀한 광학 설계 부문에서 우위를 이용해 성공적으로 '대역전'을 재연했다. 2001년 이후 휴대폰의 발전은 크게 두 가지 방향으로 나뉘었다. 하나는 스마트 단말기이고 다른 하나는 그래픽이었다. 후발 주자로서 전자가 되려면 경쟁의 관건은 핵심 칩과 조작 시스템이지만, 한국과 일본 기업은 모두 이 방면에서 우위를 차지하지 못했다. 그러나 광학과 정밀한 기계 기술에서 일정한 우위를 점하고 있던 한국과 일본 기업은 카메라와 휴대폰을 결합해 화소로 휴대폰의 등급을 결정하는 트렌드를 형성했다. 이는 실질적으로 한국과 일본 기업의 앞마당에서 경쟁하는 것이나 다름없었다.

포화된 시장에서 비즈니스 기회를 포착하고 불가능해 보이는 일에서 발전 가능성을 찾으려면 미지의 분야에서 희망을 찾고 불확실한 소용돌이 속에서 당신만의 금도끼를 거머쥐는 법을 알아야 한다. 모든 일이 정체되었을 때 낙담하거나 고생을 두려워하지 말라. 그 순간이 바로 당신의 기회가 될 수 있다. 삶에서 반짝반짝 빛나는 기회는 때때로 진짜 당신의 것이 아니다. 오히려 언뜻 보기에 먼지투성이로 뒤덮인 기회 속으로 들어가 인내하며 자세히 관찰하고 착실하게 노력을 기울이면 그것이 곧 당신만의 성공의 길이었음을 깨닫게 될 것이다.

역경 지수를 높여서 멀리 보는 법을 배워라

우리는 불확실한 세상에서 변화에 대처할 더 많은 전략을 세우고, 불확실함 속에 있는 확실함을 포착해서 용감하게 혁신하고 바꿔야 한다. 이를 위해서는 앞을 내다보는 시야와 미래를 향한 대략적인 계획과 이해가 있어야 한다. 식견은 한 사람의 사업의 성패와 인생의 폭을 결정한다. 당신의 식견을 결정하는 것은 당신의 지혜이며, 당신의 지혜는 선천적인 능력뿐만 아니라 후천적으로 얻은 역경 지수에 의해 결정된다. 역경 지수가 높은 사람은 종종 풍부한 경험을 가지고 있어서 변화무쌍한 환경에도 당황하지 않는다. 또한 새로운 사물을 맞닥뜨렸을 때 더 잘 시도하고 사고하는 능력도 뛰어나다. 따라서 역경 지수의 높고 낮음이 곧 식견의 높고 낮음을 결정한다.

수많은 역경을 겪고 수많은 실패를 맛본 사람들에게 불확실성은 두려운 존재가 아니다. 불확실성 곳곳에는 운명을 바꿀 기회가 숨어 있고, 오직 역경을 겪은 사람만이 예리한 안목으로 변화 속에서 역경을 돌파할 조건을 발견한다. 기회는 당신을 기다려주지 않는다. 당신이 준비되어야만 또는 준비 과정에서 부단히 노력해야만 기회가 문을 두드린다. 따라서 앞일을 위한 계획이 필요하다. 이러한 계획이 없으면 많은 것을 놓칠 수 있기 때문이다. 예측할 수 없는 인생에서 자신의 삶을 장악해야만 외부 환경에 잘 적응할 수 있다. 나는 직업 경력에 있어 장기적인 계획을 세우지 않아서 그 이후에 수많은 기회를 날린 후에야 이 점을 뼈저리게 경험했다. 따라서 앞으로 무엇을 어떻게 할 것인지 정확히 생각하고 생각을 끝마쳤으면 성실하게 실행에 옮겨야 한다. 그러면 당신에게 알맞은 기회가 자연히 찾아온다.

불확실성에 대한 반응은 기업의 성패와 한 사람의 인생의 높이를 결정한다. 그렇다면 인생에서의 불확실한 기회를 어떻게 포착해야 할까?

첫째, 무엇을 하고 싶은지, 무엇을 하는 것이 가장 적합할지 명확히 하라.

둘째, 자신의 인생을 계획하라.

셋째, 계획과 관련된 여러 가지 정보를 수집하라.

넷째, 단계별로 나눠서 계획을 실현하라.

다섯째, 계획과 기회가 기본적으로 일치한다면 재빨리 그 기회를 잡아라.

노력은 물론 중요하다. 그러나 부인할 수 없는 사실은 노력만으로 성공할 수 없는 시대에 살고 있다는 점이다. 세계 500대 기업의 수석 고문인 프란스 요한슨은 변화의 속도가 점점 빨라지는 세상에서 성공은 더욱더 종잡을 수 없는 것으로 변하고 있다고 지적했다. 과거에 전략과 분석은 우리의 승리에 도움이 되었고 사회와 경제의 발전은 계획대로 진행되었다. 우리가 각종 산업을 건설하는 데 예측은 도움이 되었다. 그러나 시대가 변함에 따라 불확실성은 이미 일상적인 상태가 되었다. 상상을 초월했던 일이 현실이 되고 무너지지 않을 것처럼 보였던 사람 또는 대기업이 갑작스럽게 무너진다. 신중한 분석 및 주도면밀한 계획이 변화를 따라가지 못하면서 모든 일이 눈 깜짝할 사이에 벌어진다. 어릴 때 배운 성공하는 법은 이미 효력을 잃은 지 오래다. 오늘날 개인과 조직, 산업, 도시, 국가를 완성하는 것은 더 이상 계획이 아니라 만반의 준비를 끝낸 어느 순간이다.

오늘날 성공은 종종 뜻밖의 상황에서 발생한다. 운명은 늘 예기치 못한 어느 순간에 갑자기 방향을 돌려 폭발적인 인기와 성공을 불러온다. 이러한 일에 일정한 공식은 없지만, 이는 곧 누구에게나 가장 생각지 못한 방식으로 세상을 바꿀 기회가 있음을 의미한다. 모두가 잘 알 만한 사례로 한국의 가수 싸이가 있다. 싸이는 데뷔한 지 10여 년이 흐른 2012년에 <강남스타일> 한 곡으로 폭발적인 인기를 누렸다. '말춤'이 전 세계를 강타하면서 그는 글로벌 가수로 거듭났다. 이렇듯 누구나 눈 깜짝할 사이에 성패가 결정되는 순간, 나아가 일생을 바꿀 순간을 만날 수 있다. 그러나 안타깝게도 우리는 이처럼 중요한 순간에 충분한 관심을 기울이지 못하다가 한참 지나고 나서야 운명이 어느 순간부터 변하기 시작했는지 깨닫는다.

기회가 인위적인 노력보다 더 쉽게 성패를 가름한다면 운이 다가오기 전에 무엇을 할 수 있을까? 나는 자신을 위한 '운명의 순간'을 최대한 많이 만들어내야 한다고 생각한다. 이러한 순간은 보통 서로 다른 두 개념이나 생각, 사람들 간의 만남에서 발생한다. 여기서 무작위성을 늘리는 방법에는 네 가지가 있다. 첫째, 어느 한 가지 일에 몰두하지 않고 다양한 가능성 살피기. 둘째, 교집합적 사유를 통해 통찰력 또는 영감을 얻을 기회 늘리기. 셋째, 다양한 호기심으로 우연한 기회 많이 만들기. 넷째, 예상 가능한 길을 거부하고 기존의 논리에서 벗어나 남다른 일을 해냄으로써 두각 나타내기. 비록 주도적으로 '운명의 순간'을 촉발할 수는 없지만 이러한 순간이 다가왔을 때 그곳으로 뛰어들어 다음 단계의 행동을 취하면 성공을 향해 가까이 다가갈 수 있다.

역경 지수가 높은 사람들의 눈에 모든 변화는 전략적 의미가 있어서 그들은 모든 불확실성을 자신의 성취를 위한 요소로 전환한다. 우리는 역경 속 경험을 교훈으로 삼고 역경 지수를 높여서 사소한 일에 얽매이지 않고 더 멀리 보는 법을 배워야 한다. 이른바 자신의 삶을 살려면 세상을 넓게 바라보라. 자기 자신의 대변인이 되어 불확실하거나 익숙하지 않은 것을 두려워하지 말고 평상시에 사고력을 단련하여 변화가 생겼을 때 대담하게 기회를 잡아라. 당신이 제2의 석유 재벌 록펠러가 될지는 그 누구도 모르는 일이다.

Chapter 12

지렛목만 정확히 꽂으면 지구도 비틀 수 있다

안정된 인생관이 무너지면 지렛목도 사라진다.
암조가 세차게 흐르는 사회에서 사람은
마치 거센 풍랑 속에 있는 한 척의 돛단배처럼
용감하게 거센 파도를 가르고 나아가지 않으면
바닷속으로 침몰한다.
불확실한 위기는 우리 주변에 숨어 있으며
일격에 쓰러뜨릴 절묘한 수가 있을지는
그 누구도 예측할 수 없다.

절체절명의 위기에서 절반을 희생해 나머지 절반을 살린 산양의 지혜

중국 교육 기업인 신둥팡이 젊은이들의 창업의 대명사로 통하게 된 이유는 중국에서 최초로 미국 증시거래소에 상장한 교육산업주인 점이 작용하기도 했지만 무엇보다도 창업자들이 좋은 환경에서 자란 정·재계 인사의 자녀가 아니라 아주 평범한 농촌 대학생이었기 때문이다. 그래서 젊은이들은 평범하기 그지없는 그들에게서 무언가를 배우고자 갈망한다. 현재 방황하고 있거나 이제 막 창업한 젊은이들에게 신둥팡 창업자들의 성공은 아주 큰 격려가 된다. 그러나 신둥팡의 창업 역사를 알고 나면 신둥팡의 설립은 모두가 생각하는 것처럼 낭만적이기는커녕 오히려 궁지에 몰린 젊은이들의 최후 도박이었다는 사실을 알게 된다. 창업 이후에 벌어진 다양한 일들은 그저 이 창업자들의 강인한 의지를 보여주는 사건에 불과하다. 신둥팡의 발전 과정에 있는 시시비비를 걷어내면 신둥팡이 수많은 젊은이의 마음을 훔친 이유는 바로 신둥팡이라는 이름에 담긴 강력한 잠재력이라는 사실을 발견할 수 있다. 신둥팡을 위해 일하는 사람들은 신둥팡의 강인한 생명력을 통해 혈기왕성한 투지와 마음속에서 우러나오는 희망을 갖는다.

누구나 역경을 겪고 누구나 막다른 골목에 몰릴 때가 있다. 이처럼 고통스러운 시기는 일생에서 무척이나 고역인 시간이다. 하루가 일년 같은 불행한 시기는 우리 마음에 거대한 고통을 가져다준다. 그렇다면 막다른 골목에 몰렸을 때 어떻게 해야 할까? 이것은 운명이 주는 기회인가 아니면 삶이 내보이는 악의인가?

중국의 동물 소설 작가이자 아동 문학가인 선스시(沈石溪)의 작품에 나오는 이야기를 보자.

산양 무리는 사냥꾼에게 쫓기다가 결국 벼랑 끝에 몰렸다. 그때 산양 무리에 있던 낫 뿔 산양이 산양 무리를 나이 든 산양과 젊은 산양 두 무리로 나눴다. 젊은 산양이 먼저 힘껏 달려 뛰어오르자 거의 동시에 나이 든 산양이 그 뒤를 바짝 쫓아 뛰어올랐다. 벼랑 위 허공에서 나이 든 산양의 몸이 적절한 타이밍에 젊은 산양의 발굽 아래를 떠받쳤다. 젊은 산양은 나이 든 산양의 몸을 밟고 맞은편에 있는 언덕 위에 착지했으나 나이 든 산양은 날개가 꺾인 새처럼 그대로 추락했다. 나이 든 산양은 젊은 산양과 짝을 이루어 뛰어오르며 젊은 산양이 벼랑을 건널 수 있도록 도왔다. 젊은 산양 무리가 모두

무사히 맞은편 언덕에 착지할 수 있었던 것은 나이 든 산양의 희생 덕분이었다.

막다른 골목에 몰렸을 때 동물인 산양도 절반을 희생해 나머지 절반을 살리는 뛰어난 지혜로 종의 생존을 보존하는데 만물의 영장인 우리에게 정말로 막다른 골목에서 벗어날 방법이 없을까?

누군가에게 '막다른 골목'은 돈이 없어 생존할 수 없는 상태다. 또 누군가에게 '막다른 골목'은 더 이상 갈 곳이 없어서 절망에 빠진 상태이며 다른 누군가에게는 정신이 붕괴할 위기에 놓인 상태다. 그러나 만일 내게 '막다른 골목'이 무엇이냐고 물으면 나는 그저 하나의 '상태'일 뿐이라고 대답할 것이다. 다른 길로 가고자 마음만 먹으면 눈앞에 수천 가지 길이 나타날 것이다.

막다른 골목에 이른 강물은 폭포가 되어 세상의 아름다운 자연 풍광이 되고 막다른 골목에 이른 물방울은 단비가 되어 대지에 영양분을 공급한다. 그러나 어떤 사람은 이른바 '막다른 골목'에 이르렀을 때 도피를 선택한다. 심지어 자기 자신을 파괴하는 영원한 도피 방식을 선택하는 사람도 있다. 그러나 가만히 생각해보면 단 한 번뿐인 인생에서 넘지 못할 난관이 어디 있겠는가?

막다른 골목의 다른 이름은 '상실'이다. 많은 사람이 느끼는 안전감은 소유한 모든 것에서 비롯되기 때문에 상실은 무척이나 무시무시한 일이다. 직장을 잃고 가족을 잃고 친구를 잃는 등의 일은 떠올리기조차 힘든 일이다. 계속해서 상실을 두려워하면 상실은 마음에 우울의 씨앗을 심는다. 그러나 반대로 상실에서 새로운 것을 얻는다고 생각하면 상실은 마음을 고통 속으로 몰아넣는 재난이 아니라 가치 있는 성장으로 변한다.

직장을 잃었을 때 자신을 되돌아보는 계기로 삼으면 자신에게 더 적합한 일을 찾을지도 모른다. 가족을 잃었을 때 가족과 함께한 추억을 안고 더 행복하게 살려고 노력할 수 있다. 친구를 잃는 경험은 주변 사람들의 우정을 어떻게 판단해야 할지 알려주고 이를 통해 자신만의 진정한 우정을 만들어낼 수 있다. 모든 상실은 하늘이 준 배움의 기회다. 따라서 잃어버린 것을 헛되게 하지 말고 성공한 사람들이 당신이 가져야 할 모든 것을 빼앗아 가도록 놔두지 말라.

상실한 사람은 성공을 더욱 갈망하기 때문에 다시 기운을 차리고 일어서면 종종 보통 사람들보다 더 큰 에너지와 왕성한 투지를 드러낸다. 좌절 속에 주저앉아 있길 원하는 사람은 없다. 상실하고 나서 기꺼이 실패자가 되려는 사람도 없다. 상실을 겪어본 사람만이 소중히 여길 줄 알고 모든 성공이 쉽게 오지 않는다는 것을 안다. 역경을 겪어본 사람만이 감사할 줄 알고 전력을 다해 싸울 줄 알며 모든 좋은 것은 쉽게 얻을 수 없다는 것을 안다.

따라서 주위에 있는 사람이 당신보다 강해서 자신이 실패자가 된 기분을 느낀다면 발걸음을 멈추지 말라. 주위에 있는 사람이 당신보다 유능한 것은 당신을 그들처럼 노력하게 만들고 당신을 그들처럼 유능하게 만들기 위해서다. 주위에 있는 사람이 당신보다 행복한 것은 당신이 더욱 큰 투지를 갖고 행복을 쟁취하도록 하기 위함이다. 주위 사람이 당신보다 성공한 것은 당신이 얼마나 부족한지 알게 해서 당신의 능력을 향상시키기 위해서다. 상실 때문에 자신을 원망하거나 후회하지 말고 부러움과 질투, 증오와 같은 쩨쩨한 감정을 버리고 전력을 다해 싸우고 노력하라. 그래야만 당신의 부족함과 상실이 가치 있는 것으로 변한다.

'매일 한 시간씩 그림 그리기'가 일구어낸 놀라운 성과

직물 산업으로 큰 성공을 거둔 한 인물이 있었다. 그의 재산은 어마어마해서 그야말로 원하는 것은 뭐든지 가질 수 있었다. 그러나 그는 언제나 뭔가가 부족한 것 같았다. 그러던 중 어릴 때 꿈을 떠올렸다. 그는 어릴 때 화가를 꿈꿨으나 여러 가지 이유로 수십 년간 붓을 들지 않았다. 이제라도 그림을 배우는 것은 늦은 걸까? 지금 내게 그럴 시간이 있나? 이렇게 자문하며 고민하던 그는 매일 한 시간씩 꾸준히 그림을 그리기로 결심했다. 굳센 의지의 소유자인 그는 아무리 바빠도 매일 한 시간씩 시간을 내어 그림을 그렸다. 여러 해가 지나자 그림에서 적지 않은 보상을 받을 수 있었다. 몇 차례 개인전을 열었고 특히 유화 분야에서의 성과가 돋보였다. 정식으로 유화를 배운 적이 없는 그가 이 모든 성과를 거둔 것은 결심한 뒤로 매일 한 시간씩 꾸준히 그림을 그렸기 때문이었다.

큰 회사의 책임자가 '매일 한 시간씩 그림 그리기'는 결코 쉬운 일이 아니다. 그는 이 한 시간을 방해받지 않고자 매일 새벽 5시에 일어나 아침식사할 때까지 그림을 그렸다. 그는 훗날 이렇게 회고했다.

"이제 와서 생각해보면 그건 고생이랄 것도 없었습니다. 매일 한 시간씩 그림을 그리기로 결심한 다음부터 새벽에 그 시간이 되면 그토록 간절히 바라던 꿈이 나를 깨워서 더 자고 싶어도 잘 수 없었어요."

시간은 공평하며 보답을 아주 잘한다. 수년간 새벽의 한 시간을 포기하지 않은 그에게 시간은 수입원을 하나 더 늘리는 놀라운 보상을 해주었다. 그는 이 한 시간의 그림 그리기로 얻은 모든 수입을 예술을 하는 우수한 학생을 위한 장학금으로 내놓았다.

언제부턴가 '긍정 에너지'라는 단어가 우리의 삶을 관통하면서 역경을 대면할 때면 이 단어를 즐겨 사용한다. 긍정 에너지는 모든 부정적인 감정을 무너뜨리는 강력한 무기로 모두가 추구하는 것이 되었다. 누구나 자신의 삶이 긍정 에너지로 충만하길 바란다.

심리학자들은 긍정 에너지가 서로 끌어당기는 작용을 한다고 말한다. 당신이 긍정 에너지로 충만한 사람이라면 당신의 삶은 긍정 에너지를 끌어당긴다. 늘 희망이 가득하다면 수많은 좋은 운이 삶 속으로 들어올 테고, 당신에게 넘치는 긍정 에너지가 있다면 똑같이 긍정 에너지를 가진 친구가 당신에게 끌려 긍정 에너지는 점점 더 많아진다.

긍정 에너지를 갖는 것은 "간절히 바라면 원하는 바를 이룬다"는 것과 전혀 다르다. 사실 긍정 에너지는 생활 속 소소한 것에 존재한다. 누군가는 아름다운 무지개를 보면 기분이 좋아지고 누군가는 비 내리는 모습을 보면 기분이 상쾌해진다. 아름다운 음악을 듣거나 달콤한 디저트를 먹는 등 삶에서 아주 소소한 일은 모두 우리에게 긍정 에너지를 가져다준다. 긍정 에너지를 얻기 위해서 애를 쓰고 노력할 필요 없다. 그저 삶 속의 소소한 일을 소중히 여기며 온몸으로 삶이 주는 행복감을 느끼면 긍정 에너지는 삶 속으로 서서히 모여든다.

삶 속에서 긍정 에너지를 모으는 법은 다음과 같다.

첫째, 은둔형 외톨이가 되지 말고 기호를 늘려라. 현대 사회는 전자 통신 기술의 발달로 많은 사람이 집에서 일하며 밖으로 나가지 않고 얼굴을 맞대고 교류하지도 않는다. 이로 인해 '은둔형 외톨이'라는 새로운 인류가 탄생했다. 삶 속의 행복을 느낄 수 있는 사람은 기호를 늘리는 법을 안다. 좋아하는 것이 많아질수록 삶의 기쁨도 늘어난다. 기호와 특기는 다르다. 기호는 단순히 좋아하는 것이고 특기는 잘하는 것이다. 특기까지는 필요 없다. 단순한 기호만 있으면 된다. 음치일지라도 좋은 노래를 감상하는 데 방해되지 않으며 요리를 할 줄 몰라도 맛있는 점심을 즐기는 데 전혀 문제가 되지 않는다. 기호가 늘어날수록 삶 속에서 즐거움을 느낄 수 있는 것들이 많아져서 당신의 삶은 자연스럽게 긍정 에너지의 영향을 받는다.

둘째, 비교하는 마음을 내려놓고 향상하려는 의지만 남겨라. 한 철학자가 "사람이 불행한 이유는 자신보다 잘 지내는 주위 사람들을 보기 때문이다"라고 말한 적이 있다. 이 말은 표면적으로만 이해해서는 안 된다. 만일 주위 사람들을 진심으로 축복한다면 그들이 행복해지는 것은 우리가 바라던 일이다. 그러나 질투 어린 마음으로 다른 사람의 행복을 바라보면 결국 불행해지는 것은 자기 자신이다. 남과 비교하는 마음을 가져서는 안 된다. 남과 비교하며 열등감을 느끼면 아무리 성공해도 즐거움을 느낄 수 없다. 삶 속의 긍정 에너지를 모으고 싶다면 만족할 줄 알아야 한다. 비교하지 말고 진심으로 다른 사람을 축하하며 성실하게 노력하는 법을 배워라. 다른 사람이 가진 명품 가방에 눈길을 주지 말라. 다른 사람의 명품 가방보다 훨씬 비싼 가방을 사겠다고 생각하며 비교하기 시작하면 그 어떤 성취를 이루더라도 삶은 즐거워질 수 없다. 왜냐하면 당신은 자신을 위해서가 아니라 다른 사람에게 보여주기 위해 살아갈 것이기 때문이다.

셋째, 경청하라. 세상에는 자기가 말하는 것만 좋아하고 남의 말 듣는 것은 싫어하는 사람들이 많다. 하지만 그 누구도 이런 사람과 교류하고 싶어 하지 않는다. 더욱이 남의 말을 경청하지 않는 사람은 원망하기를 좋아하는 사람이다. 경청을 잘하는 사람은 마음이 평온하고 안정감이 있다. 경청하고 먼저 손길을 내밀고 감사하는 법을 배워라. 그래야 더 즐겁고 긍정 에너지도 많이 얻을 수 있다.

모든 감정은 서서히 쌓인다. 재산을 모을 때처럼 인생에서 마땅히 가져야 할 올바른 생활 태도도 차근차근 쌓는 것이 정도(正道)다. 하룻밤 사이에 벼락부자가 되기를 꿈꾸는 것은 쓸데없는 짓이다. 성실하게 한 걸음씩 나아가며 차근차근 쌓아 올려 얻은 성공은 견고하지만 어느 날 갑자기 땅 위에 우뚝 솟은 건물은 공중누각이거나 부실 공사다. 무언가를 얻고 싶다면 작은 일부터 차근차근 쌓아라.

니디아는 이탈리아 폼페이에서 태어났다. 그녀는 태어날 때부터 두 눈이 보이지 않았지만 원망을 일삼거나 의기소침해하지 않았다. 자신의 삶을 사랑하며 모든 것에 믿음과 희망을 가졌다. 어느 정도 나이가 들자 그녀는 가족의 보호와 동정심에서 비롯된 타인의 도움을 거절하고 다른 사람들처럼 자신의 힘으로 살고자 했다. 그녀는 꽃을 팔아 생계를 이었다.

몇 년 후 베수비오 화산 대폭발로 폼페이는 순식간에 전례 없는 재난에 빠졌고 온 도시는 짙은 연기와 먼지로 뒤덮였다. 짙은 화산재가 햇빛과 달, 별을 가려서 칠흑같이 어두워졌다. 어둠 속에서 패닉에 빠진 시민들은 겁에 질려 비명을 지르며 우왕좌왕했다. 그들은 마치 지옥에 들어간 것처럼 도무지 출구를 찾을 수 없었다.

그때 니디아가 나타났다. 그녀는 수년간 골목길을 오가며 꽃을 팔면서 얻은 경험으로 어렵지 않게 사람들을 이끌었다. 그녀의 예민한 후각과 청각은 사람들을 위험에서 구해주었다. 줄곧 사람들에게 쓸모없는 존재로 여겨진 장님 소녀가 많은 시민을 구한 것이다. 그녀의 이름은 훗날 시민들에 의해 전기와 소설에 기록되어 오늘날까지 전해진다.

긍정 에너지를 모으는 동시에 사물의 양면성을 결코 잊어서는 안 된다. 긍정 에너지가 존재하는 곳에는 부정 에너지가 존재하기도 쉽다. 따스한 긍정 에너지에 비해 부정 에너지의 축적은 알아채기 어렵다. 때때로 아무도 모르게 마음속으로 들어온 부정 에너지는 일정한 양이 쌓이면 삶에 부정적인 영향을 미친다. 따라서 삶에서 긍정 에너지를 모을 뿐만 아니라 부정 에너지가 형태를 갖추지 못하도록 잘 처리해야 한다.

빠르게 흘러가는 현대 사회에서 하루하루가 즐겁고 하루하루가 긍정 에너지로 충만한 삶을 살기는 어렵지만 최소한 매 순간을 소중히 여기며 한 걸음씩 나아가기 위해 노력할 수는 있다. 삶의 소소한 일에서 기쁨을 얻고 자신이 하는 일에서의 작은 발전을 자랑스러워할 만한 성공의 기반으로 삼을 수 있다. 충분한 긍정 에너지가 생기면 역경과 절망, 실패, 좌절은 후 불면 흩어질 모래에 불과하다.

절망 속에서 더는 물러날 곳이 없다고 느낄 때 용기는 최대로 확장된다

동트기 전이 가장 어둡다. 그러나 닭 울음소리가 허공을 가르고 동이 트기 시작하면 어제 무슨 일이 있었든 오늘의 태양이 떠오르는 것이 삶이고 인생의 모습이라는 사실을 깨닫는다.

우리는 때로 미련 없이 온몸을 던져야 할 상황을 마주한다. 확실히 죽음을 각오하고 출격하면 승리하는 데 도움이 된다. 여기에는 어떠한 심오한 이치가 있는 걸까? 절망 속에서 더는 물러날 곳이 없다고 느낄 때 용기는 최대로 확장된다. 더 잃을 것이 없기 때문에 모든 것을 내던지는 것이다. 또한 절망 속에서 경험할 수 있는 모든 고통을 겪기 때문에 경험이 가장 풍부한 상태이기도 하다. 고난을 마주하는 마음가짐 또한 절정에 이르러 목숨을 구할 지푸라기 하나만 있어도 그 지푸라기를 잡기 위해 죽음을 각오하고 출격한다. 여기에 노력까지 더해지면 그 결과는 예상을 뛰어넘을 만큼 좋다. 이것은 죽음을 각오한 우리에게 삶이 주는 선물이다.

죽음을 각오한 상태에서 얻은 성공은 실질적으로 실패를 부단히 극복하는 과정에서 얻은 것이다. 모든 크고 작은 일에서 어느 정도의 성취를 이루려면 고난을 만날 수밖에 없다. 누구도 실수나 좌절, 실패를 피할 수 없다. 업무를 혁신하려면 충돌을 피할 수 없고 지식을 넓히기 위해 깊이 파고들수록 배워야 할 것은 끝도 없이 늘어난다. 기술적인 돌파구를 마련하기 위해 연구하면 할수록 위험과 장애물은 많아진다. 유명한 과학자 마이클 패러데이는 말했다. "과학 연구를 하는 사람들의 머릿속에 든 얼마나 많은 생각과 이론이 자기 내부의 엄격한 비난과 힐책으로 소리 없이 말살되는지 세상 사람들은 아마 모를 것이다. 가장 많은 성취를 이룬 과학자가 세상에 내놓은 가설은 그의 머릿속에 든 것의 10분의 1도 되지 않는다."

실수와 좌절, 실패로 인해 어떤 사람들은 제자리를 맴돌며 중도에 포기하고, 어떤 사람들은 한숨을 내쉬며 내리막길을 걷고, 어떤 사람들은 비관하고 실망해서 자포자기한다. 그러나 실수와 실패는 불쾌해하고 탄식하고 당황하고 겁을 먹는다고 안 오는 것이 아니다. 오히려 실수와 실패를 두려워할수록 더 큰 실수와 더 많은 실패를 겪는다. 따라서 실수와 실패를 대할 때는 과학적 인식과 올바른 태도를 지녀야 한다.

성공하고 싶다면 두려움을 견뎌야 한다. 강한 심리적 수용 능력은 어둠을 견디는 중요한 자질이다. 강한 내면력은 평소에 쌓은 긍정 에너지에서 온다. 평소에 마음을 집중해 단련한 사람만이 죽음을 각오하고 출격했을 때 절체절명의 순간에 승리를 거둔다.

우수한 품종의 사냥개 아황은 오랜 기간 훈련을 받은 주인의 훌륭한 조수다. 아황은 몸집이 컸지만 사냥감을 추적할 때면 언제나 능숙하고 빨랐으며 반응도 민첩했다. 어느 날 주인이 아황을 데리고 사냥을 나갔다. 숲에 들어서자 토끼가 먹이를 찾고 있는 모습이 보였다. 주인이 총을 쏘았지만 안타깝게도 총알이 빗나가 토끼의 귀 한쪽을 맞췄다. 토끼가 상처를 입은 상태에서 도망치자 훈련이 잘된 아황이 그 뒤를 바짝 좇으며 제일 자신 있는 추격을 시작했다. 숲은 토끼의 영역이라 도망치는 데 토끼가 우위에 있었으나 민첩한 아황은 토끼에게 전혀 밀리지 않았다. 그렇게 긴장감 있는 추격전이 이어졌다.

아황에게 잡힐 뻔한 순간 토끼는 갑자기 몸을 돌려 관목 수풀 속으로 도망쳤다. 아황은 순간 멈칫하다가 추격하기 위해 곧바로 몸을 돌렸다. 그 순간 잘린 굵은 관목이 아황의 피부를 긋고 지나가면서 아황의 몸에서 붉은 피가 흘렀다. 아황은 통증에 '아오'하고 소리를 질렀고 그사이 토끼는 자취를 감추고 말았다.

아황은 계속해서 쫓으려고 했으나 한 생각이 그의 발걸음을 붙잡았다.

'굳이 이럴 필요가 있을까? 토끼를 못 잡는다고 굶어 죽는 것도 아니잖아!'

아황이 발걸음을 멈췄다.

'그만두자. 어쨌든 지금은 주인이 나를 보고 있는 것도 아니니 어떻게 된 일인지 모를 거야!'

그때 빈손으로 돌아가려는 아황을 보며 영악한 비취색 뱀이 비웃었다.

"민첩하다고 소문이 자자하던데, 이제 보니 토끼만도 못하군!"

아황이 비취색 뱀을 차갑게 쏘아봤다.

"나는 임무를 수행하는 것뿐이고 토끼는 목숨을 걸고 도망친 거야! 우린 상황이 달라."

강한 심리적 수용 능력은 끊임없는 실패와 공격 속에서 자신의 의지를 단련하며 무수한 실패 속에서 얻는 내면의 에너지다. 패배하는 횟수는 성공할 확률과 정비례한다고 말할 수 있다. 그렇다면 현대 사회에서 어떻게 강한 내면을 단련할 수 있을까?

첫째, '은혜와 원한파', '적과 친구파'가 아니라 '원칙파'가 되어라. '원칙파'는 원칙을 중시하고 진리를 견지하며 올바른 것을 지지하고 잘못된 것을 반대한다. 또한 남과 자신에게 똑같은 원칙을 적용한다. 상대가 누구든 지위나 권세, 은원 관계 등은 원칙과 관계없는 요소다.

둘째, 바라는 것이 없으면 두려워할 것도 없다. 늘 안정적인 삶을 살고자 하는 사람을 비난하거나 욕할 수는 없다. 그러나 그러한 삶이 가능할까? 세상에는 다양한 사람이 있기 때문에 모두에게 잘 보이는 것은 불가능하다. 어쨌든 당신을 맘에 들어 하지 않는 사람은 있기 마련이다. 만일 모든 사람에게 사랑을 받기 위해 원칙도 없이 물에 물 탄 듯 술에 술 탄 듯 살아가면 오히려 모두의 미움을 살 수도 있다. 그들이 당신을 싫어하는 이유는 다양하겠지만 말이다.

셋째, 최악의 상황을 준비하며 최고를 향해 노력하라. '최악의 상황을 준비하는 것'은 '바라는 것이 없다'는 것과 같다. 그리고 여기서 특히 강조하는 것은 '노력'이다.

일과 생활에서의 스트레스가 한꺼번에 몰려오면 많은 사람이 감정적인 좌절로 인해 모든 기대를 저버리거나 염세적인 심리 상태에 빠진다. 또는 희망을 잃고 되는대로 살아가기도 한다. 그래서 '삶을 사랑하고 하루를 성실히 보내는 것'은 마치 하나의 캠페인 구호가 되었다. 이는 도시에 사는 사람들의 슬픈 현실이다. 그러나 만일 모든 일에 최선을 다한다면 실패는 두려울 것이 못 된다. 무수한 실패는 성공할 가능성이 없다는 것을 의미하지 않는다. 당신이 해야 할 일은 실패 과정에서 경험을 쌓으며 강한 내면을 단련시키는 것이다. 그러면 동트기 전의 마지막 일격으로 아름답고 화려한 변신의 기회를 얻게 될 것이다.

시련을 겪지 않고 꽃 피우고 열매 맺는 나무는 없다

고생스러운 환경에서 자란 아이는 모든 것을 소중히 여기고 모든 것에 애정을 쏟는다. 그러나 그 아이가 편안한 환경에 들어서면 소중히 여기는 마음을 서서히 잃어간다. 세상 만물 중에 시련을 겪지 않고 꽃을 피우고 열매를 맺는 것은 없다. 보잘것없는 작은 풀도 노력해야 땅을 뚫고 싹을 틔운다. 풀은 자라고 나서 사람들에게 짓밟히지만 원망하지도 후회하지도 않는다. 수없이 짓밟히더라도 봄바람이 살랑거리면 작은 풀은 또다시 끈질기고 강인한 의지로 땅을 녹색으로 물들인다.

앞에서 역경을 마주할 때 강한 심리적 수용 능력을 갖추려면 어떻게 해야 하는지, 상실과 실패가 성공에서 어떠한 의미가 있는지 알아보았다. 그렇다면 실생활에서 단 한 번의 공격으로 고통의 바다에서 빠르게 벗어나게 해줄 필살기는 없을까? 평소에 절세 무공을 연마하면 핍박을 당할 때 영웅이 될 수 있지 않을까? 역경이 좋은 마음을 약화한다면 역경의 힘을 강화하는 감정은 무엇일까?

착한 사람 세 명이 있었다. 예언가는 수많은 선행을 한 그들에게 먼저 부자가 될 기회를 주기로 했다.

예언가가 세 사람에게 말했다.

"사막 깊숙한 곳에 보물이 숨어 있으니 너희는 그곳으로 가서 기다리거라. 9,981일째가 되는 날 보물이 땅속에서 모습을 드러낼 것이니라."

세 사람은 이 말을 듣고 크게 기뻐하며 곧바로 사막으로 달려갔다.

선행을 제일 많이 한 사람이 먼저 사막에 도착했다. 예언가가 말한 장소에는 모래와 샘물 이외에 아무것도 없었다. 하루가 지나자 사람과 교류하길 좋아하는 그는 적막함을 느꼈다. 사흘이 흐르자 그는 외로워서 자신에게 들려줄 노래를 불렀다. 일주일이 지나자 그는 화를 내며 중얼거리기 시작했다. 이 주일 뒤 그의 중얼거림은 원망으로 변했다. 그리고 한 달이 채 되지 않았을 때 그는 고함을 질러대며 사막에서 뛰쳐나왔다.

"이러다 죽고 말 거야! 더는 못 견디겠어!"

두 번째로 사막에 도착한 사람은 선행을 비교적 많이 한 사람이었다. 그는 똑똑했다. 홀로 오랜 시간 있으면 적막해서 못 견딜 거라는 생각에 수많은 책과 편지를 가져갔다. 예언가가 말한 장소에 도착한 그는 공부하고 편지를 읽는 데 몰두하며 시간이 얼마나 흘렀는지 생각하지 않으려고 애썼다. 그러나 그가 가져온 책과 편지를 다 읽을 때까지 보물은 나타나지 않았다. 어쩔 수 없이 그는 다시 한 번 읽었다. 그러나 세 번을 반복할 때까지 보물은 그림자도 보이지 않았다. 마침내 그도 화를 냈다. 그는 무료한 생활에 미친 듯이 저주를 퍼붓고는 포기를 선언했다.

마지막으로 도착한 사람은 세 사람 중에서 선행을 제일 적게 한 사람이었다. 첫 번째 사람처럼 아무것도 가져오지 않은 그는 목적지에 도착한 뒤 주위를 둘러보고 자리에 앉았다. 그러곤 기적이 어떻게 나타날지 생각하기 시작했다. 그는 자신의 상상력을 한껏 발휘해 보물이 어떻게 생겨나서 자기 눈앞에 등장할지 생각했다. 한 달이 지나자 그의 무궁무진한 상상력도 서서히 그 끝을 보였다. 보물 생각을 끝마치자 그는 어릴 때부터 성인이 될 때까지의 인생을 떠올렸다. 어린 시절, 소년 시절, 청년 시절, 중년 시절 등 아주 사소한 일까지도 전부 떠올리려고 애쓰며 말로 자세한 상황을 묘사했다. 수차례 환희와 침통함을 겪으면서 다시 한 달이 지나갔다. 이때 그는 이미 시간을 잊었다. 완전히 인생의 진리와 희로애락의 깨달음 속에 빠져 있었다. 그가 다시 한 번 자신의 인생을 떠올리려고 할 때 사막이 갑자기 갈라지면서 보물이 솟아났다.

이 이야기는 소중한 보물을 얻으려면 초인적인 인내심이 필요하다는 것을 알려준다. 인내심이 없고 의지가 없는 사람은 역경 속에서 재빨리 반격하지 못한다. 냄비 속 개구리처럼 반항할 능력조차 없는 것이다. 이와 동시에 진심 어린 미소 역시 역경을 해치우는 가장 직접적인 방식이다. 좋은 마음 상태가 모든 것을 결정한다. 평온하고 심지어 즐거운 마음으로 역경을 대하면 역경의 에너지는 점점 더 작아진다.

역경은 그 무엇보다 쉽게 무너지고 그 무엇보다 쉽게 강해진다. 향상심과 즐거운 마음으로 역경을 대하면 역경은 쉽게 무너지지만, 낙담하여 절망에 휩싸이면 역경은 한없이 커진다. 사실 역경뿐 아니라 우리의 삶도 언제나 어떤 마음으로 대하느냐에 달려 있다. 성공으로 가는 길 곳곳에는 역경이 가득하다. 미소 짓는 법을 배우지 못하면 영원히 눈물을 흘리며 상심할 수밖에 없다.

절망을 받아들여야
절망을 비틀 수 있다

역경은 우리를 절망케 하고 실패는 심한 상처를 준다. 삶 속의 긍정 에너지를 모으고 역경을 사랑하는 법을 배우면 세상을 바꿀 힘과 용기가 생긴다. 세상의 무상함을 탓하지 않고 불공평한 현실을 원망하지 않을 때 진심으로 이 세상을 받아들이는 법을 배우게 된다. 원래 현실이란 당신이 받아들이지 않더라도 전혀 바뀌지 않는다.

절망을 받아들이는 사람만이 진정으로 실패에서 교훈을 얻고 그 이후의 행복한 시간을 소중히 여길 줄 안다. 그러나 많은 사람이 진심으로 절망을 받아들이지 않는다. 그저 어쩔 수 없는 현실에 속수무책으로 포기하고 있을 뿐이다. 이러한 소극적인 태도는 절망을 받아들이는 것과 차원이 다르다.

진심으로 절망을 받아들인 사람은 열심히 절망을 분석해서 절망의 원인을 찾아낸다. 진심으로 절망을 받아들인 사람은 체면 때문에 다른 사람들이 어떻게 해서 절망을 해결하고 절망 속에서 빠르게 자신감을 회복했는지 묻기를 꺼리지 않는다. 진심으로 절망을 받아들인 사람은 또 한 번의 절망을 두려워하지 않는다. 그들의 마음속에 절망은 대단한 재난이 아니라 자신의 부족함에 대한 경고이기 때문이다. 그들에게 절망은 이번 경험에서의 교훈을 더 깊이 새기게 해주는 것에 불과하다.

대농장을 소유한 한 남자가 있었다. 그는 갑작스러운 재난으로 땅, 식량, 돈, 심지어 아내와 딸까지 모든 것을 잃었다. 그는 철저하게 한 푼도 없는 떠돌이가 되었다. 떠돌이는 갈수록 견디기 힘들어했고 갈수록 절망했다. 살아 있는 송장처럼 제대로 사고하지 못하고 온종일 어떻게 하면 이 삶을 일찍 끝낼 수 있을지만 생각했다. 그러던 중 근처에 철학자가 있다는 소리를 듣고 그는 부랴부랴 철학자를 찾아갔다.

그러나 철학자는 떠돌이가 눈물로 호소하는 말을 듣고 냉정하게 말했다.

"내게 도움을 바라지 마시오. 나는 당신을 도울 능력이 없소."

그러자 떠돌이의 눈에서 희망의 빛이 사라지고 다시 죽음이 그를 사로잡으려 했다. 그가 막 떠나려고 할 때 철학자가 떠돌이를 불러 세웠다.

"하지만 한 사람을 소개해주겠소. 그 사람이라면 틀림없이 당신을 도울 수 있을 거요. 그리고 이 세상에서 유일하게 당신을 도울 수 있는 사람이오."

"누굽니까?"

떠돌이가 몸을 돌렸다. 다시 희망의 빛이 되살아났다.

"따라오시오."

철학자는 떠돌이를 거울 앞으로 데려갔다. 그러곤 거울 속 사람을 가리키며 말했다.

"이 사람이오."

"나요?"

거울 속에 비친 난감해하는 자신을 보며 떠돌이가 놀라고 창피해서 반문했다.

"그렇소. 그 사람은 바로 당신이오. 온 세상에서 유일하게 당신이 재기할 수 있도록 도울 수 있는 사람은 거울에 비친 이 사람이오. 하지만 그 전에 일단 가만히 앉아서 당신 자신을 자세히 알 필요가 있소. 그러지 않으면 당신은 껍데기에 불과할 테니. 거울로 가까이 다가가 이 사람의 원래 모습을 떠올려보시오. 내 생각에는 그러는 편이 가장 정확할 것 같소."

떠돌이는 천천히 거울에 다가가 손으로 헝클어진 머리를 가다듬었다. 그러곤 원래 당당했던 자신의 모습을 떠올렸다. 거울 속 꾀죄죄한 얼굴에 서서히 미소가 떠올랐다.

"이제야 알겠습니다. 정말로 고맙습니다!"

떠돌이는 돌연 이 말을 남기고 뛰어나갔다.

몇 년 후 떠돌이가 다시 철학자의 집을 찾았을 때 철학자는 그를 알아보지 못했다. 옷을 단정하게 차려입고 자신감 있는 표정을 짓고 있는 떠돌이에게서 실의에 빠졌던 과거의 모습은 전혀 찾아볼 수 없었기 때문이다.

떠돌이가 수표를 한 장 꺼내며 말했다.

"백지 수표이니 금액은 직접 적으십시오. 당신이 제게 알려준 것의 가치가 얼마나 될지 도저히 모르겠더군요. 저는 원하는 모든 것을 샀습니다. 대기업의 사장이 되었고 아내와 딸도 되찾았습니다. 안정된 가정이 생겼고 무엇보다도 저 자신을 찾았습니다."

자신감은 성공을 위한 전제 조건일 뿐 아니라 계속해서 살아갈 수 있게 지탱해주는 힘이다. 자신감이 없다는 것은 자신에게 사형 선고를 내리는 것과 같아서 서서히 자기 자신을 죽음의 길로 내몬다.

그렇다면 어떻게 해야 현재의 상황에 안주하거나 절망에 굴복해 스스로를 고통 속에서 허우적거리게 하지 않고 진심으로 절망을 받아들일 수 있을까?

실패를 마주했을 때 비관자는 탄식하고 낙관자는 미소 지으며 받아들인다. 실패를 마주했을 때 어리석은 자는 도피를 선택하고 지혜로운 자는 주도적으로 운명을 바꾼다.

이미 벌어진 과거는 바꿀 수 없다. 그저 현재를 단단히 붙잡고 용감하게 미래를 만들어갈 뿐이다. 어제의 탄식 속에 머물러 있지 말라. 걸을 수 있고 들을 수 있으며 볼 수 있고 생각할 수 있다면 더 멋진 길을 걷고 더 감동적인 이야기를 듣고 더 아름다운 풍경을 보고 더 행복한 생각을 하라. 움직이지 않고 생각하지 않으면 어디서 희망이 생기고 어떻게 현재 상황을 바꾸겠는가?

과학은 진리도 그것이 적응할 분위기가 있음을 알려준다. 링컨은 말했다. "이 세상에 존재하는 수많은 '불가능'은 우리의 상상 속에만 존재한다." 현재의 필연이 반드시 미래의 필연으로 이어지는 걸까? 일의 성공 여부는 사람의 노력에 달려 있고 모든 것은 자신의 손에 달려 있다. 중국의 근현대사는 얼마나 많은 고통스러운 실패를 겪었는가? 이러한 실패는 수많은 사람을 쓰러뜨렸지만 역시 수많은 사람을 일으켜 세워 중국의 혁명을 성공시켰다.

절망과 욕망은 한 걸음 차이다. 절망의 근원을 찾았다면 그것을 완전히 당신의 에너지로 바꾸고 절망을 성공과 행복에 대한 갈망으로 전환할 수 있다. 자신의 강한 내면으로 절망을 비튼다면 이 세상에 그 어떤 절망도 해를 입힐 수 없다.

그리고 모든 것을 잃어도 절대로 잃어서는 안 되는 것이 희망이다. 희망은 인류의 생명과 즐거움의 원천이다. 희망이 있으면 생명은 활기찬 생기를 갖지만 희망이 없으면 생명은 나날이 시들어간다.

절망은 겨울의 시작으로 끝없이 펼쳐진 황량함을 바라보고 있노라면 절로 두려운 마음이 든다. 절망은 죽음의 고요를 마주하는 선택이다. 절망은 가망 없는 치유를 기다리는 마음의 고통이다. 희망이 있으면 삶은 다채로워진다. 설령 희망이 때때로 절망을 불러올지라도 말이다. 그러나 절망을 불러온 희망은 마음에 크나큰 상처를 남긴다. 언제나 자기만의 방식으로 세상의 모든 희망이나 절망을 끝내려는 사람들이 있는 이유는 이미 삶에 너무나 많은 스트레스와 부득이한 일이 존재하기 때문이며 원래는 희망이던 것이 결국에는 절망을 가져오기 때문이다. 절망했기 때문에 그들은 모든 것을 끝내려 하지만 이러한 선택은 더 큰 상처를 준다.

꿈은 순식간에 잿빛으로 변한다. 꿈속에서 아무리 몸부림쳐도 희망 또는 절망의 결말에서 벗어나지 못한다. 그러다가 번뜩 깨고 나면 다시 잠들지 못한다. 희망이 없다면 절망도 사라질까? 희망이 없다는 말은 절망만 있다는 말일까? 틀렸다. 돌이켜 생각해보자. 절망은 어디서 오는가? 절망은 희망에서 온다. 희망이 없다면 다시는 절망이 생기지 않을 수도 있다.

희망이 없는 세상은 어떤 모습일까? 잿빛으로 된 활기라고는 찾아볼 수 없는 곳이라는 것쯤은 충분히 상상할 수 있다. 추구와 진취가 인생과 함께하는 이유는 희망이 있기 때문이다. 희망은 바로 이 세상의 색깔이다.

희망이 없으면 이 세상에 빛이 사라지지만 희망이 있다고 반드시 절망이 오는 것은 아니다. 희망의 배후가 전부 절망인 것만은 아니라는 말이다. 희망을 품고 모든 것을 바라보는 것이 중요하다. 한때 뜻을 이루지 못해서 실망하고 절망하더라도 쉽게 포기하면 안 된다. 세상은 본래 햇빛이 찬란한 곳이다. 때때로 어두운 밤이 오더라도 희망이 보이지 않는 암울한 구석으로 도망쳐서는 안 된다.

앞에 펼쳐진 길이 전부 막다른 길이라면 희망은 모퉁이에 있다. 도저히 안 되겠으면 모퉁이를 돌아라. 그러면 햇빛이 찬란하고 희망으로 충만한 곳이 나타날 것이다. 굳은 믿음만 있다면 말이다. 믿지 않을 이유가 없으니 희망을 포기해서는 안 된다.

언제나 희망과 절망 사이에서 배회하는 것은 많은 사람에게 자주 나타나는 마음 상태다. 버섯이 축축한 곳을 좋아하는 것처럼 희망도 절망과 함께하기를 좋아한다. 따라서 절망이 당신을 찾아와도 두려워하거나 걱정하지 말고 절망을 당신의 이웃을 대하듯 친절하게 대하라. 어두운 밤의 이웃은 환한 대낮이고 절망의 이웃은 희망이다!

보통 사람이 수십 년에 걸려 도달할 목표를 천재는 단번에 도달한다. 독수리는 천재처럼 단번에 피라미드 꼭대기에 도착하지만 달팽이는 피라미드 꼭대기에 오르기 위해 3년, 5년 심지어 10년이 걸리기도 한다. 그러나 피라미드 꼭대기에 도착하기만 하면 달팽이도 독수리와 똑같은 시선으로 세상과 지평선을 바라볼 수 있다. 만일 내게 선택권이 있다면 나는 독수리가 아닌 달팽이를 선택할 것이다. 쉽게 얻은 것은 기억에 오래 남지 않기 때문이다. 인생의 쓴맛과 단맛을 경험하며 만들어진 추억은 결코 배워서 얻을 수 있는 것이 아니다.

인생은 기나긴 강으로, 끊임없이 변하면서 흐른다. 물을 선택하든 진흙을 선택하든 모두 자기의 선택이다. 희망은 당신의 강이 끊임없이 흐를 수 있도록 생명력을 가져다준다. 만일 진흙이 되기로 선택했다면 인생은 강바닥으로 가라앉아 영원히 제자리에 머물러 있을 것이다. 반면에 물이 되기로 선택했다면 반드시 바다로 나아가게 될 것이다. 열여덟 번 굽이쳐 아홉 곳으로 흐르는 황하의 물줄기는 모두 바다로 향한다. 황하의 물줄기가 굽이쳐 흐르는 곳은 각기 다르지만 마지막으로 흘러가는 곳은 바다다. 바다에 이르면 더욱 풍부하고 맑고 투명해질 것이며, 당신의 생명 자체도 가장 아름다운 바다의 푸른빛을 띨 것이다.

PART 3

창조의 씨앗을 잉태한 파괴

깨뜨리지 않으면 바로 설 수 없다.
재건을 통해 인생을 업그레이드하라

Chapter 13

코끼리를 이긴 개미에게 배워라

성공은 걷기처럼 본능이자 욕망이며
모든 사람의 DNA에 새겨진 프로그램이다.
자기 내면의 연약함을 예측할 수 없지만
동시에 자신이 얼마나 강한지도 상상할 수 없다.
앞으로 천천히 걸어가라.
모두가 99보에서 멈췄을 때 한 걸음만 더 내디디면 승리한다.

고난도 프리 프로그램을 선택해
한계를 극복하고 우승 트로피를 거머쥔 미셸 콴

역경은 피할 수 없다. 역경 속으로 들어갔다면 방향을 올바르게 잡고 끊임없이 앞으로 걸어가야 한다. 여기서 반드시 주의할 점은 전진하는 방향을 올바르게 선택하는 것이다. 수학에도 답이 없는 문제가 많듯이 삶에도 막혀서 갈 수 없는 길이 많다. 그래도 기어코 캄캄한 길로 간다면 성공할 확률이 낮은 것은 물론이고 수많은 아름다운 풍경을 놓치게 된다.

모든 역경이 성공의 언덕으로 통하는 것은 아니다. 실제로 출구가 없는 역경도 존재하는데 이는 잘못된 결정으로 생긴 막다른 골목이다. 이러한 역경 속에서는 확실히 경험을 많이 쌓을 수는 있지만 그보다도 수많은 방법이 통하지 않는 데서 오는 반성을 더 많이 하게 될 것이다. 어떤 길이 막혔다면 빠져나갈 수 없는 역경 속에서 시간과 생명을 낭비할 것이 아니라 처음부터 잘못된 길을 선택한 것은 아닌지 되짚어봐야 한다.

행복을 추구하는 현대인이 되려면 역경을 마주했을 때 끝까지 지속하는 것이 물론 매우 중요하다. 하지만 동시에 임기응변을 배우고 다양한 관점에서 생각하는 법을 배워서 길이 막힌 역경을 피할 줄도 알아야 한다. 어떤 사람들은 마지막까지 지속하지 않으면 체면이 깎이고 아쉬움이 남는다고 생각한다. 그러나 인생은 본래 완벽하지 않다. 역경 속에서 이미 기진맥진한 상태라면 계속 그 길을 가더라도 더 많은 즐거움과 행복을 얻을 수는 없다. 이런 상황이라면 일단 발걸음을 멈추고 길을 바꿔야 하는 것은 아닌지 생각해보길 바란다. 어쨌든 모든 길은 로마로 통한다고 하지 않았던가.

2000년 세계 피겨 스케이팅 선수권 대회에서 최후의 승자는 중국계 미국인 미셸 콴이었다. 미셸 콴은 마지막 경기인 프리 프로그램을 앞두고 총점 순위 3위에 머물러 있었다. 이때 미셸 콴에게는 두 가지 선택이 있었다. 하나는 아주 어려운 프리 프로그램을 선택해서 한계를 극복하는 것이고 다른 하나는 평범한 프로그램을 선택해 안전을 도모하는 것이다.

생각에 잠긴 젊은 아가씨의 눈에 강인한 의지가 스쳐 지나갔다. 그녀는 어려운 프로그램을 선택했고 결국 우승을 차지했다. 그녀의 의지와 담대함은 사람들을 열광케 했다.

경기가 끝나고 한 인터뷰에서 기자가 그녀에게 물었다.

"왜 이처럼 고난도의 도전을 선택했나요? 처참하게 패배했을 수도 있잖아요."

"하지만 저는 성공했죠." 미셸 콴이 웃으며 말했다. "제가 이런 선택을 한 건 실패했을 때 실력 발휘를 다 못했다고 후회하기가 싫었기 때문이에요."

이처럼 역경을 관찰하는 법과 벗어날 수 없는 역경이 무엇인지 식별하는 법을 배워야 한다. 현재 가고 있는 길이 막다른 길이라는 것을 발견했다면 더 효율적으로 목표에 도달할 수 있도록 과감하게 사고와 전략을 바꿔야 한다. 물론 실제로는 답이 존재하지만 현재 당신의 지식으로는 풀 수 없는 수학 문제도 존재한다. 그러나 이럴 때 무작정 그 문제에 시간을 낭비하는 것은 잘못된 선택이다. 차라리 책을 펼쳐서 부족한 지식을 제대로 보충한 다음에 풀지 못한 문제를 다시 공략해도 늦지 않는다. 구체적인 방법은 다음과 같다.

첫째, 걸으면서 생각하라. 앞으로만 돌진할 뿐 생각하지 않는 사람은 용감한 것이 아니라 경솔한 것이다. 역경 속을 걷고 있을 때 사고력은 특히 중요하다. 매 걸음마다 자신의 삶에 미묘한 변화가 발생하는 것은 아닌지, 그 변화가 좋은지 아니면 나쁜지를 생각해야 한다. 고난을 맞닥뜨려서 해결 방법을 생각할 때에도 한 번에 해결하려고 들지 말고 한 부분씩 생각하고 해결해야 한다. 인내심을 갖고 관찰하고 심혈을 기울여 생각하면 역경의 특징을 발견할 수 있다.

둘째, 고군분투하지 말라. 사람이 가끔 둔감해지는 이유는 너무 오랫동안 사람들과 교류하지 않았기 때문이다. 때때로 타인과의 교류는 타인에게서 유용한 정보를 얻기 위해서가 아니다. 타인과 교류하는 과정에서 가장 중요한 것은 자신의 생각을 정리하고 자신이 가야 할 길을 다시 점검하는 것이다. 아무리 역경 속이라고 해도 자신을 완전히 가두지 말고 곁에 있는 사람들과 많이 교류하며 자신의 생각을 이야기하라. 이것은 다른 사람에게 들려주기 위해서가 아니라 자신에게 들려주기 위함이다.

셋째, 한계를 정하라. 무슨 일이든 한계가 있다. 역경 속에서 견지하는 것도 마찬가지다. 의지력이 있어야 역경을 극복할 수 있지만 스스로 이미 기진맥진한 상태라고 느낄 때 무작정 전진을 강요하면 의도했던 바와 정반대로 더욱 절망하게 될 가능성이 크다. 많이 노력했는데도 희망이 보이지 않기 때문이다. 만일 당신이 가는 길이 틀렸다는 흔적을 발견하지 못했다면 일단 자기 자신의 한계를 정하라. 휴식이 필요하다고 느낄 때 멈춰서 심호흡하며 마음을 가라앉히고 역경의 의미를 생각하라.

마지막으로 자신의 직관을 믿어라. 때때로 사람의 직관은 매우 신비로워서 생각지 못했던 기쁨을 안겨주기도 한다. 실제로 직관은 잠재의식이 지식을 기반으로 만들어낸 본능적인 판단 반응이다. 이러한 반응은 대뇌에서 직접 온 것으로 그 어떤 환경의 간섭을 받지 않는다. 역경에 처했을 때 직관은 종종 겉으로 드러난 모습을 보고 내린 판단보다 훨씬 정확하다. 따라서 직관이 '이 길은 막다른 길'이라고 말한다면 조심하라. 최소한 두 눈을 가리고 무작정 앞으로 걷지 말고 경계심을 가져라.

막다른 길을 피하는 사람이 되고 싶다면 방법은 간단하다. 평소에 사고력을 잘 단련하여 무슨 일이든 다양한 방법을 생각하면 된다. 방법이 다양할수록 삶에 선택지가 늘어나고 갈 수 있는 길도 늘어난다.

역경 속에서 많은 사람이 아무 생각 없이 앞으로 걸어가기만 할 뿐 생각을 바꾸면 지름길을 발견할 수 있다는 사실을 모른다.

우리는 자주 융통성이 있어야 한다고 말한다. 동시에 다양한 사고방식을 갖출 수 있다면 고난을 맞닥뜨렸을 때 더 많은 해결 방법을 찾을 수 있고 역경에 빠졌을 때 속수무책으로 있지 않을 수 있다. 따라서 평소에 다양한 사고방식을 키우는 것이 매우 중요하다.

삶은 다양하다. 비록 역경 속일지라도 역경만의 독특한 풍경이 있다. 우리는 성공을 추구하지만 사실 성공보다 더 바라는 것은 행복이다. 역경 속에서 올바른 방향을 선택하면 앞으로 나아갈 때 의욕이 넘치고 즐겁다. 성공에 가까워지고 있다는 것을 알기 때문이다. 그러나 역경 속에서 막다른 길로 들어서면 갈수록 피로해져서 결국에는 모든 에너지를 소진해버린다. 성공의 희망이 보이지 않을뿐더러 투지의 기쁨을 느낄 수 없기 때문이다. 다양한 모습을 갖고 있는 삶 앞에서 평범하기 그지없는 우리는 답이 없는 문제와 죽기 살기로 싸울 필요가 없다.

고난과 가까워야 정확히 볼 수 있고
고난을 직접 대면해야 없앨 수 있다

중국 국영 텔레비전 방송국인 CCTV에서 <중국의 성공 신화(贏在中國)>라는 프로그램이 방영된 적이 있다. 수많은 청년 창업자들이 자신의 아이디어와 관점을 소개하고 멘토 세 명의 지도를 받아 경쟁해서 창업 자금을 타거나 더 좋은 창업 아이디어를 얻는 프로그램이었다. 어느 날 이 프로그램의 게스트로 출연한 마윈은 이런 말을 남겼다.

"코끼리는 개미를 밟아 죽일 수 없습니다. 개미가 잘 피하기만 한다면 말이죠. 좋은 전략은 적의 공격을 피하고 생존할 수 있게 해줍니다!"

자신을 보호하려는 욕망은 본능으로, 상처받기를 좋아하는 사람은 없다. 직장에서 경쟁은 곳곳에 존재한다. 누구나 미약한 상태에서 시작해 강해지지만 최후에 강해져서 성공의 자리에 오르는 사람은 얼마 되지 않는다. 대부분의 사람이 미약한 단계 또는 성장의 단계에서 실패하기 때문이다. 그렇다면 미약할 때 패배하기가 쉬운 걸까? 마윈이 한 말을 떠올려보면 정답은 당연히 '아니오'다. 미약할 때는 적의 주목을 거의 받지 않는다. 위기가 닥쳤을 때 미약하기 때문에 가질 수 있는 민첩한 기동성으로 좋은 대책을 세우면 생존할 수 있다. 다시 말해서 어떤 의미에서 미약함은 일종의 보호색인 셈이다.

여기서 말하는 미약함은 자신을 보호하기 위한 것으로, 결코 발걸음을 멈추게 하는 미약함을 의미하지 않는다. 고난에 직면했을 때 생존하려는 욕망은 대단히 강하다. 이럴 때 가장 먼저 해야 할 일은 위험을 대단하게 생각하지 않는 것이다.

역경은 피할 수 없지만 모든 실패를 너무 심각하게 생각할 필요는 없다. 때때로 돈을 잃거나 좋은 기회를 잃는 것은 대단한 역경이라고 할 수 없다. 이러한 일은 다시 하면 그만이다. 어쨌든 우리의 실패가 정치적 혼란이나 세계의 종말을 가져온 것은 아니지 않은가. 따라서 우리에게 필요한 것은 성공을 향한 내면의 견지와 갈망뿐이다. 지극히 평범한 우리는 물론 미약할 수 있지만 성공을 향한 욕망이 없어서는 안 된다.

사업의 초기 단계에 우리는 개미와 같다. 우리를 발견하고 주목하는 사람은 거의 없다. 사실 이는 매우 좋은 기회다. 아무런 방해도 받지 않고 빠르게 자신을 성장시킬 수 있기 때문이다. 다만 이 성장 과정에서 자신을 보호하는 법을 가장 먼저 배워야 한다. 강해지기 시작하면 몇몇 적이 우리를 주목하기 시작할 테고 누구나 자신의 잠재적인 경쟁 상대를 새싹 상태에서 제거하려고 하기 때문에 우리는 도전에 직면하게 된다. 그러나 마윈의 말처럼 정확한 전략만 있다면 확실히 생존할 수 있다. 그리고 그 누구도 쉽게 짓밟지 못할 만큼 자기 자신을 보호할 수 있는 날이 오면 당신의 성장은 이미 성공한 것이다.

성장 중인 사람 또는 기업이 제일 먼저 갖춰야 할 것은 겸손한 태도다. 성장 속도가 아무리 빠르고 성장 효과가 아무리 이상적일지라도 우쭐대거나 오만하면 안 된다. 성장 중에는 돋보였으나 오만해서 실패한 사례는 셀 수 없이 많다. 어떤 상황에서도 겸손한 태도를 갖길 바란다. 당신이 아무리 뛰어나다고 해도 이 세상에는 배울 것이 반드시 존재하며 더 발전하고 진보할 필요가 없는 사람은 없다.

성공하고 싶은 사람이나 기업이라면 반드시 모든 위기를 성실히 마주해야 한다. 역경은 두려워할 것 없다. 두려워할 것은 역경을 성실히 마주하지 못하는 상황이다. 고난을 마주할 때 가장 좋은 방법은 고난과 일대일로 맞서고 피하지 않는 것이다. 고난과의 거리가 가까울수록 더 정확히 볼 수 있고 고난을 직접 대면해야 그것을 없앨 방법을 찾을 수 있다.

코끼리로 성장하고 싶은 사람이나 기업이라면 자신의 팀을 만들어 그들과 함께 싸우길 바란다. 그 어떤 상황에서도 훌륭한 팀과 좋은 기업 문화는 차원이 다른 발전 성과를 가져다줄 것이다. 누구나 성공을 향한 욕망이 있고 누구나 자신만의 장점이 있다. 홀로 행동하지 않는 개미처럼 훌륭한 팀이 생긴다면 티끌이 모여 태산이 되고 낙숫물로 바위를 뚫듯이 반드시 하늘을 가리는 큰 나무로 성장할 수 있을 것이다.

역경이든 순경이든 자신을 보호하는 법을 배워서 일단 생존하고 나서 발전하라. 인간의 권리와 욕망에서 가장 중요한 것은 생존이다. 생존하지 않으면 발전할 기회도 없다. 따라서 '달걀로 바위 치기'를 하기 전에 먼저 그럴 만한 가치가 있는지, 자신이 그럴 만한 수준이 되는지, 치명상을 입지 않을 정도로 자신을 보호할 수 있는지 곰곰이 생각해 보자. 혈기왕성한 용기만 가지고는 성공할 수 없다. 성장을 위한 최고의 방법은 용기와 지혜를 두루 갖추는 것이다.

헛된 욕망이
당신을 역경의 지옥에 빠뜨린다

삶은 예측할 수 없는 위기와 혼비백산케 하는 역경으로 가득하다. 이러한 인생 앞에서 할 수 있는 일은 강인한 내면과 무너지지 않는 근성으로 도전을 극복하고 서러움을 인내해서 강해지고 지혜로워져서 더 강한 힘을 갖는 것이다. 험난한 길을 계속 걷게 해주는 힘이 무엇이냐고 묻는다면 그것은 행복과 성공, 성취에 대한 내면의 갈망이라고 말할 수 있다.

불교에서는 이러한 갈망을 '욕망'이라고 부른다. 불교는 사람이 아무것도 원하지 않고 모든 현상이 공허함을 아는 상태가 가장 즐거운 상태라고 여긴다. 맞는 말이다. 우리 주변의 모든 것이 만족스러울 때 즐겁지 않은 것은 아니지만 모든 것은 공허하고 육근(六根, 눈, 귀, 코, 혀, 몸, 생각을 가리키는 불교 용어. — 옮긴이)이 청정할 때 그 무엇도 우리를 괴롭힐 수 없기 때문이다. 생로병사조차도 꿰뚫어 볼 때 내면은 맑은 물처럼 순수해진다. 이때에는 이미 행복이나 불행은 존재하지 않고 오직 살아 있음만이 남는다.

그러나 안타깝게도 기본적으로 모든 사람은 불교에서 추구하는 경지를 따르기 어렵다. 특히 현대 사회는 누구나 자기만의 성취를 이루고 싶어 하기 때문에 육근이 청정하고 모든 것이 공허하다는 사실을 느끼고 싶어 하는 사람은 거의 없다. 심지어 사찰의 승려도 생계를 위해 다른 일을 한다. 삶이 멋진 이유는 욕망에서 비롯된 예상 밖의 행복이 존재하기 때문이다. 우리는 원하는 것이 있기에 행동한다. 그리고 행동하기 때문에 시대는 끊임없이 발전하고 새로운 지식을 얻고 성장한다. 인생의 다양한 모습에 무관심하든 무관심하지 않든 당신은 똑같이 자라고 똑같이 늙으며 이 시대와 세상은 똑같이 발전이 필요하다. 이처럼 찬란한 세상에서 살길 원한다면 성인과 같은 무소유의 마음은 일단 내려놓아라. 만일 진심으로 성공과 행복을 추구하고 싶다면 내면의 갈망을 일깨워서 최대한 남들보다 돋보여라.

내면의 욕망을 일깨우는 것 말고도 최대한 시야가 넓은 사람이 되어야 한다. 중국 역사상 사상이 가장 진보했던 시절, '백가쟁명(百家爭

鳴)'의 시대에 다양한 학술 사상이 사회에서 충돌하며 사회 전체를 새로운 활력으로 넘실거리게 만들었다. '유가만을 중시한 것(獨尊儒術)'이 우리의 문화 통일을 촉진했는지, 아니면 백가(百家)의 장점을 말살했는지를 논하지는 않겠다. 여기서 하고 싶은 말은 먼저 다양한 사상을 받아들이고 통달해 자신의 이론 체계로 만들어야 더욱 멋진 삶을 살 수 있고 욕망을 이룰 수 있다는 것이다.

다양한 사상이란 창조적 사고도 포함한다. 창조란 여러 가지 사고가 융합된 결과다. 창조적 사고는 자신이 겪은 각종 실패나 경험을 종합해서 발견한 새로운 길이다. 우리는 창조적 사고를 해야 하며, 창조적 사고는 내면에서 비롯된 새로운 사물에 대한 갈망과 동경을 필요로 한다. 창조적 사고가 삶 속에 스며들 때 우리는 언제든지 역경을 승리로 향하는 계단으로 변화시킬 수 있다.

모든 사물에는 정도가 필요한 것처럼 욕망도 마찬가지다. 그러나 스스로 이미 충분히 많이 가졌다고 생각하는 사람이 없는 것처럼 욕망은 끝이 없다. 이럴 때 마음에 제방을 만들어 욕망을 통제 범위 안에 머물도록 함으로써 욕망의 노예로 전락하지 않아야 한다. 성공과 승리만을 추구하다 보면 서서히 본래 추구하던 아름다움을 등한시하기 시작한다. 많은 사람이 가족과 함께 풍족하고 행복하게 살기 위해 돈을 벌지만 결국에는 끝없는 욕망에 사로잡혀 '돈 버는 기계'가 되고 가족 간의 정도 점점 옅어진다. 그러다가 욕망 속에서 길을 잃어 본래 자신이 원했던 것이 무엇인지도 기억하지 못하게 된다.

욕망은 당신을 성공의 꼭대기에 올려놓기도 하고 역경의 지옥에 빠뜨리기도 한다. 그렇다면 어떻게 욕망을 통제해야 할까? 혹은 어떻게 욕망을 필요한 범위까지 통제할 수 있을까?

첫째, 목표를 전부 적은 후 달성된 목표에는 표시를 해둬라. 이렇게 하면 원래 목표보다 더 멀리 가는 것을 효과적으로 막을 수 있다. 목표를 모두 달성했다면 다음 목표를 세우고 목표와 목적을 적어라. 목표를 달성한 다음에는 본래의 목적에서 벗어난 것은 아닌지 확인하라. 그러면 잘못된 점을 바로 시정할 수 있다.

둘째, 한 시기에는 하나의 일만 완성하라. 뇌와 마음이 동시에 여러 가지 일을 하도록 두지 말라. 이는 욕망을 낭비하는 일이다. 또한 숨 돌릴 틈 없이 바쁘면 현재 하는 일에 흥미를 잃게 되어 아무것도 이루지 못한다. 차라리 하나씩 차근차근 처리하면서 삶을 피곤하지 않게 만드는 것이 낫다.

셋째, 삶을 즐겨라. 모두의 생명은 유한하다. 욕망은 우리를 끊임없이 성장하고 발전하게 하지만 우리는 삶 본연의 기쁨을 즐길 줄 알아야 한다. 성공했을 때 느끼는 성취감도 기쁨의 일종이다. 하지만 성취감을 위해 노력하는 것이 아니라 그 과정을 즐기는 가운데 성공해야 한다. 목적지로 가는 과정의 풍경이 목적지의 풍경보다 훨씬 아름답다는 것을 이해할 때 욕망을 어떻게 통제해야 할지도 알게 된다.

사람은 욕망이 없어서는 안 되지만 욕망이 너무 많아서도 안 된다. 자신이 추구하는 것을 포기하지 않는 이유는 원하는 것이 있기 때문이다. 욕망이 있어야 결심이 생기고 근성이 생긴다. 이처럼 욕망으로 뒤엉켜 있는 것이 삶이다. 자신을 욕망에 묶인 사람으로 만들고 싶지 않다면 자신의 욕망을 길들여라. 욕망을 날개로 만들어 욕망의 주인이 되어라.

쌀을 훔쳐 먹는 원숭이의 습성을 간파해 포획하는 데 성공한 생물학자

역경 속에서는 발걸음을 떼는 것조차 힘겨우며 절망과 불안, 슬픔을 경험한다. 이러한 부정적인 감정은 욕망의 다른 면인 탐욕에서 비롯되곤 한다. 앞서 욕망이 성공을 가져다주는 동력이라고 말했지만 욕망 속의 탐욕은 우리를 더욱 깊숙이 역경에 빠지게 한다. 욕망에서 가장 무서운 것이 탐욕이라고 말할 수도 있다. 탐욕으로 인해 완벽함을 추구하며 영원히 불만족한 상태에 놓이기 때문이다. 도저히 만족시킬 수 없는 탐욕이 우리의 마음을 차지하면 불안은 더욱 심해져서 절망이 생겨나고 역경도 멈추지 않고 끝없이 퍼진다.

물론 역경 속에서도 경험과 성장의 기회를 얻을 수 있다. 그러나 탐욕이 동반되면 불안은 갈수록 심해지고 바라는 것도 갈수록 많아져 결국에는 역경에서 벗어나야겠다는 생각을 잊고 끊임없이 역경 속에서 배회하게 된다. 이것이 바로 탐욕의 무서운 점이다. 탐욕은 본래의 목적을 잊어버리게 만들고 내면을 속인다. 또한 내면이 불안한 사람으로 만든다. 결론적으로 욕망에서 탐욕이 생겨났다면 역경에서 벗어나기는 더더욱 어려워진다. 따라서 포기하는 법을 배우고 적당한 선에서 멈출 줄 알아야 한다.

쌀을 훔쳐 먹길 좋아하는 원숭이가 있었다. 원숭이는 마을 사람들의 골칫거리였으나 무슨 수를 써도 원숭이를 잡을 수 없었다. 사람들은 생물학자에게 도움을 청했다. 원숭이의 습성을 관찰한 생물학자는 원숭이를 포획할 절묘한 수를 찾아냈다. 생물학자는 나무에 고정한 입구가 좁은 투명한 유리병에 쌀을 집어넣었다. 밤이 되자 원숭이가 나무로 다가와서 유리병에 손을 집어넣고 쌀을 한 움큼 쥐었다. 그러나 주먹을 쥔 손은 아무리 해도 유리병에서 빠지지 않았다. 게다가 나무에 묶여 있는 유리병을 가져갈 수도 없었다. 탐욕스러운 원숭이는 고집스럽고 멍청해서 손에 쥔 쌀을 놓으려고 하지 않았다. 이튿날이 되어 생물학자에게 붙잡힐 때까지도 원숭이는 손에 쥔 쌀을 놓지 않았다.

많은 사람이 원숭이와 똑같은 잘못을 저지른다. 눈앞의 이익에 사로잡힌 나머지 포기해야 할 때 포기하지 못해서 결과적으로 큰 잘못을 저지르거나 평생 후회할 일을 만든다. 인류는 똑똑하지만 이익의 유혹 앞에서는 종종 이성을 잃는다. 사람은 때때로 탐욕으로 창창한 앞날을 망치기도 하고 함정인 줄 알면서도 유혹을 이기지 못하고 함정에 빠지기도 한다. 그들은 똑똑하지 않아서가 아니라 자신의 탐욕에 패배한 것이다. 따라서 똑똑한 것만으로는 부족하다. 이성으로 탐욕을 잘 다스려야 위기를 맞닥뜨렸을 때 과감하게 '쌀'을 쥔 주먹을 펼 수 있다.

역경 속에서는 더더욱 적당히 멈출 줄 알아야 한다. 무언가를 포기하는 것은 홀가분한 몸으로 더 멀리 가기 위해서일 때가 있다. 성장 과정에서 뭐든지 다 가지려고 하고 뭐든 손에서 놓지 않으려고 하는 것은 자신의 발걸음을 붙잡아 자기 자신을 탐욕스러운 '원숭이'로 만들 뿐이다.

젊은이는 마땅히 분투해야 하지만 요행으로 부자가 되는 것을 동력으로 삼아서는 안 된다. 오늘날 사회에서는 창업해도 좋고 취업해도 좋다. 하지만 반드시 성실하게 노력해서 목표에 도달해야 한다. 절대로 경솔해서는 안 되며 요행으로 성공할 수 있다고 생각해서도 안 된다. 요행으로 성공한다고 해도 그것은 잠깐뿐이며 설령 잠깐의 성공이 아니더라도 그것은 가치가 없는 성공이다.

중국의 투자 기업 시노베이션벤처스(Sinovation Ventures)가 한 팀에 투자를 했다. 팀의 책임자는 미국 명문대를 졸업한 인물로 다재다능하고 입담이 좋아 팀원들의 만장일치로 책임자로 추천되었다. 그는 빨리 성공해서 이름을 날리고 싶었다. 그래서 많은 시간을 좋은 제품을 만드는 데가 아니라 어떻게 하면 자신을 돋보이게 할 수 있을지에 쏟았다. 그 결과 그들이 만든 제품은 크게 실패하고 말았다. 팀원은 하나둘씩 떠났고 결국 그도 퇴사할 수밖에 없었다.

창업하고 싶다면 절대로 경솔해서는 안 된다. 졸업하자마자 창업하는 것은 실패할 확률이 매우 크다. 설령 실습 경험이 있다고 해도 그 짧은 기간에 재무, 법무, 운영, 마케팅, 기술, 제품, 고객 등을 깊이 있게 아는 것은 불가능하다. 최소한 자신에게 몇 년의 시간을 준 다음에 창업하라. 가장 좋은 훈련 방법은 창업 회사에 들어가서 차근차근 실력과 인맥을 쌓으며 충분한 경험과 실력이 갖추어졌다고 생각했을 때 창업하는 것이다.

『노자(老子)』에 이런 말이 나온다.

> 물을 가득 채우는 것보다 멈추는 것이 낫다. 금속을 날카롭게 연마할 때 너무 지나치면 금속의 수명은 줄어든다. 재산이 많아도 지키지 못하는 이유는 재산이 많으므로 해서 생긴 교만함이 자기 자신

에게 번거로움을 가져오기 때문이다. 한창 전성기일 때 과감하게 물러나고 적당할 때 멈추는 것이 자연의 이치다.

持而盈之, 不若其已. 揣而銳之 不可長保. 金玉滿堂 莫之能守也. 富貴而驕, 自遺咎也. 功遂身退, 天之道也.

적당할 때 멈추는 법을 배워라. 적당할 때 멈추면 여유가 생겨서 사람이나 일에 너무 높은 요구를 하지 않게 된다. "희망이 클수록 실망도 크다"는 말처럼 굳이 스스로 곤궁한 상황 속으로 들어갈 필요가 있는가?

적당한 때에 멈추는 것은 타인과 자신을 존중하는 것이다. 우리는 존중받을 필요가 있다. 따라서 타인을 귀찮게 구는 존재가 되지 말라. 타인과 자신에게 여유를 줘라.

적당한 때에 멈추는 것은 암묵적인 약속이다. 적당한 거리를 유지하고 적당한 친밀도를 유지하라. 사람과 사람 사이의 관계는 아주 친밀하지는 않지만 꼭 필요한 관계가 되어야 비교적 잘 지낼 수 있다.

굳이 고집부릴 필요 없는 일 때문에 타인과 자신에게 상처를 주지 말라. 그러나 때로는 고집을 부려야 할 때도 있다. 쉽지 않겠지만 그 사이의 정도를 파악하는 것이 중요하다.

모든 것을 가진 사람은 없다. 탐욕스러운 마음을 피하고 눈앞의 모든 이익에만 신경 쓰지 말고 시야를 더 멀리 두어야 한다. 역경 속에서 필요한 것은 경험이다. 유혹 앞에서 탐욕을 부리지 않아야 속임수에 걸리거나 계략에 빠지지 않는다. 욕망 속의 탐욕은 성공의 희망을 가져다주지 않는다. 오히려 영원한 실패의 늪으로 데려갈 뿐이다.

원하기만 하면
도달할 수 있다

우리는 모두 욕망을 지닌 사람이다. 이 세상은 욕망으로 다채롭고 더 아름다워진다. 성공을 갈망하든 행복을 갈망하든 우리가 해야 할 일은 사실 매우 간단하다. 바로 자신의 꿈을 향해 출발하는 것이다. 자신의 욕망을 자신을 갉아먹는 부정 에너지로 만들지 말라. 욕망을 무기로 만들어 싸우고 경쟁해서 승리를 얻어라.

욕망에 있어서 출발은 아름다운 단어다. 출발해야만 욕망을 이룰 수 있기 때문이다. 시작해야만 성공을 얻을 수 있다. 역경에 직면하든 말든, 앞길이 고난으로 가득하든 말든 일단 출발하라. 원하기만 하면 도달할 수 있고 희망도 생긴다.

측천무후는 충신 적인걸을 시험하기 위해 알현할 것을 명했다.

"그대는 예주에 있을 때 명성이 훌륭했는데, 누군가가 내게 그대의 탄핵을 주장하더군. 누군지 알고 싶으냐?"

적인걸이 공손히 거절하며 대답했다.

"다른 사람이 신을 향해 안 좋게 말하는 것은 이상한 일이 아닙니다. 폐하께서 생각하시기에 신에게 확실히 그러한 잘못이 있다면 바로 말씀해주십시오. 반드시 고치겠나이다. 허나, 폐하께서 생각하시기에 신에게 그러한 잘못이 없다면 그 일로 심려치 마시옵소서. 또한 어떤 상황이든 신은 신을 탄핵한 자를 알고 싶지 않습니다. 그래야 신이 그자와 잘 지낼 수 있을 것이옵니다."

측천무후는 적인걸의 너그러운 마음에 감동해 그를 높이 찬양하고 존중하는 의미에서 '국로(國老)'라고 불렀다.

'국로'는 나이가 들어 퇴임하고 고향으로 돌아가 여생을 보내겠다고 여러 차례 상소를 올렸으나 측천무후는 아쉬워하며 그를 붙잡았다. 아흔세 살이 되어 적인걸이 갑자기 세상을 떠나자 측천무후는 탄식하며 말했다.

"하늘은 어째서 나의 국로를 이처럼 일찍 데려가셨는가!"

공연한 헛소문을 어떻게 방어할지 생각하느니 행동으로 자신의 결백함을 증명하는 것이 낫다. 미국의 초대 대통령 워싱턴은 "어차피 무언가를 해야 한다면 침묵은 비방자에게 할 수 있는 가장 좋은 대답이다"라고 말했다.

삶이 바다라면 이상은 배이며 욕망은 돛이다. 좋은 시기와 유리한 환경, 사람의 노력 중 그 무엇도 없어서는 안 된다. 성공하고 싶다면 집에서 꿈만 꾸고 있어서는 안 된다. 생각이 있다면 온갖 방법을 동원해서 실천해야 한다. 그래서 다른 사람보다 더 일찍 실패의 경험을 겪고, 다른 사람보다 더 일찍 역경의 고통을 겪어야 한다. 다른 사람보다 더 많은 경험과 더 많은 자산을 쌓아야 다른 사람보다 성공할 확률이 높아진다.

좋은 시작은 성공의 반이다. 다양한 '시작'을 한 사람들을 살펴보면 그들 사이에 있는 공통점을 어렵지 않게 발견할 수 있다. 그것은 바로 그들은 비바람을 두려워하지 않고 끝까지 지속하며 앞으로 나아갔다는 것이다. 물론 성공한 사람마다 그 시작은 약간씩 다르지만 그들이 알려주는 '자수성가'는 종종 견지와 사고력, 분투와 떼려야 뗄 수 없다. 평범해 보이는 이 세 가지 특징은 모든 시대의 성공한 사람들이 가진 귀중한 자질이다. 일단 시작해서 끝까지 지속하기만 하면 도달할 수 있다.

좋은 시작이 성공의 절반이라는 말은 '경로 의존성'의 대표적인 사례다. 즉 사람들의 업무 궤도는 보통 처음 시작한 경로를 따라 이어지기 때문에 좋은 시작은 좋은 결과를 만들어내고 엉망진창인 시작은 유쾌하지 않은 결말을 가져온다.

명확한 경로 의존성 이론을 처음으로 제시한 사람은 더글러스 노스다. 그는 경로 의존성 이론을 통해 경제 제도의 변화 법칙을 설명해 1993년 노벨 경제학상을 받았다. 그는 의존성은 관성적 사고와 같아서 일단 의존성이 발생하면 그것이 좋든 나쁘든 그 방식에 의존하기 시작한다고 말했다. 사람들은 늘 이미 성공한 경로를 강화하는데 이것 역시 의존으로 형성된 과정이다. 사람들이 과거에 한 선택은 그들의 현재와 미래의 선택을 결정한다. 좋은 경로는 기업에게 긍정적인 피드백을 준다. 관성 및 충격력을 통해 플라이휠 효과('떠 있는 바퀴'라는 뜻의 플라이휠(Flywheel)은 관성에 의해 움직이는 바퀴를 가리킨다. 처음에는 바퀴를 돌리는 데 엄청난 시간과 힘이 들지만 임계점에 이르면 가속도가 붙어 스스로 돌아간다. — 옮긴이)가 발생하면 기업의 발전은 선순환의 궤도에 진입한다. 반면 나쁜 경로는 기업에게 부정적인 피드백을 준다. 마치 악운이 반복되는 것처럼 기업은 악순환의 무한 반복으로 인해 정체 상태에 빠진다.

사람의 습관에 대한 모든 이론은 경로 의존성으로 설명할 수 있다. 경로 의존성의 부정적 효과가 발생하지 않으려면 처음 시작할 때 올바른 방향을 찾아내야 한다. 사람마다 자신만의 기본적인 사고 패턴을 가지고 있으며 이러한 사고 패턴은 대부분 앞으로의 인생의 길을 결정한다. 사실 사고 패턴의 기반은 아동기에 정착된다. 즉 처음 선택을 잘하는 것이 인생을 잘 설정하는 것이다.

마이클 델은 열두 살에 인생에서의 첫 번째 장사를 시작했다. 우표 수집을 좋아했던 그는 우표를 팔기 위해 경매장에 수수료를 내는 것이 아깝게 느껴졌다. 그래서 자신처럼 우표 수집을 좋아하는 이웃의 우표를 대신 팔아주겠다고 설득한 뒤 전문 간행물에 우표 판매 광고를 실었다. 그리고 뜻밖에도 그는 2,000달러를 벌었다. 처음으로 중개인이 끼지 않은 '직접 연결'의 장점을 맛본 것이다. 델은 첫 번째 경험을 잊을 수 없었다. 그래서 그의 창업은 줄곧 직접 판매 방식으로 이어졌다.

중학교 때 델은 컴퓨터 판매를 시작했다. 직접 부품을 사서 조립한 후 판매했는데 이 과정에서 한 대에 3,000달러나 하는 IBM 컴퓨터의 부품을 600~700달러면 살 수 있다는 사실을 발견했다. 당시 컴퓨터를 판매하는 사람들은 대부분 컴퓨터를 잘 알지 못해서 고객에게 기술적인 지원을 해줄 수 없었다. 고객의 요구에 맞는 컴퓨터를 제공하는 것은 더욱 불가능한 일이었다. 이러한 상황이 델에게 영감을 주었다. 그는 중개인을 끼지 않고 직접 컴퓨터를 개조했다. 이는 가격적인 측면뿐 아니라 품질과 서비스 측면에서도 우위에 있었다. 델은 고객의 요구대로 각기 다른 성능의 컴퓨터를 제공했다.

이렇게 훗날 세상을 뒤흔들 직접 판매와 시장의 세분화 모델이 탄생했다. 이 모델의 핵심은 고객의 요구에 맞춰 제품을 설계하고 제조한 다음 그 제품을 가능한 한 짧은 시간 안에 직접 고객의 손까지 배달하는 것이다.

그 이후 델은 이 모델을 쭉 밀고 나갔다. 그는 1984년에 자퇴하고 자신의 회사를 설립해 2002년 《포춘》 매거진에서 선정한 500대 기업 중 131위를 차지했다. 20년도 되지 않아 델의 회사는 전 세계에서 가장 유명한 회사 중 하나가 된 것이다. 최초의 장사에서의 올바른 경로를 선택했던 것이 훗날 델의 사업 성공의 기반이 되었다.

마음속 욕망은 당신의 이상을 지탱하고 당신이 열정으로 충만한 좋은 시작을 할 수 있게 해준다. 무엇을 하든지 자신에게 냉정하게 굴지 말라. 또한 마음속 욕망을 무시하거나 방치하지 말라. 욕망을 돛으로 삼아라. 출항할 때 올바른 방향을 찾아서 끝까지 지속하며 분투하라. 그러면 '나머지 절반의 성공'은 틀림없이 멀지 않은 곳에서 당신을 기다리고 있을 것이다.

Chapter 14

적을 쓰러뜨리려면 팔다리가 아닌 '얼굴'을 쳐라

세포학에서 단백질은 합성과 분해를 반복한다.
모든 자원은 분해되는 순간에 통합되어
새로운 기능을 갖춘 단백질을 구성한다.
무질서해 보이는 세상에서 가장 오래된 메커니즘은
바로 이러한 재건이며 재건은 참신하고 활력으로
충만한 하루하루를 가져다준다.

낡은 것을 타파해야
새로운 것을 재건할 수 있다

왕조의 교체나 사회의 변천과 떼려야 뗄 수 없는 것은 낡은 것을 타파하고 새로운 것을 발전시키는 것이다. 새로운 사물의 변천과 왕성한 발전은 기본적으로 구시대의 사물 및 제도의 몰락과 붕괴를 동반한다. 끊임없이 성장하는 우리도 예외 없이 이러한 이치를 따른다. 우리는 끊임없이 유치함과 천진함을 버리고 자신을 더 강하게 만든다. 역경의 시련을 통해 미성숙했던 생각을 조금씩 무너뜨리고 조금씩 실패를 맛보며 마지막에는 진정으로 견고한 성공을 얻는다.

익숙했던 제도가 점차 붕괴할 때 할 일은 두려워하고 불안해하거나 완전히 붕괴될 때까지 한쪽에 피해 있는 것이 아니다. 붕괴의 순간이 다가올 때 우리는 붕괴하고 나서 새로 구축될 새로운 제도를 발견해야 한다. 한 제품의 연구개발이 난관에 직면했을 때 그대로 죽을 날만을 기다릴 것이 아니라 새로운 기술을 도입해야 하는 것처럼 말이다. 타파는 더 좋은 발전과 새로운 삶을 구축하기 위한 것이다. 언제든지 붕괴하고 변할 수 있는 현대 사회에서 타파할 용기를 가져야 하며 타파가 인생에 주는 완전히 새로운 가치를 이해해야 한다.

창조와 변혁을 원하지 않는 기업 앞에 기다리는 것은 시대에 의해 낙오되어 불치병에 빠진 거인이 되는 것이다. 항우(項羽)가 진(秦) 왕조를 쳐부술 수 있었던 것은 항우 자신이 용맹하고 강해서가 아니라 진 왕조가 이미 불치병에 걸렸기 때문이라고 분석하는 사람들이 많다. 똑같은 이치로 만일 자신이 이미 충분히 강해서 더는 발전하고 변화할 필요가 없다고 생각하는 사람이 있다면 그 사람은 점점 다른 사람에 의해 대체될 것이다. 그가 가지고 있던 본래의 강점은 더는 노력하지 않아서 완전히 사라졌기 때문이다.

그렇다면 폐허 위에서 어떻게 재건해야 할까? 만일 타파가 만리장성을 쌓는 첫걸음이라면 재건은 타파의 진짜 목적이다. 타파하고 재건하지 않으면 파괴지만 재건하기 위해 타파하는 것은 진정한 전진이자 창조다. 낡은 것을 버리고 좋은 것을 찾아내 새로운 방향으로 발전하려면 먼저 낡은 과거의 경험을 통해 철저하게 '낡은 것'을 이해한 다음 그것을 기반으로 새로운 사고를 발전시켜야 한다.

다음으로, 창조적인 사람이 되기 위해 용감하게 전통 관념을 타파해야 한다. 충분한 경험이 쌓이면 생각에도 변화가 생긴다. 창조적인 사람이 되려면 시대에 뒤처지지 말고 용감하게 시도해야 한다. 그래야 새로운 세상이 왔을 때 새로운 기회와 새로운 출구를 발견할 수 있다.

이 밖에 폐허 위에 재건할 수 있는 사람이 되려면 내면의 폐허를 깨끗이 정리하는 법을 배워야 한다. 예를 들어 항상 습관적으로 한 가지 일만 하거나 변화를 두려워해서는 안 된다. 기존의 성취 위에서 우쭐거리지 말고 가능한 한 많이 도전해야 한다. 이러한 것이 모두 낡은 것을 버리고 좋은 것을 찾아내 새로운 방향으로 발전시키기 위해서 필요한 자질이다.

삶이란 끊임없이 타파하고 재건하는 것이다. 이 세상을 타파하는 것을 두려워할 필요 없다. 오히려 세상을 타파한 후에 새로운 세상에서 입지를 굳히지 못할 것을 두려워해야 한다. 언제든지 붕괴할 수 있는 이 세상을 충분한 용기와 능력, 경험, 사고로 대응할 때 세상은 끊임없는 타파 속에서 성장하고 기회 역시 끊임없는 타파 속에서 생겨난다는 것을 발견할 수 있다.

역경 속에서
공격은 가장 좋은 방어다

역경 속에서는 수시로 '우물에 빠진 사람에게 돌을 던지는 사람'을 만난다. 운이 좋을 때는 알아채기 어렵지만 운이 나쁘거나 수동적인 상황에 처했을 때 주변에 잠복해 있던 악의를 가진 적을 발견할 수 있다. 그들은 역경 속에서 길을 잃도록 유도하고 더욱 곤란하게 만들곤 한다. 또한 스스로 비관하고 있을 때 더 많은 부정적인 감정을 안겨주기도 한다. 결론적으로 이러한 적을 만났을 때 우리가 해야 할 행동은 무작정 후퇴하는 것이 아니다. 세상이 우리를 싸움터로 내몰았다면 용감하게 맞서라.

역경 속에서 적을 만났다면 정면 돌파해야 한다. 그들과 싸우는 과정에서 자신감을 되찾고 역경에서 빠져나갈 수 있다는 희망을 찾을 수 있다. 일부러 호전적인 사람이 될 필요는 없지만 역경 속에서 공격은 가장 좋은 방어다.

손자(孫子)는 '수칙부족 공칙유여(守則不足 攻則有余)'라고 말했다. '지키면 부족하고 공격하면 남는다'는 말인데, 이상하지 않은가? 이 말은 오랜 세월 동안 수많은 선현을 괴롭혔다. 심지어 이 말을 아예 '수칙유여 공칙부족(守則有余 攻則不足)', 즉 '지키면 남고 공격하면 부족하다'라고 바꾼 사람도 있다. 역경을 맞닥뜨리고 적을 맞닥뜨렸을 때 정면 공격만이 적에게 강력한 반격이 되고 스스로 생각할 수 있는 편안한 환경을 준다. 루쉰 선생은 "진정한 용사는 암울한 인생을 용감하게 직면한다"라고 말했다. 인생의 역경 속에서 용감히 싸우는 사람만이 절체절명의 위기에서 되살아날 수 있다.

애플사의 창립자 스티브 잡스는 자기 회사에서 두 번 해고당하고 두 번 복직했다. 일을 잃은 잡스는 결코 포기하거나 자기 연민에 빠지지 않았다. 오히려 그 기회를 이용해 자신이 더 좋아하는 일을 했다. 바로 오늘날 세계 일류의 애니메이션 제작 스튜디오인 픽사(Pixar)를 인수한 것이다. "당신이 나를 배신하고 포기했다고 내가 나 자신을 포기할 이유는 없다. 반대로 나는 여전히 내 무기를 손에 쥐고 전투에 임할 것이며 어느 날 당신은 여전히 내 발밑에 엎드려 있을 것이다. 왜냐하면 나는 본래 천재이기 때문이다. 바로 역경 지수의 천재 말이다."

주도적 반격이란 바로 이런 것이다. 스티브 잡스뿐 아니라 세상에 있는 대부분의 자수성가한 '천재'들은 모두 역경 지수의 천재다. 그들 모두는 머리가 비상한 사람이 아닐 수도 있으나 역경을 마주하는 그들의 태도는 아주 비슷하다. 그들은 모두 포기하지 않았고 경솔하지 않았으며 생각을 잘하고 용감하게 창조했다. 이것이 바로 그들이 영원한 번영을 누리는 비결이다.

모두가 천재가 되는 것은 불가능한 일이지만 역경 지수에서만큼은 가능한 일이다. 다시 말해서 우리는 역경 지수의 천재가 되어 역경에 처했을 때 용감히 돌진하는 달인이 되고 과감히 창조하고, 사람의 흔적조차 없는 황야로 들어가는 용자가 될 수 있다. 역경 지수의 천재가 되기 위해 제일 중요한 것은 역경 속에서도 창의적인 생각으로 다른 사람은 쳐부수지 못하는 역경을 쳐부수는 것이다. 규칙을 벗어난 환경은 규칙을 벗어난 전략으로 맞서야 한다.

다른 사람이 못하는 것을 해내야 비로소 다른 사람은 갖지 못하는 성취를 이룰 수 있다. 역경 속에서 영광을 얻고 싶다면 보통 사람은 감히 하지 못하는 일을 하고, 보통 사람은 감히 시도하지 못할 것을 창조하라. 이러한 능력은 미친 상상력만으로는 얻을 수 없다. 상상력은 인류 발전의 날개지만 상상력의 기반은 배경 지식과 경험이다. 당신이 충분한 시련을 겪고 충분한 정보를 축적하고 그러한 것을 깊이 이해해야만 그 속에서 당신만의 고유한 방법을 깨달을 수 있다. 이른바 '칼 가는 일이 장작 패는 일을 늦추지 않는다(磨刀不誤砍柴工)'는 이러한 이치를 잘 나타내는 말이다.

역경 지수는 역경을 대면할 때의 태도를 결정하며 유일하게 후천적인 노력으로 얻을 수 있는 능력이다. 역경 지수는 모두에게 공평하다. 내면이 밝고 진취적이며 도전을 두려워하지 않고 진실한 사람이라면, 또한 기꺼이 고생을 마다하지 않고 억울함을 두려워하지 않는 사람이라면, 평소에 실력을 쌓고 마음을 단련하고 역경과 도전을 두려워하지 않는다면, 이러한 몇 가지를 실천할 수만 있다면 역경 지수의 천재가 될 수 있다.

"조약돌은 바다의 시련을 겪어야 더욱 매끄러워진다"

지능 지수가 높든 낮든, 고귀한 출신이든 아니든, 귀인이 도와주든 도와주지 않든, 만사가 순조롭든 순조롭지 않든 내가 해주고 싶은 말은 이 세상에 단번에 성공한 사람은 없다는 것이다. 모든 사람이 애송이에서 어른으로 성장한다. 신체적 성장이든 마음의 성장이든 영원히 온실 속에 숨어 살거나 영원히 행운이 함께하는 사람은 없다. 자신만의 번영을 얻고 싶다면 반드시 역경과 만나야 한다. 성장의 각기 다른 단계와 삶의 각기 다른 환경에서 역경은 다양한 모습으로 나타나 마음을 우울하게 만들고 행동을 굼뜨게 하며 사고를 흐리멍덩하게 만든다. 하지만 역경의 끊임없는 출현은 각기 다른 경험과 교훈을 가져다주고 미래를 더욱 명확하게 해주며 성공할 가능성을 점점 더 높여준다.

"조약돌은 바다의 시련을 겪어야 더욱 매끄러워진다." 사람은 늘 좌절을 겪고 역경에 빠지지만 끊임없이 노력하고 역경이 가져온 고난과 적극적으로 싸워서 이기면 오히려 훌륭한 인재가 될 수 있다.

역경은 인생을 휘황찬란하게 만든다. "하늘이 장차 큰일을 맡기려고 할 때 반드시 먼저 그의 마음을 괴롭히고, 뼈와 근육을 고되게 하며, 굶주림을 견디게 하고, 전신의 기력이 쇠하여 공허하게 하고, 모든 행동이 뜻대로 되지 않게 한다. 이로써 그의 의지를 북돋아 인내심을 키우고 그가 갖추지 못한 능력을 키운다(故天將降大任於斯人也 必先苦其心志 勞其筋骨 餓其體膚 空乏其身 行拂亂其所為 所以動心忍性 曾益其所不能)." 맹자의 이 말 속에는 역경 속 성장에 대한 감개 어린 심경이 담겨 있다. 인도의 시인 타고르는 "지옥과 같은 시련을 겪은 자만이 천국을 창조할 힘을 단련할 수 있고, 피를 흘려본 손가락만이 이 세상에 다시없을 아름다운 음악을 연주할 수 있다"라고 말했다.

역경은 이상을 실현할 디딤돌이다. 프랑스의 작가 발자크는 "천재에게 고난은 디딤돌이다"라고 말했다.

인생에는 지렛목이 필요하다. 고난은 성장을 도와주고 역경은 진정한 번영을 가져다준다. 성장 과정에서 낡고 망가진 것을 버려야 새롭고 좋은 것으로 바꿀 수 있다. 역경은 생명을 늘려주지는 못하지만 인생을 더 넓게 만들어준다.

건물을 지을 때는 좋은 기반이 필요하다. 공중누각은 옛날 바빌론 신화 속에나 등장하거나 볼 수만 있고 만질 수는 없는 환영에 불과하다. 만일 견고한 인생을 갖고 싶고 비바람을 막아줄 사업을 갖고 싶다면 밑바닥에서부터 시작하라. 건물이 얼마나 높을지는 기반을 얼마나 견고하고 튼튼하게 다지는지에 달렸다. 비교하거나 부러워하지 말라. 당신보다 빠른 사람을 맹목적으로 숭배하지 말고 부지런하고 착실하게 당신의 건물을 쌓아 올려라. 당신의 건물이 땅 위에 우뚝 솟아나는 날 온 세상이 태양 아래에서 빛나는 건물을 올려다볼 것이다.

모든 번영은 아래에서 위로 향한다. 단번에 성공한 눈부신 영광은 잠깐 나타났다가 사라진다. 눈 깜짝할 사이에 사라지는 행복을 원하는 사람은 없다. 착실하게 일해서 쟁취한 것만이 선명하게 오랫동안 존재한다. 변화 속의 번영을 얻고 싶다면 두려워하지 말고 물러서지 말라. 매일 조금씩 나아가며 매일 새로운 성장을 이루어라. 세상의 변화보다 빨라질 때 시간에 쫓기는 사람이 아니라 시대를 초월한 강자가 된다.

역경 속에서 번영을 이루려면 희망을 끝까지 지속해야 한다. 자기 자신을 견지하는 것은 긍정 에너지의 최고의 원천이자 역경과 절망에 부러지지 않는 최고의 무기다. 아래에서 위로 향하는 번영은 시간과 인내심이 필요하다. 때때로 실패도 필요로 한다. 사고를 잘하고 견지를 잘하고 창조를 잘하는 사람이 되면 이 세상이 아무리 변화무쌍해도 언제나 당신만의 번영을 찾을 수 있다.

역경은 우리에게 소중한 단련의 기회를 준다. 시련을 견디는 사람만이 진정한 강자라고 할 수 있다. 예로부터 위대한 사람은 불굴의 정신을 가지고 역경 속에서 발버둥 치며 분투해왔다.

당신의 인생이 다채로워지길 바란다. 좋은 시절과 나쁜 시절을 저버리지 않길 바란다. 한없이 멋지지만 한없이 잔혹한 시대에 자신만의 번영을 이루길 응원한다!

절대 지지 않는 사람들의 14가지 성공 법칙

1판 1쇄 발행 2021년 1월 29일

지은이 웨이 슈잉·쑤거
옮긴이 최정숙
펴낸이 이재두
펴낸곳 사람과나무사이
등록번호 2014년 9월 23일(제2014-000177호)
주소 경기도 고양시 일산서구 강선로 142, 1701동 302호
전화 (031)815-7176 팩스 (031)601-6181
이메일 saram_namu@naver.com
표지디자인 이창욱
본문디자인 유경희

ISBN 979-11-88635-40-5 03190